未来已来，你准备好了吗？——

未来社会与未来教育研究丛书
Future Society and The Future of Education Research

丛书主编 周洪宇 徐 莉

The New Industrial Revolution and
The Third Education Revolution

新工业革命与第三次教育革命

● 周洪宇 徐 莉 ◎著

华中科技大学出版社
http://www.hustp.com
中国·武汉

图书在版编目(CIP)数据

新工业革命与第三次教育革命/周洪宇,徐莉著. —武汉:华中科技大学出版社,2021.9

(未来社会与未来教育研究丛书)

ISBN 978-7-5680-7505-3

Ⅰ.①新… Ⅱ.①周… ②徐… Ⅲ.①制造工业-产业革命-研究-世界 Ⅳ.①F416.4

中国版本图书馆 CIP 数据核字(2021)第 195331 号

新工业革命与第三次教育革命　　　　　　　　　周洪宇　徐　莉　著
Xingongye Geming yu Disanci Jiaoyu Geming

策划编辑：周晓方　杨　玲
责任编辑：苏克超
封面设计：原色设计
责任校对：张汇娟
责任监印：周治超

出版发行：华中科技大学出版社(中国·武汉)　　电话：(027)81321913
　　　　　武汉市东湖新技术开发区华工科技园　　邮编：430223
录　　排：华中科技大学惠友文印中心
印　　刷：湖北恒泰印务有限公司
开　　本：710mm×1000mm　1/16
印　　张：19　插页：2
字　　数：240 千字
版　　次：2021 年 9 月第 1 版第 1 次印刷
定　　价：98.00 元

本书若有印装质量问题,请向出版社营销中心调换
全国免费服务热线：400-6679-118　　竭诚为您服务
版权所有　侵权必究

总序

时代正处在百年未有之大变局中，全球新一轮科技革命和产业变革蓄势待发。习近平总书记多次强调，新一轮科技革命和产业变革正在创造历史性机遇，要密切关注，最大程度把握这场革命创造的重大机遇。那么，这个机遇对中国的未来意味着什么呢？历史经验告诉我们，科技革命和产业变革决定着一个国家的兴衰成败。当下正在兴起的这场以人工智能机器人为代表的新一轮工业革命，相较于以蒸汽机、电力和计算机为代表的前三次工业革命，其基本区别在于它是一场送旧迎新的具有划时代意义的革命，这对仍处于工业化中后期的中国而言，意义的重大性、深远性不言自明。就教育系统而言，如果说前三次工业革命成就了西方引领世界几百年的学校教育系统，那么，在时代演进日益加剧的今天，传统的学校教育系统愈来愈难以适应，各国都在开展对未来学校和未来教育的探索，中国在这一轮工业革命中首次成为其中的重要力量，种种迹象表明，东方文明必将在这场革命中发挥出重要的助力作用。探索新一代教育体系的使命已然成为中华民族伟大复兴的应有之义。初步占据了新工业革命制高点的中国，必须抓住这一重大发展机遇，教育界尤其应该密切关注而大力推动此事。这是我们研究出版"未来社会与未来教育研究丛书"的初衷。

毫无疑问，首先我们需要打开全球视野，关注时代前沿。为此，本丛书以习近平总书记有关论述为指南，以新工业革命为宏观背景，探索时代变迁下人类教育演进的总体走向。其中，《新工业革命与第三次教育革命》一书是本丛书的核心之作，提出了第三次教育革命的论断。围绕此书，我们组织撰写了《第四次工业革命与教育模式转型》一书，并收入了以博士论文为基础而形成的《人工智能时代未来学校研究》一书，试图通过两书对新科技革命引发的教育模式变迁和未来学校出现的事实之探索，具体展示和案证第三次教育革命的趋势和表征。其中，《人工智能时代未来学校研究》一书，还对人工智能时代未来学校的概念、价值和图景进行了详细分析，并为之设计了一个包含建构理念、建构机制、建构策略在内的整体性方案，试图拓展出更大的想象空间。此外，与之配套，我们组织翻译了《未来学校与未来教师教育的芬兰探索》和《未来教育与英国未来学校变革》两本译作，目的是为读者从不同的前沿视点提供阅读参照。

打开全球视野，关注时代前沿的同时，我们必须要脚踩大地、扎根本土，在中国新一轮改革与全球新工业革命的聚合点上，关注当下中国的社会改革与教育变革，这是《新工业革命与中国第三波改革》一书的写作初衷，本书在此为丛书所提出的人类第三次教育革命论断提供新时代中国发展的基础框架和立足点。

当今，时代巨变的重大关口悄然开启着新世界教育起点的窗口。一方面，教育对工业革命的作用与影响毋庸置疑。在整个人类历史长河中，教育始终是人类社会发展的重要动力和基础；另一方面，工业革命对教育的需求与影响同样也毋庸置疑。人类社会的每一次跨越式发展都随之会带来相应的教育大变革的到来。今天，人类历史上新的大变局到来下，教育将走向何方？这一问题，既是世界亟待回答的紧迫课题，也是当代中国需要迫切回应的时代课题。我们认为，未来社会需要未来教育，在未来的催生下，人类教育史上新一轮教育革命正在到来。

我们在《新工业革命与第三次教育革命》一书中所提出的第三次教育革命论断，是就整个人类发展史的全视域而言的，这是因为，种种迹象表明，人类教育正在发生的是有史以来第一次自身的周期性大循环之变，这个大循环之变与工业文明向新的文明过渡的节点历史性地相遇，这意味着人类历史迎来了真正意义上的整体性大变迁。这场大变迁是从内到外、全方位、彻底的变迁，是必须引起人们高度注意的大变迁。

全视域的第三次教育革命与工业文明阶段的新工业革命融合，是《新工业革命与第三次教育革命》对这场教育革命的审视框架。在这个总的框架内，本书不仅关注了技术视角，同时特别关注了技术背后的更为深刻的文化变迁的视角；不仅关注了教育将在形式上发生的和正在发生的翻天覆地的变化，同时关注了知识与教育内涵重构的深层次根本性变革。

几乎与此同步，党的十八大开启了全面深化改革的中国第三波改革大幕。如果中国的改革开放，经历了农村改革、城市经济改革的前两波，那么，第三波改革是从局部领域进入全面系统的改革阶段。《新工业革命与中国第三波改革》一书将中国改革开放史置于人类发展史及其工业文明进程的大背景下考察，并进一步将第三波改革置于中国改革开放史的全进程来考察，旨在从整体发展观上析出中国改革在世界发展中所处的方位和所具有的意义，以及以习近平同志为核心的党中央领导的第三波改革的重大历史意义和深远的世界意义，从中提炼出独特的中国特色改革发展理论。

综上，从某种意义上说，《新工业革命与中国第三波改革》是一部中国改革开放史的理论梳理，又是一部中国第三波改革特写镜头的理论抽象。这个特写镜头里，不仅有世界百年未有之大变局的世界景观，而且有中国改革开放史的特色景观，视野开阔，意义重大而深远。

总之，本丛书在整体的人类发展大背景下，围绕未来社会和未来教育的研究主线，从世界趋势到国内视点，紧扣时代脉搏，探索了社会改革与教育发展规律，尝试提炼出其中的重要理论思想，旨在为国家开启的第二个百年新征程中的教育现代化提供理论支撑。丛书所提出的"第三次教育革命"的判断和论述，无论在国内外学术界还是教育界都是第一次；对中国第三波改革的系统研究，特别是将其与前两轮改革进行比较，并整体耦合于工业文明发展进程中进行考察，在百年未有之大变局中观察新一轮改革的历史使命和世界意义，也都是第一次。这些研究及结论无疑都具有重要的理论价值、政策价值和实践意义，可供所有关心未来中国社会和教育发展改革的各界人士参阅。如果本丛书能够对此起到这些积极的作用，作者和译者们的初衷也就达到了。

周洪宇 徐莉

2021 年 7 月 25 日

目录

① 导论

一、百年未有之大变局：新工业革命对人类社会的影响　1

二、教育迎来第三次大跨越：下一个文明时代的教育曙光　8

三、本书聚焦的重点　10

⑫ 第一章　时代大变局：新工业革命

第一节　新工业革命的本质　12

一、时代转型与人类解放　12

二、时代转型与人类思想　22

第二节　新工业革命全方位影响世界　29

一、大数据与互联网＋新商业模式　29

二、大数据与互联网＋智能化产业　42

三、科技革命与产业变革改变整个世界　51

㊽ 第二章　教育在裂变中重生

第一节　新工业革命与第三次教育革命　61

一、新工业革命呼唤新教育　61

二、新工业革命将彻底颠覆传统教育模式　65

三、第三次教育革命的本质特征　69

第二节　智能社会与教育的新旧动能转换　75

一、知识：教育新旧动能转换的基石　75

二、智能＋教育：教育新旧动能转换的内在动力　78

三、走向终身化：教育新旧动能转换的结果　81

第三章　智能革命与人类知识新解　86

第一节　从天人相分到天人相合的知识定义　86

一、人与自然关系的演进过程　86

二、人与自然关系对知识观的影响　90

三、天人相和下的知识新解　94

第二节　从外显知识到内隐知识的新升级　99

一、工业社会与智能社会的知识观　99

二、人类知识与工业化发展阶段关系解码　105

三、智能时代下知识新解　108

第三节　从学科划界到学科整合　113

一、现存学科体系的问题与挑战　113

二、从学科划分转向学科整合的紧迫性　116

三、跨学科视野下的知识内涵解读　120

第四章　教育＋人工智能：教育模式的颠覆　124

第一节　崛起的人工智能　124

一、从机械到智能：人类大脑的延伸　124

二、从机械到智能：人类生命的重塑　127

三、人工智能改变世界　129

第二节　当教育遇上人工智能　131

一、人工智能下，人脑何为？　131

二、人机世界中的新型学习　136

三、智能与生命牵手，教育何为？　142

第三节　智能教育，打开未来教育之门　150

一、新知识与新学习　150

二、新组织与新样态　156

三、新生教育生命体　160

第五章　从分到合，教育走向终身化　165

第一节　知识整合：打破学科界限　165

一、世界的整体性　165

二、认识世界方法的整体性　174

第二节　整体变迁：步入终身教育时代　183

一、现代教育终身化进程　183

二、从量的积累走向质的突变　193

三、迎接终身化教育新时代　196

第六章　迎接第三次教育革命：教育转型如何完成　204

第一节　新时代与中国方案　204

一、中国教育改革新时代　204

二、推进面向2035的可持续发展中国战略　208

三、跨入教育强国总方略　217

第二节　打造面向新时代的教育奠基工程　221

一、从公共性到共同利益：知识与教育的人文性重塑　221

二、人工智能＋教育4.0战略：智慧型教育模式创建　225

三、构建服务全民终身学习的教育体系　230

第三节　从工作社会走向学习社会　233

一、构筑学习型社会价值系统　233

二、打造智慧型学习系统　235

三、培育智慧型终身化教育系统　237

241 第七章 迎接第三次教育革命：新教育革命的全球探索

第一节 新技术与教育变革的深度融合 241

一、区块链技术与教育变革 241

二、计算教育学的悄然兴起 248

第二节 知识大融通浪潮一夜来袭 249

一、席卷全球的STEM教育风暴 250

二、项目式学习在我国 252

三、综合实践活动 253

第三节 未来教育形态的多元呈现 253

一、教育4.0全球教育框架 253

二、未来学校 259

三、数字化学习创新趋势 270

四、雇主证书：平行教育体系萌芽 274

五、摆脱学校科目的国家行动 275

276 尾声 疫情期间中国大规模在线教育实践探索

280 参考文献

293 后记

导论

  当今世界正经历新一轮大发展大变革大调整,人类社会处在又一个历史巨变的十字路口。而2020年的新冠肺炎疫情加速了这场大变局的脚步,更将对人类本身产生颠覆性影响。习近平总书记2018年6月在中央外事工作会议上提出了一个重大论断:当前中国处于近代以来最好的发展时期,世界处于百年未有之大变局,两者同步交织、相互激荡。这一重大论断为我们准确把握这场巨变的本质内涵提供了科学方法,同时揭示出中华民族伟大复兴处在这场巨变的中心,也处在何去何从的十字路口。登高望远,此两个十字路口的同步交织、相互激荡正悄然开启着新世界教育起点的窗口。[①]

一、百年未有之大变局:新工业革命对人类社会的影响

  纵观人类文明演进的总体进程,迄今为止已经发生的根本性革

---

  ① 周洪宇,徐莉.站在人类历史拐点处探求教育变革之路[J].国家教育行政学院学报,2014(7):3.

命不过两次：第一次是农业革命引发的从游牧文明向农耕文明、从低级农耕文明向高级农耕文明之变，其结果是人类从采食捕猎走向栽种畜养，从野蛮时代走向文明社会；第二次即数百年来所经历的延续至今的工业革命引发的从农业文明向工业文明之变，这也是人类社会真正发生质变的一个空前重要时期，几百年中取得的科技创新成果和物质财富超出过去几千年的总和。其结果是大大解放了人的体力，以机器取代了人力，以大规模工厂化生产取代了个体工场手工业生产。使社会生产力实现大解放和人们生活水平实现大跃升。目前正在发生第三次根本性革命，正引发从工业文明继续向新文明转型之变，显现出智能和绿色革命趋势。如果说工业革命拓展了人类体力，则第三次革命显示出正在拓展人的脑力。应该说这场大变局还没有成形，还只是一个方向和趋势，还没有取得统一的命名，但它的的确确与20世纪的世界变局不同了。

有学者从空间结构视角考察认为：第一次根本性革命带来的是以亚洲大陆为主要范围的地理空间世界的变化；第二次根本性革命始于15世纪末哥伦布发现新大陆，从空间上打破了人类之间以海洋分割而各自孤立发展的状态，使人类世界进入海洋文明时代，而由此逐渐进入世界性交往和全球化时代。1874年，李鸿章在一封奏折里面提到："今则东南海疆万余里，各国通商传教来往自如，麇集京师及各省腹地，阳托和好之名，阴怀吞噬之计，一国生事，诸国构煽，实为数千年来未有之变局。"这里所描述的正是这一大变局，亦即当时的中国从长期习以为常的内陆文明突然面对浩瀚无际、知之甚微的海洋文明的新世界，这种变化的确是大变（程美东，2019）。目前正在发生的第三次根本性革命，虽然它对人类文明的冲击尚处于"萌芽期"，真正能够影响工业化发展方向和人类文明进程的新科学、新技术、新产品、新业态仍在逐渐形成中，但已经显现出从海洋时代向太空时代前行的显著趋势,新的空间技术必将从根本上改变人类的社会经济和生活方式,人类正以太空为枢纽向虚拟空间世界迈进。

如此看来,哥伦布发现新大陆是历史上具有决定性的重大事件,成为人类社会发生根本性改变的起点,正是始于这个起点,16世纪以来,人类社会进入前所未有的创新活跃期,而最终揭开了工业革命的新篇章,从根本上改变了人类历史的发展轨迹。特别是18世纪后,世界发生了数次重大的科技革命,社会生产力由此实现了大解放,人们的生活水平实现了大跃升,这种改变一直持续至今。因此,在此期间发生的变局,都可视为工业文明发展之变,总体上是工业社会框架内的革命性改变。有别于这一框架的变化,当前正在发生的新工业革命则是一个新文明的根本性质变的到来。在此大历史观下考察工业文明时期发生的历次工业革命,或许对历史上出现的几次工业革命的认识会获得更为清晰的认识,从而更深刻地认识当前正在发生的革命变化的本质意义和内涵。

工业文明这一人类社会真正发生历史巨变的时期,让人们看到科学释放的巨大能量如何引发了一次又一次重大科技革命的到来,又是如何跌宕起伏地改变着世界格局的。英国抓住了第一次工业革命的先机,确立了引领世界发展的生产力优势,建立了"日不落帝国";美国抓住第二次工业革命的机会,从英国手中夺得先进生产力主导权,跃升为世界头号工业强国,并继续引领第三次工业革命,以互联网等为代表的信息技术革命催生新经济的浪潮,使美国再次执世界经济之牛耳,综合实力领先世界。而原本在以亚洲大陆为主要范围地理世界的几千年时间里,中国经济、科技、文化一直走在世界的第一方阵之中。近代以后,中国的封建统治者夜郎自大、闭关锁国,在欧洲发生工业革命、世界发生深刻变革的时期,中国丧失了与

世界同进步的历史机遇,逐渐落到了被动挨打的境地。直到新中国成立,中华民族才迎来了从站起来、富起来到强起来的伟大飞跃,不仅加紧脚步赶上了西方国家用了几百年时间完成的工业革命进程,并在当前这场不寻常的新工业革命中站到了制高点上。这正是习近平总书记重要判断中所说的中国处在了近代以来最好发展时期的又一层深远内涵,意味着我国前所未有地接近了实现中华民族伟大复兴的目标,新时代中国特色社会主义旗帜将在世界高高举起。

如果说英国第一次工业革命开创了人类近代史的新纪元的话,那么21世纪正在到来的新工业革命的重大意义如同当时从农业文明向工业文明转变,从以亚洲大陆为主要范围的地理空间世界进入海洋文明时代一样不同寻常;也如同16世纪后,人类社会进入前所未有的创新活跃期,21世纪以来,人类社会进入又一个前所未有的创新活跃期一样,新一轮科技革命和产业革命蓄势待发,多种重大颠覆性技术不断涌现,科技成果转化速度明显加快,产业组织形式和产业链条更具垄断性。这对全球创新版图的重构和全球经济结构的重塑作用将变得更加突出,将给世界带来无限的发展潜力和前所未有的不确定性。毫无疑问,以新一轮科技革命和产业变革为主要特征的新工业革命,不再属于传统工业化的常规发展,它充分利用信息通信技术和网络空间虚拟系统,建立起更高级的生产力、生产方式和经济形态,将对人类社会产生深远影响。

习近平总书记敏锐地意识到这场新工业革命即将产生的深远影响,在国际国内发表了一系列重要讲话,深刻地揭示了它的本质、内涵及其对人类经济社会发展的深远影响,并就我国如何迎接新工业革命进行了部署。他早在2013年9月30日主持十八届中央政治局第九次集体学习时,就敏锐地指出:新一轮科技革命和产业变革正在孕育兴起,一些重要科学问题和关键核心技术已经呈现出革命性突破的先兆。物质构造、意识本质、宇宙演化等基础科学领域取得重大进展,信息、生物、能源、材料和海洋、空间等应用科学领域不断发展,带动了关键技术交叉融合、群体跃进,变革突破的能量正在不断积累。① 2015 年 11 月 15 日,在土耳其安塔利亚举行的二十国集团领导人第十次峰会上,习近平总书记发表关于世界经济形势的看法,进一步指出:新一轮科技革命和产业革命正在创造历史性机遇,催生互联网+、分享经济、3D 打印、智能制造等新理念、新业态,其中蕴含着巨大商机,正在创造巨大需求,用新技术改造传统产业的潜力也是巨大的。② 2018 年 7 月 26 日,习近平总书记指出:当今世界正面临百年未有之大变局,人工智能、大数据、量子信息、生物技术等新一轮科技革命和产业变革正在积聚力量,催生大量新产业、新业态、新模式,给全球发展和人类生产生活带来翻天覆地的变化。③ 正是基于对世界大势的敏锐洞察和深刻分析,以习近平同志为核心的党中央做出一个重大判断:世界处于百年未有之大变局。深刻认识这一变局的丰富内涵,牢牢把握这一变局给中华民族伟大复兴带来的重大机遇,是新时代开拓广阔发展空间、实现"两个一百年"奋斗目标的现实要求。

关于这场革命,人们的说法还不统一,如有第三次工业革命说,代表性观点是 2011 年 9 月美国未来学家杰里米·里夫金出版的《第三次工业革命:新经济革命如何改变世界》,以及 2012 年 4 月英

---

① 习近平主持中央政治局第九次集体学习[EB/OL]. 人民网,2013-10-01. http://politics.people.com.cn/n/2013/1001/c1024-23094554.html.

② 习近平在二十国集团领导人第十次峰会第一阶段会议上的讲话[EB/OL]. 新华网,2015-11-16. http://www.xinhuanet.com//world/2015-11/16/c_1117147101.htm.

③ 金砖国家领导人第十次会晤约翰内斯堡宣言(全文)[EB/OL]. 中国政府网,2018-07-27.

国著名经济学杂志《经济学人》发表的《第三次工业革命：制造业与创新》。两者都言明：人类已进入第三次工业革命时代。2015年以后，集中出现一批关于第四次工业革命提法的学者，代表人物是世界经济论坛（也称"达沃斯论坛"）创始人兼执行主席克劳斯·施瓦布，他于2016年出版了《第四次工业革命：转型的力量》，提出第四次工业革命的观点。此外，德国学者乌尔里希·森德勒于2015年出版了《工业4.0：即将来袭的第四次工业革命》。此后，日本学者藤原洋的《精益制造030：第四次工业革命》，《日经商务周刊》编撰的《第四次工业革命》等著作相继问世，它们都宣称"第四次工业革命"正在发生。当然，也有极个别的学者提出了第五次工业革命说，如英国人彼得·马什在他的《新工业革命》一书中，就提出了关于第五次工业革命的观点。① 无论如何界定，对这场革命的根本性变化的本质内涵的认识是一致的。也有关于"新工业革命"的提法，中国"新工业革命"一词曾在国务院常务会议上被频频提及。李克强总理把推动"新工业革命"作为调研的重要内容，提出：互联网＋双创＋中国制造2025，彼此结合起来，进行工业创新，将会催生一场新工业革命。强调必须加速工业化和信息化的深度融合。② 在2016年9月杭州二十国集团峰会的开幕词和闭幕词中，习近平总书记提到"新工业革命"的概念，并在中国的大力倡导和推动下，通过了《二十国集团新工业革命行动计划》，以促进新工业革命发展并将其作为经济发展的主要动力。③ 当然，进入2019年以来，习近平总书记在

---

① 李尧远.正在进行的"工业革命"：次第与主题之辨[J].读书,2018(3):3.

② 王子淘.李克强：中国正在迎来一场"新工业革命"[EB/OL].新华网,2018-07-27. http://www.xinhuanet.com//politics/2015-11/19/c_1117199564.htm.

③ 新华社.二十国集团领导人杭州峰会公报[EB/OL].新华网,2016-09-06. http://www.xinhuanet.com/world/2016-09/06/c_1119515149.htm.

各种场合愈来愈多地使用"第四次工业革命"的提法,但他又常常是将"新工业革命"与之相提并论的,如2018年7月26日,在南非约翰内斯堡举行金砖国家领导人第十次会晤中,在他发表的《让美好愿景变为现实》的重要讲话中,揭示了"新工业革命"的突出特点,并将其具体表述为第四次工业革命,指出:全球进入"第四次工业革命"新阶段。①

以上各种提法虽然有所不同,但对这场革命的本质特征的认识都是一致的,那就是:它不是以往工业革命的继续,而是一个新起点。如里夫金等人认定第三次工业革命是送走工业文明时代、迎来新的文明时代的革命。② 施瓦布则强调,第四次工业革命既不是第三次工业革命的简单延续,也不等同于制造业的"工业4.0",这场工业革命从发生机制、速度、广度和深度来看,正在对整个社会的所有制度产生颠覆性的、系统性的变革,现有的经济社会形态将发生根本性的改变,并将对整个人类社会产生深刻影响。③ 中国对这场新工业革命,给予了敏锐关注和快速反应,不仅布局了本国的实施措施,而且密切关注着全球的发展动向。据媒体报道,里夫金的《第三次工业革命》刚一问世,李克强就批示要求国家发展改革委和国务院发展研究中心"密切关注"。习近平总书记也反复强调新一轮科技革命和产业革命正在创造历史性机遇。与以往历次工业革命相比,第四次工业革命是以指数级而非线性速度展开。他认为:如今,我们正在经历一场更大范围、更深层次的科技革命和产业变革。大

---

① 金砖国家领导人第十次会晤约翰内斯堡宣言(全文)[EB/OL].中国政府网,2018-07-27.
② 杰里米·里夫金.第三次工业革命:新经济模式如何改变世界[M].张体伟,孙豫宁,译.北京:中信出版社,2012.
③ 克劳斯·施瓦布.第四次工业革命:转型的力量[M].李菁,译.北京:中信出版社,2016.

数据、人工智能等前沿技术不断取得突破,新技术、新业态、新产业层出不穷。在2019年第二届"一带一路"国际合作高峰论坛上,习近平总书记再次强调指出:我们要顺应第四次工业革命发展趋势,共同把握数字化、网络化、智能化发展机遇,共同探索新技术、新业态、新模式,探寻新的增长动能和发展路径。① 此"三化"和"四新",深刻揭示和高度概括了这场新工业革命的突出特点,指明了应对这场新工业革命的总方向。在这场人类历史的新的大变局下,教育将走向何方?

二、教育迎来第三次大跨越:下一个文明时代的教育曙光

在整个人类历史长河中,教育是人类社会发展的动力和基础。人类社会的每一次跨越式发展都伴随着相应的教育大变革。自人类进入文明社会以来,教育经历了从蒙昧时期的个体的、自发的教育,到文明时代专业的、系统的学校教育阶段,再继续发展到工业时代的现代教育阶段,形成的三种相应教育样态,对应了人类文明发展从原始文明到农业文明再到工业文明的几个阶段。其间,教育经历了无数次大大小小的变革和创新,有力地推动了人类社会的发展。

伴随着生产技术发生质的变化和人类知识扩容,教育从原始文明时期的古代教育到农业文明时期的近代教育,再到工业文明时期的现代教育,一路走来,可以说经历了两次历史性重大跨越。第一次,从原始文明时期的个别教育到农业文明时期的个性化教育。它

---

① "一带一路"为中国开放发展开辟新天地[EB/OL]. 中国新闻网,2019-04-29.

为此后的工业文明时期的现代教育提供了基础,此后的教育,特别是进入工业社会的教育,是对这个有组织的、分离而独立于社会的专门系统化教育的空前推进和发展。第二次,从农业文明时期的个性化教育到工业文明时期的规模化教育。形成了沿用至今的以学习为主、课堂为主、教师为主,以班级授课制为核心的空前规模化教育模式。今天,人类教育正面临新的历史性超越。由人工智能、生命科学、物联网、机器人、新能源、智能制造等一系列创新所带来的物理空间、网络空间和生物空间三者的融合引领的新工业革命,必将引发一场与之相适应的深刻教育变革,从而重塑教育的新样态。我们将其称为正在到来的第三次教育革命。

教育对工业革命的影响毋庸置疑,正如有文章所说:"综观英国工业革命的发展,时时刻刻都嵌入着大众的影子,工业革命前期一段时间就像火山喷发前的震动。教育的发展在其中扮演着助力作用。是时代的产物也是时代发展的必然。"[①]反过来,工业革命对教育的需求与影响同样毋庸置疑。由于资本主义生产关系的萌芽,与农业社会的生产关系相适应的、个别化的、分散式的农耕教育,逐渐不适应资本主义生产关系。一些资产阶级启蒙思想家和教育家积极倡导新式教育,反对封建的落后教育。特别是随着资本主义生产关系的发展,需要大批有一定知识和技术的产业工人。于是,批量式、标准化、集中化的班级授课制走上了人类的历史舞台。从农业文明向工业文明迈进中,学校教育经过了第一、二次工业革命后,面对高度集中、自上而下的企业需要,批量式、标准化、集中化的教育模式发展到了顶峰。

---

① 张奎,陈见辉,崔海花.教育对工业革命的影响[J].现代企业教育,2014(20):284.

在过去的几个世纪里,工业文明重塑着教育,教育反过来推动着工业发展。一切皆由于社会的改变,归根到底是人的改变,"人本特征才是工业革命的最为根本和核心的本质内涵。这不仅因为人的改变是变革的出发点和落脚点,还因为它是变革能否成功的核心条件。正如里夫金所言:'除非我们能改变我们的世界观和行为,否则,第三次工业革命就会夭折。'"①因此,教育变革是新工业革命的重要内涵与特征之一。社会的变革必然带来深刻的教育变革。必将对传统教育产生革命性颠覆,一个全新的教育样态和教育系统必将在这场革命中孕育和诞生。但是目前为止,亟待关注的、正在到来的人类教育革命尚未引起人们应有的重视,系统全面地研究这场教育变革的成果还很少,这是本书写作的缘起。

三、本书聚焦的重点

本书讨论新工业革命,截取的是人类历史上特定的工业文明阶段的革命,考察的重点在于与工业文明阶段发生的几次大的革命相对应。这是因为工业文明阶段发生的革命给世界带来的巨变是空前的,比以往任何文明的总和还要多,下一个巨变必将是对这个巨变框架的脱离与继承元素的重构。新工业革命承前启后,需要对支撑原有经济大厦的根基有从内到外全方位的了解和审视,才有可能对新方向上的努力做出正确的判别,定好局开好步。讨论的第三次教育革命是就整个人类发展史的全视域而言的,这是因为,种种迹象表明,人类教育正在发生的是有史以来第一次自身的周期性大循环,这个大循环与工业文明时代向新的文明时代过渡历史性相遇,

---

① 徐莉.对第三次工业革命本质内涵的教育审视[J].教育研究与实验,2013(2):21-24.

意味着人类历史迎来真正意义上的整体性变迁。这场变迁是从内到外的、全方位的、最为彻底的变迁,是必须引起人们高度注意重大的变迁。

在全视域上审视第三次教育革命与在工业文明阶段审视具有根本转折性的新工业革命阶段,既可以帮助我们将教育与经济发展的同向而不同步性突显出来,同时有助于人们对人类社会正经历的这场大变迁的深刻与艰巨程度的理解。在人类共存的六种实践活动中,教育系统演变的缓慢性表明,这场深刻的革命,将以新技术为动力,以更为深层次的文化变迁、人的思维方式革命为标志和引领,是从外到内的、全方位的、系统整体的社会变迁运动。由此,全视域上的第三次教育革命与工业文明阶段的新工业革命融合,将是我们对这场教育革命的审视框架。在这个总的框架内,将不仅关注技术视角,同时特别关注技术背后更为深刻的文化变迁的视角;将不仅关注教育形式的翻天覆地的变化,更关注关于知识与教育内涵重构的深层次的根本性变革。

第一章
时代大变局：新工业革命

第一节　新工业革命的本质

一、时代转型与人类解放

（一）人类文明更替与时代转型

"革命"一词，泛指重大革新。克劳斯·施瓦布指出："革命伴随着人类历史的始终：每每出现新技术，出现看待世界的新视角，人类的经济体制和社会结构便会发生深刻变革。如果以历史的长河作为参照，这些突然发生的变革可能要持续很多年才能全面展开。"[①]

回顾人类的历史，人类分别经历了三个文明时期：原始文明时期、农业文明时期和工业文明时期。在原始文明时期，人们必须依赖集体的力量才能生存，物质生产活动主要靠简单的采集渔猎，为时上百万年。随着铁器的出现与使用，人类进入了农业文明时期。

[①] 克劳斯·施瓦布.第四次工业革命：转型的力量[M].李青，译.北京：中信出版社，2016.

农业文明是人类历史上的第一种文明形态。这次农业革命使畜力和人力得到了有效结合,并推动了生产、运输和交通的发展。此后,粮食产量逐步增加,有效促进了人口增长和人类聚居地面积的扩大,并由此催生了城市的崛起和城市化。原始农业和原始畜牧业、古人类的定居生活等的发展,使人类从食物的采集者变为食物的生产者,这是第一次生产力飞跃。继农业革命之后,到了18世纪下半叶,一系列工业革命接踵而来,把人类社会带入工业文明时期。工业文明是以工业化为重要标志、机械化大生产占主导地位的一种现代社会文明形态。其主要特点大致表现为工业化、城市化、法制化与民主化,以及社会阶层流动性增强、教育普及、信息传递加速、非农业人口比例大幅增加、经济持续增长等。工业革命标志着肌肉力量逐渐被机械力量取代,人类的体力得到空前解放。工业革命发展到今天,人类正在经历一场前所未有的新工业革命,人类认知能力的提高正在促进人类生产力的进一步提升,体力劳动解放正在向脑力劳动解放转变,人类正在经历从工业文明向新文明时代迈进的新征程。

有学者提出:新文明为计算机和互联网诞生以来,人类以"虚拟信息"为主要思维媒介所创造的文明形态。就时间跨度而言,新文明时代主要由信息时代和终极时代等两个阶段性时代前后相继构成。而人类终极事业是指新文明的核心内容和终极文化成就,即新文明的核心文化,主要包括开发人类极限技术工程和发展人类终极事业思想观念及新文明人文精神两个方面。①

---

① 新文明.新文明——人类崭新的文明形态[EB/OL].(2018-01-21)[2020-01-17]. http://baijiahao.baidu.com/s? id = 15901844828065091 57&wfr = spider&for=pc.

（二）工业革命之门开启

何为工业？工业主要是指原料采集与产品加工制造的产业或工程。也可以说工业是生产从手工作坊变成规模化和流程化生产线。工业是社会分工发展的产物，经过手工业、机器大工业、现代工业几个发展阶段。工业是唯一生产现代化劳动手段的部门，它决定着国民经济现代化的速度、规模和水平，在当代世界各国国民经济中起着主导作用。工业还为自身和国民经济其他各个部门提供原材料、燃料和动力，为人民物质文化生活提供工业消费品；它还是国家财政收入的主要源泉，是国家经济自主、政治独立、国防现代化的根本保证。

工业革命是人类文明进入工业化进程后的产物，是发生在工业文明阶段的重大历史事件。在延续至今的工业文明发展进程中，已经发生过两次工业革命，现在正经历人类文明史上第三次、第四次工业革命。第一次工业革命从1760年延续至1840年。由蒸汽机发明触发的这次革命，引领人类进入了机械化大生产的崭新时代，也带来了以煤炭为主体的能源系统的使用，整个产业结构由此被彻底升级改造。第二次工业革命始于19世纪末，延续至20世纪初，随着电力和生产线的出现，规模化生产应运而生。第二次工业革命将世界引领至化石燃料能源系统阶段。工业革命后有了"现有产业＋蒸汽机及电气化＝新产业"的模式，进而导致全世界财富量迅速增长。马克思指出：资产阶级在它不到100年的阶级统治中所创造的生产力，比过去一切时代创造的全部生产力还要多，还要大。进而开启了科学的时代、理性的时代，也开启了影响世界三个多世纪的西方近代社会，从而带来社会方方面面的系统更新，学校制度及其使用至今的学科体系由此诞生。

（三）新工业革命到来

在工业化向前发展的进程中，人类在享受工业革命便利的同时，也在对地球资源和环境进行无休止的掠夺和破坏。并且，工业化越是发达，这种破坏就愈演愈烈。处于工业化进程的后发国家，从起步开始就已经陷入巨大的资源瓶颈中，其给地球承载力带来的压力可想而知。不仅如此，在能源日益紧缺的情况下，工业文明带来的矛盾日益尖锐，愈来愈陷入它的极端逐利性、疯狂性、强权性、对人类欲望的无限释放和追求中，造成人类为争夺有限资源而引发的冲突频发。全球金融危机和日趋恶化的环境破坏，向世界猛烈地敲响了警钟：工业文明并非十全十美，人类已经陷入了生存的绝境。寻求新的发展路径，既是解决困境的要求，也是人类文明不断更新换代的必然趋势。

目前人类正在经历一场深刻的工业变革，面对这场规模、范围和深度空前的新一轮工业革命，世界上不同的学者有着不同的声音。有的学者将这次工业革命称为"第三次工业革命"，有的学者则认为是"第四次工业革命"，有的学者将其称为"新工业革命"（见表1-1）。

关于什么样的变化才能被称为"工业革命"，需要设定一定的评判标准，标准的缺失与错乱，是人们"自言自语"或各执一词的原因。在学术范畴里，人们通常把"工业革命"与"第一次工业革命"等同起来。虽然不同的学者对工业革命有着不同的解释，甚至至今没有达成共识。国内学者李尧远《正在进行的"工业革命"：次第与主题之辨》一文详细论述了界定工业革命的标准以及对正在进行的工业革命的讨论。认为判断一场变革是不是工业革命，大概需要考虑如下四个条件：一是能够深刻影响生产生活尤其是生产组织形式变化的非传统核心技术体系革新；二是生产效率的提升和经济社会的快速持续发展;三是政治、经济、社会、文化等领域的系统性变革;四是新能源的出现或能源利用方式的变化。只有上述四个条件同时具备才能被称为工业革命,其中一个或两个领域的变化不能以"工业革命"相称,这正是科技革命的次数多于工业革命的次数的原因。①

表1-1 不同学者对工业革命的不同提法

代表人物	视角	主要观点	代表作
(美)杰里米·里夫金	以新经济结构(新能源+新通信技术)为视角	以新经济结构为视角进行划分,认为有别于第一、二次工业革命的化石能源时代,第三次工业革命是新的绿色能源与新技术的结合创造的新经济体,人工智能是第三次工业革命的新阶段	《第三次工业革命:新经济模式如何改变世界》
(德)克劳斯·施瓦布	以制造业的智能化升级为视角	工业革命划分为1.0机械制造、2.0电动制造再到3.0数字制造、4.0智能制造,即第四次工业革命说	《第四次工业革命:转型的力量》
(英)彼得·马什	以消费与生产方式的变化为视角	此前的大规模消费与批量生产的形式,将被个别化、定制化生产方式所代替,即新工业革命到来	《新工业革命》

按照以上四种条件统一的判断标准,无疑,新一轮工业革命已

---

① 李尧远.正在进行的"工业革命":次第与主题之辨[J].读书,2018(3):3.

经到来,这场革命的深刻程度是空前的,不仅波及外显的技术,而且影响到社会生活的方方面面;不仅是技术的更新换代,同时伴随着新旧动能的转换,新的绿色能源的出现。这场革命不是以往历次工业革命的延续,而是具有零点革命意义的新趋势。

对于新工业革命,中国从经济发展模式更新的视角,去思考和把握这一蓬勃发展的时代浪潮。习近平总书记强调:潮流来了,跟不上就会落后,就会被淘汰。我们能够做的和应该做的就是要抢抓机遇,加大创新投入,着力培育新的经济增长点,实现新旧动能转换。① 2013 年 9 月 30 日,习近平总书记在主持十八届中央政治局第九次集体学习时,就敏锐地指出:新一轮科技革命和产业变革正在孕育兴起,一些重要科学问题和关键核心技术已经呈现出革命性突破的先兆。物质构造、意识本质、宇宙演化等基础科学领域取得重大进展,信息、生物、能源、材料和海洋、空间等应用科学领域不断发展,带动了关键技术交叉融合、群体跃进,变革突破的能量正在不断积累。② 此后,在多个国际国内重要场合,他反复谈到新一轮科技革命和产业变革正在孕育兴起、蓄势待发的问题。

新一轮工业革命不同于以往的两次工业革命,它是一场划时代的革命,说它是划时代的,是因为这场革命是对工业经济基础进行釜底抽薪的革命。从原始文明到农业文明,再到工业文明,人类文明的发展不断向前推进。人类社会正在经历的新工业革命是工业文明史上最后一次伟大的革命,它将标志着两百年来大量劳动力所

---

① 文明世界拼图. 第四次工业革命到来了,最大的挑战在于教育[EB/OL]. (2019-03-24) [2020-01-17]. http://www.360doc.com/content/19/0324/19/27362060_823865834.shtml.

② 中华人民共和国中央人民政府. 习近平主持中央政治局第九次集体学习[EB/OL]. (2013-10-01) [2020-01-25]. http://politics.people.com.cn/n/2013/1001/c1024-23094554.html.

创造的商业传奇的结束,随之而来的是协同合作、社交网络和专业技术人员所创造的新时代的开始。①

新时代,数字化、网络化、智能化进入了新一轮快速发展阶段,正在颠覆越来越多的传统领域,其应用已包括工业、商业、交通、政务、医疗、教育、娱乐、金融、家庭、个人等领域,这意味着人工智能涉及各行各业,进入千家万户,引领人类进入智能时代。自从1956年人工智能的概念被首次提出之后,经过60多年的发展,人工智能先后经历了起步期、反思期、应用期、低迷期、稳步期和蓬勃期。② 目前,我们正处于人工智能的蓬勃发展阶段。如同蒸汽时代的蒸汽机、电气时代的发电机、信息时代的计算机与互联网,人工智能正成为推动人类进入智能时代的决定性力量。未来人工智能将会从专用智能向通用智能发展、从人工智能向人机混合智能发展、从"人工+智能"向自主智能系统发展,人工智能将加速与其他学科领域交叉渗透等大趋势发展。③ 不可否认,人工智能将会是代表未来的不可阻挡的大势所趋。

如果说第一次工业革命开启了工业文明的大门,使19世纪的世界发生了翻天覆地的变化,第二次工业革命将工业文明推向了顶峰,为20世纪的人类开创了新世界,也因此把工业文明带到了节点,那么我们现在正在经历的工业革命将是工业文明与下一个文明之间的桥梁,是一次过渡性的革命,为人类开启了新文明之门,这是具有划时代意义的革命。

习近平总书记在南非约翰内斯堡举行的金砖国家工商论坛发

---

① 周洪宇,徐莉.站在人类历史拐点处探求教育变革之路[J].国家教育行政学院学报,2014(7):3-8.
② 谭铁牛.人工智能的历史、现状和未来[J].智慧中国,2019(Z1):87-91.
③ 谭铁牛.人工智能的历史、现状和未来[J].智慧中国,2019(Z1):87-91.

表的《顺应时代潮流　实现共同发展》的重要讲话中,高瞻远瞩地指出,当今世界正面临百年未有之大变局,对广大新兴市场国家和发展中国家而言,这个世界既充满机遇,也存在挑战。着眼于这样的大变局,我们不能错失发展的机会。

（四）新工业革命将带来颠覆性巨变

"创新、变革从古至今都是人类永恒不变的课题。从人类由采集到农耕、由农耕到机械、由机械到互联网等一系列的时代变迁中,我们可以看到,技术越来越先进,一切的原始劳动力都能被机械所取代,后期更是以信息技术支配着机械力量。可以预见,将来人类社会是信息技术、生物技术、人工智能等各种技术之间的整合与集成,形成更为强大完善的体系。"①

新工业革命的内涵更加广泛,从基因测序到纳米技术,从可再生能源到量子计算,各领域的技术突破风起云涌。各项技术之间不是孤立存在的,而是互相融合与协同,它们横跨物理、数学和生物几大领域的互动,决定了这次工业革命与前几次工业革命有着本质的不同。我们正在经历着的这次新工业革命不仅改变了我们正在干的事情和人们的交流方式,更改变了整个社会和我们的身份,使整个社会发生了翻天覆地的变化。

克劳斯·施瓦布指出:"人们在完成第三次工业革命之后,制造业的生产流程已经完全实现自动化、透明化。在这个基础上,通过在各个环节应用互联网技术,将信息与物体相连,所有机器都进入到一个统一的智能化网络中,它们可以自动调试生产流程、节奏,自动地修复故障,以最具收益的方式制造产品。这次新工业革命呈现

---

① 第四次工业革命到来了,最大的挑战在于教育[EB/OL].[2021-03-24].http://www.360doc.com/content/19/0324/19/27362060_823865834.shtml.

出指数级而非线性的发展速度,规模极大、范围极广,导致很多企业发生了翻天覆地的变化,创新也显得越来越激烈。"①马云于1999年创办阿里巴巴,仅仅经过短短几年的飞速发展就在很大程度上改变了中国人的消费方式;问世于2007年的苹果手机,如今在街头巷尾随处可见;成立于2009年的Uber公司在全球范围内覆盖了70多个国家400余座城市,在很大程度上改变了人们的出行方式;大街上越来越多的新能源汽车正在加速全球向可持续能源的转变。克劳斯·施瓦布认为:"新工业革命把人们带入一个高度互联、包罗万象的世界。除速度和广度之外,不同学科和发现成果之间的协同与整合变得更为普遍。不同技术相伴相生,催生出许多以前只能在科幻小说中才能看到的有形创新成果。比如,数字制造技术已经可以和生物学相互作用。一些设计师和建筑师正在将计算机设计、增材制造、材料工程学和合成生物学结合在一起,创造出新的系统,实现微生物、人体、消费产品乃至住宅之间的互动。通过这种方式,他们制造出的物体具有持续自我改变和调整的能力。"②

随着5G时代的到来,人工智能、大数据、云计算、云服务全面应用,全球将会出现真正的万物互联、万物遥感、万物可视、万物智能,生产效能空前提高,人类迎来实现根本性飞跃的重大历史机遇;人类获得了空前解放,同时也面临空前挑战。正如克劳斯·施瓦布所说:"这些影响我们经济、社会和政治体制的根本性变革一旦发生,便很难消除,哪怕我们在一定程度上逆转全球化进程,也很难消除其影响。对于所有行业和企业而言,问题不再是我是否会被他人颠

---

① 克劳斯·施瓦布.第四次工业革命:转型的力量[M].李菁,译.北京:中信出版社,2016.
② 克劳斯·施瓦布.第四次工业革命:转型的力量[M].李菁,译.北京:中信出版社,2016.

覆,而是颠覆会何时到来,会以什么形式出现,对我和我所在的组织会产生怎样的影响。"①

数字化、网络化和智能化将引发产业结构的深刻变革。一方面,围绕数字化、网络化和智能化积极布局新兴领域,包括智能软硬件(例如语音识别、机器翻译、智能交互)、智能机器人(例如智能工业机器人、智能服务机器人)、智能运载工具(例如自动驾驶汽车、无人机、无人船)、虚拟现实与增强现实、智能终端(例如智能手表、智能耳机、智能眼镜)、物联网基础器件(例如传感器件、芯片),形成以人工智能为主题的高端产业和产业高端的聚集;另一方面,以人工智能推动包括制造业、农业、物流、金融、商务、家居产业在内的传统产业转型升级,形成智能制造、智能农业、智能物流、智能金融、智能商务、智能家居产业。通过智能工厂的推广大幅提高生产效率,推动人工智能在各行各业的规模化应用,全面提升产业发展的智能化水平。

数字化、网络化和智能化的融合更将引发社会方方面面的系统变革。现在,我们可以看到智能家居,未来的家可以全方位智能化,设想一下,早上起来,窗帘自动拉开,洗漱的你在智能镜子上看到今天的天气预报、新闻提要和约会提醒;吃完早餐后,自己的全自动座驾已经停在门口,将目的地设置成办公地点,便可以安心地坐在座位上准备一天的工作了;上班的你不放心家里的宠物,打开手机看到它正和机器人管家欢快地玩耍;下班回家的路上,把家里的空调提前打开,给自己营造一个凉爽的环境……这些只是一个个很小的生活片段,还会有好多地方都可以体现人工智能给人们带来的别具

---

① 克劳斯·施瓦布.第四次工业革命:转型的力量[M].李菁,译.北京:中信出版社,2016.

一格的生活方式;未来,人工智能会渗透到生活的方方面面,丰富人们的物质和精神生活,把人们从繁重的脑力劳动中解放出来,使人们有更多的时间去享受生活,做自己想做的事;此外,交通工具在人工智能时代也会发生重大改变,无人驾驶、无人机等这些智能交通工具也会让大家眼前一亮。

总之,轰轰烈烈的新工业革命已经来临,数字化、网络化和智能化开启的未来之旅,正在把人类社会带入新纪元。

二、时代转型与人类思想

(一) 支撑工业文明时期的思想基础

牛顿经典力学奠定了整个工业社会的思想基础,牛顿在他的伟大科学发现中,总结出一种全新方法论,使人们相信可以用这套思想方法解决一切问题,这就是机械思维。那么何为机械思维?为什么它的影响能延续至今?不论经济学家还是之前的托勒密、牛顿等人,他们都遵循着机械思维。如果我们把他们的方法论做一个简单的概括,其核心思想如下:首先,需要有一个简单的元模型,这个元模型可能是假设出来的,然后再用这个元模型构建复杂的模型;其次,整个模型要和历史数据相吻合。这在如今的动态规划管理学中还被广泛使用。机械思维的核心思想可以这样来概括:第一,世界变化的规律是确定的;第二,因为有确定性做保障,因此规律不仅是可以被认识的,而且可以用简单的公式或者语言描述清楚;第三,这些规律应该是放之四海而皆准的,可以应用到各种未知领域来指导实践。机械思维更广泛的影响力是其作为一种准则指导人们的行为,其核心思想可以概括为确定性(或者可预测性)和因果关系。牛顿可以把所有天体运动的规律用几个定律讲清楚,并且应用到任何场合都是正确的,这就是确定性。类似地,当我们给物体施加一个外力时,它就获得一个加速度,而加速度的大小取决于外力和物体本身的质量,这是一种因果关系。没有确定性和因果关系,我们就无法认识世界。①

简单来说,机械思维认为世界变化的规律是确定的,而且该规律是可以被认识,并能够用简单公式和语言描述清楚的,该规律是可以应用到各种其他未知领域的。这套方法的核心就是精确、还原和化简。一生二,二生三,三生万物,反过来,万物可以层层还原至"九九归一"最简来解释。并认为这一点可推之世界而皆准。

瓦特及其之后的诸多发明家的胜利,甚至包括后来的爱因斯坦的相对论,也是基于机械思维的方法论,都不是技术上的胜利,而是其掌握了这套从当时看非常新的原理和方法,使其创新取得了普遍性,具有了广而推之的价值。

这套思想方法由于简单有效并被取得的巨大成功所固化,从而形成了对世界的深远影响,不仅在工业革命的生产方面,更在人的精神世界中。渗透到社会方方面面,形成了严密的社会思想系统和制度,成为整个近代社会的思想基础,以及指导人们行为准则的思维方式。在长达三个多世纪中,直至今天,人们思考问题和行事方式都仍然固守的是这套原理框架。

(二) 机械思维的功过是非

从牛顿开始,人类社会的进步在很大程度上得益于机械思维,在两个世纪之前,机械思维是一个非常时髦的词,就如同今天我们说互联网思维、大数据思维很时髦一样。可以毫不夸张地讲,在过去的三个多世纪里,机械思维可以算得上是人类总结出的最重要的

---

① 苑晶.浪潮之巅作者吴军:思维方式的落后最可怕,机械思维方式已过时[EB/OL].(2017-09-13)[2020-01-25]. http://www.sohu.com/a/191784449_107597.

思维方式,也是现代文明的基础。今天,很多人的行为方式和思维方式其实依然没有摆脱机械思维,都潜移默化地受到机械思维的影响。① 机械思维对人类的进步做出了巨大的贡献。比如航空航天,很多参数都需要计算,计算结果如果是准确的、可靠的,那事情就成功了。如果计算结果有偏差,很可能就是惨痛的失败。科学发展,科技进步,主要依托的实际上就是机械思维。如果每次的结果都不一样,那这个科研成果实际上就被证伪了。

但是,当人类的发展到了新的历史节点,信息化、数据化、智能化成了时代的代名词,机械思维的局限性也越来越明显。今天,当我们再谈论起机械思维,很多人马上想到的是死板、僵化,觉得非常落伍,机械思维到处碰壁。首先,并非所有的规律都可以用简单的原理描述;其次,像过去那样找到因果关系已经变得非常困难,因为简单的因果关系的规律性都已被发现。另外,随着人类对世界认识得越来越清楚,人们发现世界本身存在着很大的不确定性,并非如过去想象的那样一切都是可以确定的。人们在获得大量确定知识的同时,对另外的知识形成限制。例如:否认不确定性和不可知性,世界更多的部分充满不确定性;只承认因果关系,否认其他联系,否认不可分性和部分相加不等于整体的质变性。因此,在现代社会,人们开始考虑在承认不确定性的情况下如何取得科学上的突破,或者把事情做得更好。

机械思维揭示了物理世界的量变规律:确定性、简单的;因果关系;部分相加等于整体。但是,世界大部分为不确定性、复杂的,世界中不仅仅只有因果关系,万事万物充满各种联系,部分相加也不

---

① 苑晶.浪潮之巅作者吴军:思维方式的落后最可怕,机械思维方式已过时[EB/OL].(2017-09-13)[2020-01-25].http://www.sohu.com/a/191784449_107597.

一定等于整体,世界演化的根本规律在于不确定性和质变。不确定性在我们的世界里无处不在。我们经常可以看到这样一种怪现象,很多时候专家们对未来各种趋势的预测是错的,这在金融领域尤其常见。这并不是因为他们缺乏专业知识,而是由于不确定性是这个世界的重要特征,以至于我们按照传统的方法——机械论的方法难以做出准确的预测。世界的不确定性来自以下两个方面。

第一,当我们对这个世界的方方面面了解得越来越细致之后,会发现影响世界的变量其实非常多,已经无法通过简单的办法或者公式算出结果,因此我们宁愿采用一些针对随机事件的方法来处理它们,人为地把它们归为不确定的一类。

第二,机械思维也在根深蒂固地影响着教育领域。教育上的以年龄划分的诸如小、初、中、高的学校分类系统,以研究对象来划分的诸如数学、物理、化学、生物等所谓的学科体系,无不是19世纪近代科学和技术革命的成果,是世界图景被简单性这把手术刀肢解后的产物,今天依然稳如泰山地被人们沿用和加固着。

当今,我们面临的最大问题在于:一方面,科学在曾经使人们获取许多关于确定性的知识的同时,留下了巨大的思维羁绊;另一方面,科学在新世纪向人们揭示了无数的展现不确定性的领域,却又未给出好的获取方法,机械思维方法指导复杂系统规律失灵,世界愈来愈复杂而充满不确定性,亟待创立新的思想方法,这是人类发展新阶段面临的重大新课题。

(三)新工业革命呼唤新思维

观念决定思维,思维指导行动。新工业革命向前推进需要新的方法论。从牛顿开始,机械思维风靡全球,但是,大数据和智能产业的发展更多地揭示出世界的不确定性,利用机械思维无法认识充满不确定性的世界。人类要想更好地认识世界,就要用新的思维武装头脑,这就是不确定性思维。

何为不确定性思维?机械思维认为世界是确定的和存在各种因果关系的,那么不确定性思维认为世界是不确定的。世界的不确定来自两个方面。首先,随着科技的进步,人类对这个世界的方方面面了解得越来越细致之后,会发现影响世界的变量其实非常多,世界中的变量不仅仅有因果关系,并且人类已经无法通过简单的办法或者公式算出结果,因此人类宁愿采用一些针对随机事件的方法来处理它们,人为地把它们归为不确定的一类。吴军在其著作《智能时代:大数据与智能革命重新定义未来》中用形象生动的例子很好地描述了这种不确定性:"如果我们在平整的桌子上掷一次色子,在色子落到桌子上停稳以前,我们一般都认为无法知道到底哪一面朝上,哪一面朝下。但是其实在色子离开手的一瞬间,如果能够知道色子准确的形状和密度分布、出手的力量和旋转的角速度、空气流动的速度,同时我们的计算足够精确,其实我们是能够算出色子的哪个点或者哪个面接触到桌面的。如果我们还知道桌面的弹性系数和色子的弹性系数,以及这两种材质的物理性质等因素,我们就能够算出这个色子弹起来多高、运动的方向等,最终可以算出它停下来时哪一面朝上。但是这里面很多细节难以准确测量,比如出手的速度和力量,因此考虑了所有的因素后计算出来的结果也未必正确。不确定性的第二个因素来自客观世界本身,它是宇宙的一个特性。事实证明,微观世界里的原子本身具有不确定性,在量子力学中有一个测不准原理,也就是说,像电子这样的基本粒子的位置的测量误差和动量的测量误差的乘积不可能无限小。这就与机械思维所认定的世界的确定性是相违背的。为什么会有这样的现象存在呢？因为我们的测量活动本身影响了被测量的结果。"①不确定性思维需要我们必须承认世界的不确定性,这样人类就不会采用确定性的思维方式去面对一个不确定性的世界。

要想更好地理解不确定性思维,我们必须还要谈一谈当下比较流行的一个词——大数据。大数据的使用可以在一定程度上消除世界的不确定性。然而,在以前的社会人类获取数据的途径极其有限,即使获取了数据也无法很好地处理数据,所以大数据的作用还没有完全发挥出来。大数据驱动方法从20世纪70年代开始起步,在20世纪80—90年代得到缓慢但稳步的发展。进入21世纪后,由于互联网的出现,收集数据更方便,可用的数据量剧增,数据驱动方法的优势越来越明显,最终完成了从量变到质变的飞跃。如今很多需要类似人类智能才能做的事情,计算机已经可以胜任了,这得益于数据量的增加。全世界各个领域数据不断向外扩展,渐渐形成了另外一个特点,那就是很多数据开始出现交叉,各个维度的数据从点和线渐渐连成了网,或者说,数据之间的关联性极大地增强。在这样的背景下,就出现了大数据。

大数据的发展更是一种思维方式的革命,在无法确定因果关系时,数据为我们提供了解决问题的新方法。数据中所包含的信息可以帮助我们消除不确定性,而数据之间的相关性在某种程度上可以取代原来的因果关系,帮助我们得到我们想知道的答案,这就是大数据思维。然而,我们需要澄清的是大数据思维和原有的机械思维并非完全对立,它更多的是对后者的补充。大数据思维不是抽象的,而是有一整套方法让人们能够通过数据寻找相关性,最后解决

---

① 吴军.智能时代:大数据与智能革命重新定义未来[M].北京:中信出版社,2016.

各种各样的难题。每一个人、每一个企业在接受大数据思维，改变做事的方式之后，就有可能实现一些在过去想都不敢想的梦想。例如，我国最大的电子商务平台阿里巴巴很好地应用了大数据思维，阿里巴巴平台拥有全面的用户信息，平台上产品多顾客少，那么这个强大的平台是如何均匀地匹配商品和用户的？阿里巴巴平台在掌握了大量的顾客信息之后，对顾客信息进行精细化分析，比如根据顾客注册会员时的基础信息（年龄、性别、区域等）以及顾客在平台上的日常行为（搜索行为、浏览行为、加购行为、购买行为、复购行为等），给不同的用户打上不同的标签。根据标签的不同，平台会给不同的用户推荐不同的商品，这就是我们平时所说的"千人千面"。简单地说，同样是浏览阿里巴巴平台，你和你的同事在打开网站时所看到的商品是不一样的，这是因为你们的基础信息和在平台上的行为是不同的。同一个顾客在今天和明天同时打开网站，所看到的商品也会是不同的。通过阿里巴巴的例子，我们能够看到大数据的时效性和个性化特征带来的好处。今天，在各大电商网站上，商品数量多得已经无法靠浏览来选择。对于购买目标很明确的顾客，可以靠搜索来完成选择，但大部分人逛网店其实并没有太明确的目标。这时候，有针对性的推荐就变得特别重要了。

  不仅仅是电子商务领域，大数据逐渐应用到了农业、制造业、医疗行业、教育业以及人类日常生活的每一个细节中。如果今天还有人不认同大数据、人工智能以及互联网带来的巨大作用，还用固有的机械思维去面对这个全新的世界，则其势必会慢慢被社会所淘汰。很多时候，落后与先进的差距，不是购买一些机器或者引进一些技术就能够弥补的，落后最可怕的地方是思维方式的落后。西方在近代走在了世界前列，很大程度上靠的是思维方式全面领先。在新的时代,一定需要新的方法论,也一定会产生新的方法论。① 所以,在今天,新工业革命向前推进的车轮离不开不确定性思维、大数据思维以及更先进的思维方式的推进,新工业革命呼唤新思维!

第二节　新工业革命全方位影响世界

一、大数据与互联网＋新商业模式

(一) 资源破坏促使商业模式创新

能源是人类活动的物质基础,人类社会的发展离不开优质能源的出现和先进能源技术的使用。由蒸汽机发明触发的第一次工业革命,引领人类进入了机械化大生产的崭新时代,也带来了以煤炭为主体的能源系统的使用,整个产业结构由此被彻底升级改造;第二次工业革命随着电力和生产线的出现,规模化生产应运而生,因此,将世界引领至化石燃料能源系统阶段。化石能源又被很多专家称为"精英能源",是因为化石能源资源有限而且只在特定的地域中出现,这就促使政府动用大量的武装力量来占领有限的资源,以及通过持续的地缘政治运动来确保安全。此外,还需要中央集权、自上而下的命令与控制体系及大量的资本对其进行开采、加工和运输。而高度集中的能源基础结构,反过来又为其他经济产业的发展创造了条件、提供了样板。以铁路为例,铁路被认为是以煤炭为能源、蒸汽驱动为标志的第一次工业革命的杰出成果。铁路系统也成为主导第一次工业革命和第二次工业革命的集中型商业巨头的原型。这一庞大的运营系统,从发展初期开始就形成了规模化的运作

---

① 吴军.智能时代:大数据与智能革命重新定义未来[M].北京:中信出版社,2016.

方式。因为,运营一家全国性的铁路公司是一项艰巨的任务,确保商业运作合理化成了将商业机遇最大化过程中不可或缺的一环。

对于合理商业模式的基本要求,笔者在之前的著作《第三次工业革命与当代中国》中提到过现代合理的商业运营结构有以下基本特征。第一,结构本身是金字塔形的,拥有自上而下的权威。所有的运营活动、每个岗位的具体职责和每一层级之上工作的具体开展都有早已制定好的规则进行约束和指导。为了实现收益的最大化,每项工作都进行了具体分工,并确定了固定的工作流程。员工的晋升则是以具体的业绩和客观的标准为基础。这些合理的流程使企业将复杂的活动集中起来并加以整合,从而加速了生产流程,并对整体的运营实现了有效控制。第二,需要强调的是,高度集中、自上而下的层级组织需要一支高素质的劳动力队伍。否则,一个如铁路公司这样的工业巨头的有效的上传下达是无法实现的。[①]

第一次工业革命催生出了规模经济,巨型的商业机构也成为常态。这种新型的商业组织结构扩展至各行各业中,不久,管理学家弗雷德里克·温斯洛·泰勒出现了,他被尊称为"科学管理之父"。泰勒认为,科学管理的核心就在于企业采取高度集中、自上而下的管理体制,并将其应用于每个员工。科学管理的原则很快就从企业和工厂传遍了每一个角落,使效率变为新兴工业时代最重要的价值理念。从此以后,以最少的时间、劳动力和资本获得最大的产出就成了指导当代社会每一方面的基本准则。与之相应的教育模式也形成于此。第一次工业革命中出现的集中化、理性化的商业模式一

---

① 周洪宇,徐莉.第三次工业革命与当代中国[M].武汉:湖北教育出版社,2013.

直延续到第二次工业革命。①

然而,在工业化向前发展的进程中,人类在享受工业革命便利的同时,也在对地球资源和环境进行无休止的掠夺和破坏。并且,工业化越是发达,这种破坏就愈演愈烈。处于工业化进程的后发国家,从起步开始就已经陷入巨大的资源瓶颈中,其给地球承载力带来的压力可想而知。不仅如此,在能源日益紧缺的情况下,工业文明带来的矛盾日益尖锐,愈来愈陷入它的极端逐利性、疯狂性、强权性、对人类欲望的无限释放和追求中,造成人类为争夺有限资源而引发的冲突频发,流血与死亡不断。全球金融危机和日趋恶化的环境问题,向世界猛烈地敲响了警钟:工业文明并非十全十美,人类已经陷入了生存的绝境。寻求新的发展路径既是解决困境的要求,也是人类文明不断更新换代的必然趋势。

自从20世纪50年代以来,世界进入信息化时代,并推动大数据时代的到来,万物互联和人工智能风暴迅即席卷全球,至今全球呈现出百年未有之大变局,工业革命的发展处在一个必须突破的节点上。新工业革命与第一、二次工业革命不同,新工业革命下的企业结构和商业模式是以分布在世界各地、随处可见的可再生能源为基础的,如太阳能、风能、水资源、地热、生物能、潮汐能等。这些分散的能源被数百个不同的能源采集点收集起来,通过智能网络进行整合、分配,最大限度地实现能源的有效利用并维持经济的高效、可持续发展。可再生能源的这种分散的本质更需要合作性的组织结构而不是像以前一样的层级结构。这一新兴的、扁平式的能源机制为由此衍生出的所有经济活动提供了一个崭新的组织模式,由市场

---

① 周洪宇,徐莉.第三次工业革命与当代中国[M].武汉:湖北教育出版社,2013.

到网络的转向也带来一个截然不同的商业模式。① 传统的商业模式已经不适应这个新的时代,未来企业面临的最严峻的挑战是其商业模式的创新与转变。

(二) 大数据与"互联网+"引领未来

未来应该是大数据与"互联网+"的时代,与前两次工业革命不同,新工业革命时代未来企业之间的竞争是数据的竞争。大数据已经渗透到当今每个行业和业务功能区域,成为一个重要的生产要素。未来的时代不是IT(信息技术)时代,而是DT(数据技术)时代。大数据的价值越来越显著,在各个领域的作用也越来越重要。

什么是大数据?随着云时代的来临,大数据也吸引了越来越多的关注。分析师团队认为,大数据通常用来形容一个公司创造的大量非结构化数据和半结构化数据,这些数据在下载到关系型数据库用于分析时会花费较多时间和金钱。大数据分析常和云计算联系到一起,因为实时的大型数据集分析需要像MapReduce一样的框架来向数十、数百甚至数千的电脑分配工作。从技术上看,大数据与云计算的关系就像一枚硬币的正反面一样密不可分。大数据必然无法用单台计算机进行处理,必须采用分布式架构。它的特色在于对海量数据进行分布式数据挖掘。但它必须依托云计算的分布式处理、分布式数据库及云存储、虚拟化技术。

大数据具有四大特征——容量(Volume)、速度(Velocity)、种类(Variety)、价值(Value),即大数据的4V理论。容量指数据的大小决定所考虑的数据的价值和潜在的信息。截至目前,人类生产的所有印刷材料的数量是200PB,而历史上全人类总共说过的话的数

---

① 周洪宇,徐莉.第三次工业革命与当代中国[M].武汉:湖北教育出版社,2013.

据量大约是5EB。当前,典型个人计算机硬盘的容量为TB量级,而一些大企业的数据量已经接近EB量级。速度指获得数据的速度,这是大数据区别于传统数据挖掘的最显著特征。根据国际数据公司的相关的报告,预计到2020年,全球数据使用量将达到35.2ZB。在如此海量的数据面前,处理数据的效率就是企业的生命。种类指数据类型的多样性,这种典型的多样性也让数据被分为结构化数据和非结构化数据。相对于以往的以数据库/文本为主的结构化数据,非结构化数据越来越多,包括网络日志、音频、视频、图片、地理位置信息等。这些多类型的数据对数据的处理能力提出了更高要求。价值指合理运用大数据,以低成本创造高价值,价值密度的高低与数据总量的大小成反比。

现在的社会是一个高速发展的社会,科技发达,信息流通,人们之间的交流越来越密切,生活也越来越方便,大数据就是这个高科技时代的产物。马云曾经多次在演讲中提到,未来的时代将不是IT时代,而是DT时代。有人把数据比喻为蕴藏能量的煤矿。煤炭按照性质有焦煤、无烟煤、肥煤、贫煤等分类,而露天煤矿、深山煤矿的挖掘成本又不一样。与此类似,大数据并不在"大",而在于"有用"。价值含量、挖掘成本比数量更为重要。对于很多行业而言,有效利用这些大规模数据是赢得竞争的关键。

习近平总书记特别重视大数据的发展,并把大数据发展上升到国家战略层面。习近平总书记站在时代前沿,带领全国人民迈入大数据时代。中共十八届五中全会的"十三五"规划建议提出:实施国家大数据战略,推进数据资源开放共享。将大数据上升为国家战略。2017年12月8日,中共中央政治局就实施国家大数据战略进行第二次集体学习,习近平总书记在主持学习时强调:大数据发展日新月异,我们应该审时度势、精心谋划、超前布局、力争主动,实施国家大数据战略,加快建设数字中国。实施国家大数据战略,把握互联网发展的主动权,开创一个全新的数据时代。① 党的十九大提出科技强国、网络强国、数字中国、智慧社会等发展目标,做出推动互联网、大数据、人工智能和实体经济深度融合等战略部署。② 由此可见,大数据不仅是一场技术和产业革命,也将带来国家治理的深刻变革。

什么是"互联网+"? "互联网+"代表着一种新的经济形态,它指的是依托互联网信息技术实现互联网与传统产业的联合,以优化生产要素、更新业务体系、重构商业模式等途径来完成经济转型和升级。"互联网+"计划的目的在于充分发挥互联网的优势,将互联网与传统产业深入融合,以产业升级提升经济生产力,最后实现社会财富的增加。"互联网+"概念的中心词是"互联网",它是"互联网+"计划的出发点。"互联网+"计划具体可分为两个层次的内容来表述。一方面,可以将"互联网+"概念中的文字"互联网"与符号"+"分开理解。符号"+"意为加号,即代表着添加与联合。这表明了"互联网+"计划的应用范围为互联网与其他传统产业,它是针对不同产业间发展的一项新计划,应用手段则是通过互联网与传统产业进行联合和深入融合的方式进行;另一方面,"互联网+"作为一个整体概念,其深层意义是通过传统产业的互联网化完成产业升级。互联网通过将开放、平等、互动等网络特性在传统产业的运用,通过大数据的分析与整合,试图理清供求关系,通过改造传统产业

---

① 学习大军.DT时代,习近平精心谋划[EB/OL].(2017-12-10)[2020-01-26].http://www.sohu.com/a/209578718_551709.

② 乐视乐读.数据是新的石油、是本世纪最为珍贵的财产! 你在做数据吗? [EB/OL].(2017-12-11)[2020-01-27].http://www.sohu.com/a/209668623_100045994.

的生产方式、产业结构等内容,来增强经济发展动力,提升效益,从而促进国民经济健康有序发展。①

"互联网+"有六大特征。一是跨界融合。"+"就是跨界,就是变革,就是开放,就是重塑融合。敢于跨界了,创新的基础就更坚实;融合协同了,群体智能才会实现,从研发到产业化的路径才会更垂直。融合本身也指代身份的融合,客户消费转化为投资,伙伴参与创新,等等,不一而足。二是创新驱动。粗放的资源驱动型增长方式早就难以为继,必须转变到创新驱动发展这条正确的道路上来。这正是互联网的特质,用互联网思维来求变、自我革命,也更能发挥创新的力量。三是重塑结构。信息革命、全球化、互联网业已打破了原有的社会结构、经济结构、地缘结构、文化结构。权力、议事规则、话语权不断在发生变化。"互联网+社会治理"、虚拟社会治理会是很大的不同。四是尊重人性。人性的光辉是推动科技进步、经济增长、社会进步、文化繁荣的最根本的力量,互联网的力量之强大最根本地也来源于对人性的最大限度的尊重、对人的体验的敬畏、对人的创造性发挥的重视。例如 UGC(用户原创内容),例如卷入式营销,例如分享经济。五是开放生态。关于"互联网+",生态是非常重要的特征,而生态本身就是开放的。我们推进"互联网+",其中一个重要的方向就是要把过去制约创新的环节化解掉,把孤岛式创新连接起来,让研发由人性决定的市场驱动,让创业并努力者有机会实现价值。六是连接一切。连接是有层次的,可连接性是有差异的,连接的价值是相差很大的,但是连接一切是"互联网+"的目标。

---

① 黄楚新,王丹."互联网+"意味着什么——对"互联网+"的深层认识[J].新闻与写作,2015(5):5-9.

事实上,"互联网+"很早就已经改变了我们身边很多的传统领域,尤其是在餐饮娱乐领域,"互联网+"早已渗入我们的生活。"互联网+集贸市场"就成了"淘宝";"互联网+出租车"就有了现在的"滴滴""快的";"互联网+电视娱乐"已经诞生了众多的视频网站;而"互联网+餐厅"就诞生了众多的团购和外卖网站;"互联网+婚姻交友"诞生了众多的相亲交友网站,等等。"互联网+"不仅正在全面应用到第三产业,形成了诸如互联网金融、互联网交通、互联网医疗、互联网教育等新生态,而且正在向第一产业和第二产业渗透。工业互联网正在从消费品工业向装备制造和能源、新材料等工业领域渗透,全面推动传统工业生产方式的转变;农业互联网也在从电子商务等网络销售环节向生产领域渗透,为农业带来新的机遇,提供更广阔的发展空间。①

党中央和中央政府对互联网的高度重视一以贯之。从设立独立的国家互联网信息化办公室到成立中央网络安全和信息化委员会,从强调网络安全、网络舆论引导到推进互联网经济、互联网金融,互联网成为国家最高层的"聚焦所在"。2014年11月,李克强总理出席首届世界互联网大会时指出,互联网是大众创业、万众创新的新工具。其中"大众创业、万众创新"正是此次政府工作报告中的重要主题,被称作中国经济提质增效升级的"新引擎",可见其重要作用。② 2015年3月,在全国两会上,全国人大代表马化腾提交了《关于以"互联网+"为驱动,推进我国经济社会创新发展的建议》,表达了对经济社会创新的建议和看法。他呼吁,我们需要持续以

---

① 周运煌."互联网+"落地下的新商业模式[M].北京:中国言实出版社,2016.

② 新华网.新华网评:中国有了"互联网+计划"[EB/OL].(2015-03-06)[2020-02-01].http://m.haiwainet.cn/middle/232601/2015/0306/content_28491137_1.html.

"互联网+"为驱动,鼓励产业创新、促进跨界融合、惠及社会民生,推动我国经济和社会的创新发展。马化腾表示,"互联网+"是指利用互联网的平台、信息通信技术把互联网和包括传统行业在内的各行各业结合起来,从而在新领域创造一种新生态。他希望这种生态战略能够被国家采纳,成为国家战略。① 2015 年 3 月 5 日,在十二届全国人大三次会议上,李克强总理在政府工作报告中首次提出"互联网+"行动计划。李克强总理指出,要制订"互联网+"行动计划,推动移动互联网、云计算、大数据、物联网等与现代制造业结合,促进电子商务、工业互联网和互联网金融健康发展,引导互联网企业拓展国际市场。

互联网的快速发展产生大数据,大数据反过来加速推动互联网各种各样应用的演进。大数据和"互联网+"已经成为这个时代的代名词,是引领未来的新势力。许多传统产业进入成熟期后,陷入了同质化、规模化竞争的陷阱,无法跟上时代的潮流,缺乏创新意识,出现了全行业无盈利或少盈利的现象,因此,在新形势的影响下,新时代呼唤新的盈利模式。

(三)新商业模式蓬勃发展

创新、变革从古至今都是人类永恒不变的课题。由人类从采集到农耕、农耕到机械、机械到互联网等一系列的时代变迁,我们可以看到,技术越来越先进,一切的原始劳动力都能被机械所取代,后期更是以信息技术支配着机械力量。可以预见,将来人类社会是信息技术、生物技术、人工智能等各种技术之间的整合与集成,形成更为

---

① 苏贺. 马化腾两会提案大谈"互联网+"[EB/OL]. (2015-03-05)[2020-02-01]. http://www.gongkong.com/news/201703/358543.html.

强大、完善的体系。① 在未来或当前已展露趋势的产业互联网面前，企业到底发生了哪些改变？在工业时期形成的商业模式确实能够给企业带来创造性的价值，使企业保持旺盛的生命力。但是，时代是会变化的，当原有的商业模式不再适应时代发展时，其也会成为企业的桎梏。管理大师彼得·德鲁克曾经说过："当今企业之间的竞争，不再是产品之间的竞争，而是商业模式之间的竞争。"新工业革命促进新商业模式的产生，企业只有改变原来的经营和盈利模式，使产业走向服务化、融合化，才能有效整合产业资源，发挥产业资源优势。②

何谓新商业模式？与新商业模式相对应的是传统商业模式。传统商业模式重视渠道建设，尤其是人员促销、商品展示，利用广告营销活动扩大品牌及商家知名度；重视权威机构对产品的认证，对产品在实际消费中的质量及厂家、商家的售前、售中、售后服务水平重视不够，主要是不容易全面客观地对比产品质量及服务水平。传统商业模式的弊端是不够重视客户，认为只要客户购买了产品，目的就达到了。而新商业模式主张用户至上，为了争取用户，企业不断创新，一切以客户为中心，在服务上不遗余力，为用户提供各种有趣、有价值的内容服务。这需要"以人为中心"，挖掘用户需求，然后最大限度地满足用户需求。③ 现代企业在移动互联网、大数据、云计算等科技不断发展的背景下，对市场、用户、产品、企业价值链乃

---

① 文明世界拼图.第四次工业革命到来了,最大的挑战在于教育[EB/OL].(2019-03-24)[2020-01-17]. http://www.360doc.com/content/19/0324/19/27362060_823865834.shtml.

② 王大勇.产业互联网时代下的商业模式变革[M].北京:电子工业出版社,2015.

③ 刘长江.重新定义商业模式："互联网＋"时代的新商业模式.[M].北京:中国经济出版社,2016.

至整个商业生态进行重新审视,充分驾驭和把握信息资源,开辟出了许多令人津津乐道的新商业模式。

互联网的发展改变了人们的消费方式,随着互联网的发展,各大电商平台如雨后春笋般涌出,其中实力较强的是阿里巴巴,阿里巴巴属于典型的平台模式。平台模式是一种无边界多元整合资源方式,即构建多主体共享的商业生态系统并且产生网络效应,实现多主体共赢。平台的消费关系具体表现为:平台上卖方越多,对买方的吸引力越大;同样,卖方在考虑是否使用这个平台的时候,平台上买方越多,对卖方的吸引力也越大。平台的经济功能实质上就是提供实体或虚拟的交易环境,从而降低消费市场中各方寻找交易伙伴的成本。平台的存在是广泛的,其在现代经济系统中越来越重要,成为引领新经济时代的重要经济体。① 在中国,有几家非常杰出的互联网公司所使用的就是平台模式,如阿里巴巴、腾讯和百度等。阿里巴巴的口号是"让天下没有难做的生意",鼓励大家做外贸、做网上商店,但是,阿里巴巴自己很少做外贸,也不做网上商店,而是搭建平台来帮助其他企业做生意。只要在平台上的商家生意做得好,阿里巴巴就一样可以赚钱。所以,你要上来找卖家,你要交钱;你要上来找买家,你也一样要交钱,平台上可以两边收钱。因此,平台模式是互联网时代一种成功的盈利模式。

在日常生活中,人们很喜欢听到"免费"二字,但是同时我们又知道"天下没有免费的午餐"。时代不同,在互联网飞速发展的今天,我们确实可以享受到很多免费的服务、免费的产品、免费的阅读等,这是基于一种新的商业模式——免费模式。免费模式的最终目

---

① 刘长江.重新定义商业模式:"互联网+"时代的新商业模式.[M].北京:中国经济出版社,2016.

标是为客户提供系列产品或成套服务解决方案,所以企业需要整合产品,打开后续市场。互联网行业的免费商业模式,是由互联网行业的特殊本质决定的。首先,用户群体规模是互联网服务赖以生存的关键所在,假如没有足够的用户量,就没有互联网服务的发展和生存空间。在互联网发展的过程中,技术超前于需求,网络服务超前于用户习惯,培养用户成为互联网企业必须经历的过程。这是免费商业模式形成的基础。其次,互联网的本质特征就是传递信息,传递信息就要求规模、便利、快捷等特征。互联网的一切都与规模有关,要想千方百计吸引到最多的用户,那么任何事情都没有免费更吸引人,所以用免费的方式才能吸引用户发布大量的信息,形成规模。最后,在互联网行业发展初期,如果没有黏合力很强的庞大用户基础时,服务的复制就非常容易,只有免费,才能迅速树立竞争壁垒。免费已经成为互联网服务行业的重要特征之一。

2007年,《纽约时报》过去28年来的报道和文章你都可以免费在网上看到;通过Facebook,你可以免费联系旧友和结交新朋友;全球游戏产业增长最快的是免费的在线游戏——史玉柱的《征途》……可以说,在电子商务、网络社交、电子邮箱、网络游戏、地方门户、搜索引擎、网络门户等互联网领域,面向大众的互联网服务均采用免费的策略吸引用户,再以流量和用户规模为指标衡量网站或服务的市场价值。也正是免费策略成就了今天互联网的广泛普及和数以亿计的庞大互联网用户群,才成就了新浪、网易、搜狐、盛大、阿里巴巴等互联网企业巨头。①

互联网专家凯文·凯利曾经说过:"不管你是做哪个行业的,真

---

① 王大勇.产业互联网时代下的商业模式变革[M].北京:电子工业出版社,2015.

第一章 时代大变局：新工业革命

正对你构成最大威胁的对手一定不是现在行业内的对手，而是那些行业之外你看不到的竞争对手。"马云说："如果银行不改变，我们就改变银行。"于是余额宝诞生了，余额宝推出半年，规模就接近3000亿元。互联网为什么能够如此迅速地颠覆传统行业？因为这是一个跨界的时代。什么是跨界的时代？就是要有跨界的眼光去发现新的机会，要有跨界的思维去整合资源。跨界是打破自己思维的条条框框，在更广阔的领域找到新的机遇。"互联网＋"是前所未有的跨界融合，我们原来讲到互联网的时候都说跨界融合，但是此跨界只是在信息工业领域中的跨界，而现在它跟各行各业之间将实现融合，这种跨界是前所未有的，而且它将重塑工业和互联网的生态。在这当中由于跨界，融合是非常重要的。跨界与融合因"互联网＋"而被赋予新的内涵。"互联网＋"时代的跨界融合，其本质是将互联网的创新成果深度融合于经济社会各领域之中，提高实体经济的创新力，从而达到经济社会的思维转变、技术转变、格局转变。在新常态及大众创业、万众创新的时代背景下，八仙过海，各显神通，跨界与融合展现出多姿多彩的新形态。首先，融合创新带来企业升级动力。"互联网＋天下"的格局正在形成。举例来说，在现代服务业，通过"互联网＋"的深度融合，就形成了一个以共享经济为特征的服务形态。最典型的是交通领域出现的网运专车、顺风车、拼车，还有国际上出现的优步等，它们就是用互联网的平台，整合线下的富余资源，提高了资源的利用率，满足了供需，从而形成一种新形态。其次，万物互联形成跨界融合趋势。互联网就是"连接、连接、连接"，而跨领域的连接更为关键。如今，企业积极创新，并利用新的互联网技术进行转型和发展，因为我们正在进入一个万物互联的时代，在这样的时代，大到国家、小到个人都会有很大的变化。当万物互联越来越广泛的时候，很多新商机出现，新的业务模式、新的市场都是以前没有的。所以企业要抓住新的机遇来获得新的市场机会,要通过技术创新,从传统企业实现真正的跨界。①

在工业4.0的背景下,"互联网+"时代的市场需求发生了变化,"货架经济"时代已经过去了,"长尾经济"时代已经来临。企业要想存活,必须改变传统的商业模式。如今,新的商业模式蓬勃发展,给众多的企业带来了机遇,同时也带来了挑战。

二、大数据与互联网+智能化产业

(一) 大数据带动人工智能崛起

如同蒸汽时代的蒸汽机、电气时代的发电机、信息时代的计算机与互联网,人工智能正成为推动人类进入智能时代的决定性力量。全球产业界充分认识到人工智能技术引领新一轮产业变革的重大意义,纷纷转型发展,抢滩布局人工智能创新生态。世界主要发达国家均把发展人工智能作为提升国家竞争力、维护国家安全的重大战略,力图在国际科技竞争中掌握主导权。习近平总书记在十九届中央政治局第九次集体学习时深刻指出,加快发展新一代人工智能是事关我国能否抓住新一轮科技革命和产业变革机遇的战略问题。错失一个机遇,就有可能错过整整一个时代。新一轮科技革命与产业变革已曙光可见,在这场关乎前途命运的大赛场上,我们必须抢抓机遇、奋起直追、力争超越。1956年夏,麦卡锡、明斯基等科学家在美国达特茅斯学院开会研讨"如何用机器模拟人的智能",首次提出"人工智能(Artificial Intelligence,AI)"这一概念,标志着人工智能学科的诞生。②

---

① 刘长江.重新定义商业模式:"互联网+"时代的新商业模式[M].北京:中国经济出版社,2016.

② 谭铁牛.人工智能的历史、现状和未来[J].智慧中国,2019(Z1):87-91.

人工智能是研究人类智能活动的规律,构造具有一定智能的人工系统,研究如何让计算机去完成以往需要人的智力才能胜任的工作,也就是研究如何应用计算机的软硬件来模拟人类某些智能行为的基本理论、方法和技术。人工智能发展所取得的大部分成就都和大数据密切相关。通过数据采集、处理、分析,从各行各业的海量数据中,获得有价值的洞察,为更高级的算法提供素材,可以说人工智能的蓬勃发展离不开大数据的鼎力支持。马化腾在清华大学洞见论坛上表示:"有 AI 的地方都必须涉及大数据,这毫无疑问是未来的方向。"李开复也曾在演讲中指出:"人工智能即将成为远大于移动互联网的产业,而大数据一体化将是通往这个未来的必要条件。""人工智能离不开深度学习,通过大量数据的积累探索,在任何狭窄的领域,如围棋博弈、商业精准营销、无人驾驶等等,人类终究会被机器所超越。而 AI 技术要实现这一跨越式的发展,把人从更多的劳力劳动中彻底解放出来,除了计算能力和深度学习算法的演进,大数据更是其中的关键。"①大数据是人工智能的基础,人工智能的决策依赖于大数据的分析,可以说大数据是人工智能的灵魂,离开大数据的人工智能将变得毫无意义。

人工智能从 1956 年开始起步以来,至今经历了六个阶段。一是起步发展期:1956 年至 20 世纪 60 年代初。在这个阶段,人工智能概念被提出后,相继取得了一批令人瞩目的研究成果,如机器定理证明、跳棋程序等,掀起人工智能发展的第一个高潮。二是反思发展期:20 世纪 60 年代初至 70 年代初。人工智能发展初期的突破性进展大大提升了人们对人工智能的期望,人们开始尝试更具挑战

---

① 大数据和人工智能:相辅相成,互促发展[EB/OL]. (2018-09-30)[2020-02-05]. https://baijiahao.baidu.com/s? id=16130211403524191758&wfr=spider&for=pc.

性的任务,并提出了一些不切实际的研发目标。然而,接二连三的失败和预期目标的落空,使人工智能的发展走入低谷。三是应用发展期:20世纪70年代初至80年代中期。20世纪70年代出现的专家系统模拟人类专家的知识和经验解决特定领域的问题,实现了人工智能从理论研究走向实际应用、从一般推理策略探讨转向运用专门知识的重大突破。专家系统在医疗、化学、地质等领域取得成功,推动人工智能走入应用发展的新高潮。四是低迷发展期:20世纪80年代中期至90年代中期。随着人工智能的应用规模不断扩大,专家系统存在的应用领域狭窄、缺乏常识性知识、知识获取困难、推理方法单一、缺乏分布式功能、难以与现有数据库兼容等问题逐渐暴露出来。五是稳步发展期:20世纪90年代中期至2011年。网络技术特别是互联网技术的发展,加速了人工智能的创新研究,促使人工智能技术进一步走向实用化。1997年,国际商业机器公司(IBM)深蓝超级计算机战胜了国际象棋世界冠军卡斯帕罗夫。2008年,IBM提出"智慧地球"的概念。以上都是这一时期的标志性事件。六是蓬勃发展期:2011年至今。随着大数据、云计算、互联网、物联网等信息技术的发展,泛在感知数据和图形处理器等计算平台推动以深度神经网络为代表的人工智能技术飞速发展,大幅跨越了科学与应用之间的"技术鸿沟",诸如图像分类、语音识别、知识问答、人机对弈、无人驾驶等人工智能技术实现了从"不能用、不好用"到"可以用"的技术突破,迎来爆发式增长的新高潮。①

(二)人工智能催生智能化产业

技术的跃迁、时代的变革,势必会带来产业形态上的变化。吴军指出,现有产业+新技术=新产业,并总结了从第一次工业革命

---

① 谭铁牛.人工智能的历史、现状和未来[J].智慧中国,2019(Z1):87-91.

第一章 时代大变局：新工业革命

以来历次技术革命中的一个规律，即每一次技术革命都会围绕着一个核心技术展开，第一次工业革命是蒸汽机，第二次工业革命是电，信息革命是计算机和半导体芯片，当下的智能革命则是大数据和机器智能。而在每一次技术革命中，只有率先采用新技术，才能立于不败之地。在智能革命中，现有产业采用了新技术后，将会全面升级，成为新产业。① 这里的新产业包括两个方面：一是旧产业的新形态，例如传统的广告媒体在互联网、大数据、人工智能的赋能下演变为新媒体；二是在这个时代中催生出来的全新的产业，例如保障我们通信畅通的电信业。毋庸置疑，人工智能的发展会有一个非常广泛的受益面，更多的行业会在智能时代迎来新的发展机遇。

人工智能助力产业智能化，这里所说的产业智能化是指第一、二、三等传统产业运用人工智能技术带来的产出增量。以金融、家庭、汽车、医疗和教育行业为代表，在产业智能化完备程度较高的行业或场景中已经开启了智能化的探索和尝试，并将实现规模化的推广和应用。智能化落地带来的影响力和可行模式在文娱、制造、农业以及其他领域中扩散开来。各行业的先行者结合自身行业资源和技术平台提供的基础设施，已经在智能化之路上领先一步。当我们察觉到通行时间大幅缩短，正是人工智能在调控城市交通方面发挥了作用。像智能交通这样的例子，在我们的生活中已经比比皆是。

农业＋人工智能＝智能农业。农业是人类所从事的最古老的行业，也是支撑人类文明的基础。在原始社会，人力是农业发展的主要力量，到了工业革命之后，机械在农业中的应用，使得收获的粮

---

① 吴军.智能时代：大数据与智能革命重新定义未来[M].北京：中信出版社，2016.

食大大增加，因此大量的人口能够被释放出来从事工业和服务业的劳动。但是，自然环境，比如土地面积和降雨量，依然是制约农业发展的瓶颈。随着时代的进步，新的技术不断应用到农业中，由此衍生出智能农业。智能农业是指在相对可控的环境条件下，采用工业化生产，实现集约高效、可持续发展的现代超前农业生产方式，就是农业先进设施与陆地相配套、具有高度的技术规范和高效益的集约化规模经营的生产方式。它集科研、生产、加工、销售于一体，实现周年性、全天候、反季节的企业化规模生产；它集成现代生物技术、农业工程、农用新材料等学科，以现代化农业设施为依托，科技含量高，产品附加值高，土地产出率高，劳动生产率高，是我国农业新技术革命的跨世纪工程。传统农业生产活动中的浇水灌溉、施肥、打药，农民依靠人工，全凭经验和感觉来完成。而应用物联网，诸如瓜果蔬菜的浇水时间，施肥、打药怎样保持精确的浓度，如何实行按需供给等一系列作物在不同生长周期曾被"模糊"处理的问题，都有信息化智能监控系统实时定量"精确"把关，农民只需按个开关，做个选择，或是完全听"指令"，就能种好菜、养好花。从传统农业到现代农业转变的过程中，农业信息化的发展大致经历了计算机农业、数字农业、精准农业和智慧农业4个阶段。

制造业＋人工智能＝智能制造。在智能化趋势下，传统的制造业同样面临敏捷转型的需求。2011年，德国提出工业4.0的概念，即通过数字化和智能化来提升制造业的水平。相应地，中国也提出了中国制造2025的概念，其核心是通过智能机器、大数据分析来帮助工人甚至取代工人，实现制造业的全面智能化。在美国，特斯拉汽车公司已经尝试全部使用机器人来装配汽车，这不仅使得工厂雇用工人的数量大幅减少,而且让出厂的汽车性能和质量更稳定。①传统制造业将是智能化时代的重要受益者,制造业既是推动智能化发展的参与者,也是智能化发展的受益者。未来大量的机器人将逐渐替代传统的人力岗位,机器人取代人类从事制造业的一个巨大优势在于,能够满足人们对产品的个性化定制。在大工业时代,机器所解决的是确定性问题,因此,一旦一种产品设计出来,它就是确定的,按照事先确定的设计复制,成本是很低的。但是,如果哪个顾客想要根据自己的需求订购一种特定的产品,那么成本是很高的。而在机器人取代生产线上的装配工人的智能制造时代,只要通过设定产品参数,机器人就可以根据用户需求制造出个性化的产品,其成本不会比大规模生产高多少。② 机器取代人力是机遇也是挑战,机器取代人力不仅带来人力成本的下降,同时还会带来生产效率的提升。但是,被机器所取代的劳动力该何去何从,也是我们应该考虑的问题。

零售业+人工智能=智能零售。零售业一直被认为是人工智能技术的新风口和商业应用的新热点。此前,无论是阿里巴巴提出的"新零售",还是京东提出的"无界零售",或是业界流行的"智慧零售",究其本质其实也是希望利用大数据、云计算和人工智能等技术打破传统零售业在空间、品类和供应链上的组织形式,重构零售业的成本、效率以及用户体验。③ 如今,传统零售业正在经历寒冬,尤

---

① 吴军.智能时代:大数据与智能革命重新定义未来[M].北京:中信出版社,2016.
② 吴军.智能时代:大数据与智能革命重新定义未来[M].北京:中信出版社,2016.
③ 申耀的科技观察.智能+时代来临,零售业将迎来哪些新变化?[EB/OL].(2019-05-06)[2020-02-07].https://baijiahao.baidu.com/s?id=1632777762219180666&wfr=spider&for=pc.

其是突如其来的新冠肺炎疫情更是让很多线下的零售业门店雪上加霜,传统零售业迎来了关店潮。关店潮的背后,是实体零售业所面临的巨大危机:在中国消费升级的大背景下,消费者的需求日益细分、多变,品牌只有深入了解用户行为,对消费者的需求直接、快速地做出反应,让他们得到"个性化、体验式消费"所带来的满足与快感,才能让他们再次走进身边的百货商店。而传统的零售业显然还固守着以前的老路:产品销售出去后,不知道购买者究竟是谁,不知道后期运营活动时如何召唤老客户,大量的广告投出去,不知道有没有触达有效客户。而智能零售业通过大数据和人工智能技术可以对客户有很好的了解。

例如,可以设想这样的门店场景:当消费者进店之后,门店会对消费者进行人脸识别,并分析每一位消费者的兴趣关注和场景停留时间,通过行为数据分析,精准进行货品的二次迭代。此外,对于普通门店来说海量的 SKU(库存保有单位)是个天文数字,但通过大数据为门店提供备货推荐,就可以完成自动补货和退货,从而大大降低成本、提高门店效率。新技术日趋成熟,重塑了人们的消费行为与消费习惯,也令消费场景趋向碎片化。当"人、货、场"的格局重构,如何满足用户即时场景的消费需求,完善线下消费体验,成为零售行业竞相关注的焦点,而这也正是人工智能赋能零售行业的价值所在。①

毫无疑问,人工智能已经成为各行各业未来数字化转型的前沿,并正持续扩展它的边界,带来我们不曾想象过的生活方式。

---

① 申耀的科技观察. 智能+时代来临,零售业将迎来哪些新变化? [EB/OL]. (2019-05-06)[2020-02-07]. https://baijiahao.baidu.com/s?id=1632777762219180666&wfr=spider&for=pc.

(三)智能教育迎来历史新机遇

智能化的发展会进一步促进企业的结构化升级,结构化升级的背后是人才结构的升级,这背后就存在着大量职场人需要接受再教育的机会。而智能教育是可以利用人工智能多层次教育体系的全民智能教育,涵盖在中小学阶段设置人工智能相关课程。人工智能教育已经成为新时期教育信息化促进教育现代化的重要抓手。智能教育已经上升为国家战略。2018年4月,教育部出台了《高等学校人工智能创新行动计划》;2019年5月16日,习近平总书记向国际人工智能与教育大会致贺信强调:中国高度重视人工智能对教育的深刻影响,积极推动人工智能和教育深度融合,促进教育变革创新,充分发挥人工智能优势,加快发展伴随每个人一生的教育、平等面向每个人的教育、适合每个人的教育、更加开放灵活的教育。在国家政策和产业界的双重推动下,人工智能教育应用的范围越来越广,深度逐渐增加,水平逐步提高,应用案例越来越丰富,进入教育信息化的新阶段,具有星星之火即将燎原的态势。①

人工智能教育可分为两个方面。一方面是进行人工智能教育,即学生学习人工智能的相关知识与技能,或者利用人工智能的相关逻辑思维解决问题。目前一些学科比较健全的高校已经陆续在本科阶段开设了人工智能专业,未来人工智能的人才培养将逐步下沉,人才供给能力将得到进一步的提升。另一方面是运用人工智能技术引领教育系统性变革,例如对学生进行智能化的教育评价、智能化推荐数字教育资源、实现个性化学习等,即人工智能技术在各类教育场景的应用。

---

① 陈丽,郭玉娟,高欣峰,等.人机协同的新时代:我国人工智能教育应用的现状与趋势[J].开放学习研究,2019(5):1-8.

从教学场景来看,人工智能应用的主流场景有教学、管理、评价等。教学的应用场景主要包含教与学两个部分,教师备课、授课和课后辅导都可以人工智能为助手。例如,教师在备课时先利用大数据分析学生的学情,选择更优质教学资源,生成更符合学生实际情况的教案。在授课时,线下的教师可以和线上的教学资源相融合,对学生实施个性化教学。个性化教育是当前备受关注的话题,工业化的规模式教学已逐渐不能满足社会对人才培养的需求,人们越来越关注适合自己的个性化学习。人工智能技术通过对学习者的全过程数据采集和数据分析,可以提供个性化学习服务。在对学生进行课后辅导时可以开展智能辅导,当学生遇到困难时,可以向系统提问,系统会提供一些解决办法,如查看课程资源、去图书馆查资料,鼓励学生独立学习。只有在实在不能解决问题的时候才求助教师。这样可以减少教师的工作量,教师也就有时间与学生进行一对一互动。① 管理的应用场景也很多,例如学校可以开展"依数治理",即依托大数据技术的产品,对班级学情进行管理,对教育质量进行监控,进而使得教育管理更加精准,教育决策更加科学有效。我们还可以利用人工智能对学校进行基础性的安全管理,例如刷脸进入学校、宿舍管理和校园考勤等。最后,教育评价是教育教学过程中不可或缺的一环,不管是学生的学业发展还是教师的职业发展都离不开评价。人工智能技术既可以将传统的纸笔测试电子化,又可以全过程记录学习者的作答过程,分析学习者的特点,还可以实现纸笔测试不具备的功能,即含有交互功能的计算机评价方式。除了量化的信息处理外,计算机测试还可以帮助评价者处理质性信

---

① 陈丽,郭玉娟,高欣峰,等.人机协同的新时代:我国人工智能教育应用的现状与趋势[J].开放学习研究,2019(5):1-8.

息,提高评价的科学性。人工智能技术可以缓解教师人数不足的困难,代替教师的部分职能,与学生进行及时且有针对性的交互。这种应用方式,是当前人工智能技术教育应用的重要方式。

综上所述,教师、学生和学校都是人工智能的受益者。人工智能赋能教师,让教师从简单、重复、繁重的教学中解脱出来,让教师能够进行个性化、差异化的教学,让教师能够用一个心灵启迪另一个心灵,把更多的时间花在"育"上;人工智能赋能学生,把更多的时间还给学生,把方法教给学生,鼓励学生自主学习、自主探究;人工智能赋能学校,可以加强学校对教师和学生的管理,物联网和人工智能相结合,可以提高学校使用资源的效率。那么,很多人也会有疑问:人工智能这么好,会不会在将来取代教师?答案是,在人工智能时代,教师是不会被取代的,相反对教师的需求会增加。因为教育是促进人的发展,是一个心灵启迪另一个心灵的过程,是帮助人成才的过程。尤其今后的教育是个性化的教育,社会将需要更多的教师。但是,在新时代下,教师的能力和角色要转换,只传授知识的教师可能会慢慢被淘汰,智能时代下社会需要的是人技结合的教师,未来的教育也一定是人技结合的教育,是以学生为中心的教育,是以能力为重的教育。人工智能与教育深度融合、有效结合以改变教育方式,进行教育动力结构的转换,将是通向未来教育的必然选择!

三、科技革命与产业变革改变整个世界

(一) 何为科技革命

科技革命是科学革命和技术革命的统称,是指引发科技范式及人类的思想观念、生活方式和生产方式的革命性转变的科技变迁。科学革命与技术革命的关系,根源于科学与技术的关系。从本质上

看,科学是反映客观事物及其运动规律的知识体系,回答的是"为什么"的问题。技术是利用客观规律、创造人工事物的过程、方法和手段,回答的是"怎么做"的问题。二者既有原则性的区别,又有相互依存、相互转化的密切关系。一般地讲,科学革命是指人们认识客观世界的质的飞跃,它表现为新的科学理论体系的诞生;技术革命是指人类改造客观世界的新飞跃,它表现为生产工具和工艺过程的重大变革。科学革命是技术革命的基础和出发点,科学革命引起技术进步;而技术革命则是科学革命的结果,先进的技术及其应用成果反过来又为科学研究提供了有力的工具。①

对于科技革命,不同学者划分的标准不同,粗细程度不同,到底发生了几次科学或技术革命是次要的,关键在于内容是什么、内核是什么。研讨中主要有两种观点。

一种观点是将科学革命和技术革命分开,认为历史上发生了五次科技革命:第一次是科学革命,近代物理学诞生(16—17世纪);第二次是技术革命,发生了蒸汽机和机械革命(18世纪);第三次也是技术革命,发生了电力和内燃机革命(19世纪中后期);第四次是科学革命,标志为相对论和量子论(20世纪初);第五次是技术革命,发生了电子和信息革命(20世纪40年代至今)。以上观点表明,在过去五个世纪里发生了两次科学革命和三次技术革命。科技还在加速发展,我们可以预计21世纪必然会有新的科技革命和新的产业革命。

另一种观点则侧重于技术革命,认为历史上发生了三次技术革命。第一次技术革命的实质是动力技术革命,其主要内涵是通过机

---

① 周洪宇,徐莉.第三次工业革命与当代中国[M].武汉:湖北教育出版社,2013.

械力代替人类的体力,用机械强壮了人的四肢和肌肉,把人类从改造自然的力量困境中解放了出来,使人类能够克服体力不足的缺陷,实现了对自然资源的大量开采、运输和加工利用。第二次技术革命的本质是能源技术革命,其核心内涵是通过电力技术的发明和应用、内燃机技术的发明和应用、化学能与人工合成技术的发明与应用等,使人类的力量进一步增大,速度进一步提高,生产效率大幅提升,生产走向规模化和高速化。但这次技术革命并没有对人类的自然属性需求产生革命性的变革。只是通过自然力的运用使人类改造自然的力量更大、速度更快。第三次技术革命的本质是信息技术革命,其核心内涵是通过信息采集、存储、传输、加工处理技术的发明和应用,用信息技术的逻辑计算力代替人类的脑力,把人类从处理海量信息的逻辑分析和计算能力的困境中解放了出来,实现了脑力的扩张、智能的飞跃。在力量更大、速度更快的基础上使人类变得更加聪明,工作更加精准化、自动化、智能化和远程控制化。①

过去几百年里的几次世界科技革命,主要有三个特点。第一,科技革命具有规律性,不是偶然发生的。有标志,有结构,有影响。科学革命和技术革命有所差别,前一次革命往往为后一次革命提供基础。而且,科技革命在加速发展,16—17世纪发生一次科技革命,18、19世纪分别发生一次科技革命,而20世纪发生两次科技革命,越来越快。第二,科技革命具有系统性。开始是从科学到技术、从技术到产业,随后关系不断演变,到21世纪,科学革命、技术革命和产业革命将发生融合,而不是像早期那样分开、传递。第三,科技革命具有可预见性,20世纪末的信息科技革命还会延续,到2020年

---

① 上海北斗导航创新研究院.科技革命和产业革命的划分及发展趋势[EB/OL].(2019-07-25)[2020-02-14]. https://www.sohu.com/a/329396575_99924008.

左右结束。① 再往后,人类将迎来第六次科技革命(见表1-2),从科学角度看,可能是一次"新生物学革命";从技术角度看,可能是一次"创生和再生革命";从产业角度看,可能是一次"仿生和再生革命";从文明角度看,可能是一次"再生和永生革命"。②

表1-2 科技革命的结构

科技革命	大致时间	革命类型和主要标志	主体部分	扩展或带动部分
第一次	16—17世纪	科学革命:近代物理学诞生	哥白尼学说、伽利略力学、牛顿力学	近代科学的形成和发展
第二次	18世纪中后期	技术革命:蒸汽机和机械	纺织机、蒸汽机、工作母机	冶金、技术、轮船、火车等
第三次	19世纪中后期	技术革命:电力和内燃机	发电机、内燃机、电讯技术	石化、钢铁、电器、运输等
第四次	20世纪上半叶	科学革命:相对论和量子论	相对论、量子论、射线和电子	天文、粒子、遗传、地学等
第五次	20世纪中期	技术革命:电子和计算机	电子技术、计算机、控制技术	核能、航天、材料、自动化
	20世纪中后期	技术革命:信息和互联网	微电脑、信息技术、数据库	生物、材料、制造、娱乐等
第六次	21世纪中期	科技革命:再生革命	信息转换、仿生、创生、再生	材料、信息、智能技术等

(二)何为产业革命

产业革命的概念,最初来自对18—19世纪首先发生在英国,随

---

① 上海北斗导航创新研究院.科技革命和产业革命的划分及发展趋势[EB/OL].(2019-07-25)[2020-02-14]. https://www.sohu.com/a/329396575_99924008.

② 周洪宇,徐莉.第三次工业革命与当代中国[M].武汉:湖北教育出版社,2013.

之扩展到欧、美、俄、日等国的以机器大工业时代替代工厂手工业时代的革命性的一种概括。在产业革命中所完成的最根本的变革,是发生在"怎样生产"上面,因而产业革命也就是一般生产方式的革命。这便是产业革命概念的最一般的含义。产业革命由新的力量所产生,以机器生产为标志的社会生产体系和经济运行方式的形成,才标志着产业革命的发生。这场产业革命发生时,整个社会经济的框架发生了根本性的变化,整个社会的生产与社会经济组织结构发生了根本性的变革。因此,产业革命是整个社会物质生产部门结构的革命或变革。换言之,就是产业结构的变革。这种变革会引起整个社会经济的变化,或早或迟使整个社会生活发生巨大变化。①

一般来说,产业革命有三个要点:一是从供给侧看,产业革命是一种新的产业模式取代旧的产业模式的活动和过程,它带来生产效率的大幅提高,引起生产方式和经济结构的巨大变化;二是从需求侧看,人类的生活方式、消费方式会发生重大变化;三是都存在标志性技术,这些标志性技术极具渗透性、关联性,对经济社会的发展影响巨大。有学者认为,从人类文明史角度看,人类历史上约有三次产业革命。第一次产业革命是农业革命,人类从采集和狩猎劳动方式到定居式的农业生活。第二次是工业革命,工业化兴起,工业生产体系建立。第三次是信息革命(知识革命),包括信息化、智能化和绿色化等,这次革命至今仍在继续中。

从18世纪开始的三次革命说,认为第一次工业革命发生在18世纪中期至19世纪中期,以蒸汽机的发明和改进为驱动力,以煤铁钢为主要原料,以机器取代手工工具,让工厂成为生产组织的新方

---

① 周洪宇,徐莉.第三次工业革命与当代中国[M].武汉:湖北教育出版社,2013.

式,即"蒸汽时代"。第二次工业革命发生在20世纪初期的美国,电力的大规模使用、更高效的钢铁冶炼法和合金、流水线生产方式带来了第二次工业革命,大批次生产方式成为主流,即"电气时代"。第三次工业革命则各有各的说法,有学者认为是信息革命;里夫金则认为新型信息技术与全新的能源系统的结合将会带来重大产业革命的产生,即"第三次工业革命";英国《经济学人》的理论可以概括为"制造业数字化",即智能软件、新材料、灵敏机器人、新制造方法以及基于网络的商业服务将形成合力,改变经济社会进程,产生重大产业变革。产业革命由三次变为四次:第一次为机械化,第二次为电气化,第三次为自动化,第四次为信息化。还有一种观点是五次革命说,认为18世纪70年代至今,世界经历了五次技术革命浪潮,分别为:第一次产业革命开始于1771年,主要发生在英国;第二次产业革命是蒸汽和铁路时代,开始于1829年左右,主要发生在英国;第三次产业革命是钢铁、电力、重工业时代,标志年份为1875年,美国和德国追赶并超过英国;第四次是石油、汽车和大规模生产时代,核心国家为美国,标志年份为1908年,第一辆T型车在底特律的福特工厂下线;第五次是信息和远程通信时代,由美国开始扩散到欧洲和亚洲,标志年份为1971年,事件发生在美国加利福尼亚州,Intel微处理器宣告问世。[1]

现在所说的高新产业,知识经济的产生,新技术的突破,都是以科学研究的方式展开的。当然,这并不排除经验的作用,经验永远是技术进步的基础力量。技术进步方式的高度社会化,已经不是哪一个企业或哪一个人能够完成的,需要社会各方面的通力协作。现

---

[1] 上海北斗导航创新研究院.科技革命和产业革命的划分及发展趋势[EB/OL].(2019-07-25)[2020-02-14].https://www.sohu.com/a/329396575_99924008.

提出了产、学、研相结合和国家技术创新体系,表明需要各方的充分合作,才能完成一些重要的创新进程。这里面最本质的变化是整个系统的产业化发展,就是说现代技术进步、技术创新的进程已经不是偶然发生的。从19世纪末开始已经萌发了可持续的发展趋势,有代表性的历史事件是爱迪生在美国建立了世界上第一个技术发明研究所,这意味着可持续的技术创新形式的问世。①

(三) 新科技革命与产业革命改变整个世界

很多人把科技革命等同于工业革命,这种观点是错误的。科学-技术-生产-经济-社会,是一根协调发展的链条。其中,每一项都是这根链条上的一个环节,每一项的发展都是这根链条协调发展的一部分。技术革命是指生产工具和工艺过程的重大变革。产业革命是由技术革命引起的,是指国民经济的实际产业结构发生根本变革,使得经济、社会等方面出现了崭新的面貌,不仅具有科学技术的性质和内容,而且具有经济和社会的性质和内容。科学和技术的革命只是在具备了一定的经济和社会条件时才会促进产业革命和工业革命的发生,并非任何技术革命都能导致产业革命和工业革命。② 当前,新科技革命与产业革命正蓄势待发。历史已多次证明,每一次科技革命与产业革命都将对世界发展格局产生重大影响。新科技革命正以人工智能、物联网、能源互联网、生命创制等为核心快速孕育发展,对人类社会很可能带来前所未有的影响和变革。

新科技革命发生发展的根本动力,在于解决人类发展中面临的

---

① 周洪宇,徐莉.第三次工业革命与当代中国[M].武汉:湖北教育出版社,2013.

② 周洪宇,徐莉.第三次工业革命与当代中国[M].武汉:湖北教育出版社,2013.

诸多问题。一是不均衡、不充分的发展。除去中国和印度,世界范围内,南北差距在拉大。不仅许多发展中国家和地区,一些发达国家内部,都出现了两极分化的情况,撕裂着整个社会,带来政治动荡。二是不生态、不持续的发展。传统工业化带来了严重的生态环境问题,不仅危害着人们的身体健康,也因资源争夺而对世界和平带来严峻挑战。三是不智慧、不幸福的发展。研究表明,工业革命带来的创造力顶峰早已过去,几十年来,科技创新对经济社会发展的潜在能力尚未得到充分开发。如何进一步提升人的创造力,让人们在更加幸福舒适的环境中实现发展,正在成为越来越多人的追求。新科技革命迫切需要回应这些人类的重大关切和重大命题,并在解决这些问题、促进新发展中使科技创新的力量得到最大限度的释放。为此,各国都在努力拼抢未来发展的战略先机。①

习近平总书记在2016年全国科技创新大会上指出:20世纪前期,量子论、相对论的诞生形成了第二次科学革命,继而发生了信息科学、生命科学变革,基于新科学知识的重大技术突破层出不穷,引发了以航空、电子技术、核能、航天、计算机、互联网等为里程碑的技术革命,极大提高了人类认识自然、利用自然的能力和社会生产力水平。一些国家抓住科技革命的难得机遇,实现了经济实力、科技实力、国防实力迅速增强,综合国力快速提升。发出了建设世界科技强国的号召。② 随后在党的十九大上,习近平总书记在报告中明确提出,到2035年基本实现社会主义现代化,到2050年前后基本建成社会主义现代化强国。这既是基于我国科技创新、经济社会发展趋势形成的科学研判,更为主动把握新科技革命带来的重大战略

---

① 李万.新科技革命改变世界发展格局[EB/OL].(2017-12-14)[2020-02-17].http://theory.people.com.cn/n1/2017/1213/c40531-29703386.html.
② 王渝生.科技革命改变世界发展格局[J].领导科学论坛,2018(18):79-96.

机遇提出了新的更高要求。

科技革命孕育出新产业,改变了经济发展格局。科技革命的直接结果就是产生新兴主导产业,从纺织、蒸汽机、铁路、石油化工、汽车等一直到今天的ICT(信息与通信技术)、互联网,技术体系、产业组织、就业结构、国际分工等都发生了一次又一次的嬗变。现代信息技术和交通技术直接导致经济全球化。

科技革命提供了新工具,改变了生态发展格局。科技革命极大促进了社会生产力,由此也深刻改变着人与自然的关系。从矿产采掘到材料创新,从原始农业到现代农业,从煤炭石油到能源变革,从污染到治理,历次科技革命形成的新工具广泛而深入地改变着地球生态圈的面貌。

科技革命带来了新文化,改变了社会发展格局。在西方工业革命早期,"勤勉革命"和"工业启蒙"带来了当时的新文化,19世纪以来美国的崛起则带来了大众文化。硅谷的兴盛,与嬉皮士文化和技术乌托邦密不可分。留声机和摄影技术创造了电视电影,互联网带来了新媒体和网络文化。文化样式、社会组织、生活方式等都因科技革命而发生深刻变化。

科技革命还发展出新组织,改变了国际政治格局。科技革命带来生产力的巨大进步,对生产关系和上层建筑产生了巨大影响。信息传播技术、组织管理技术等革命性进步,对阶层流动、政治组织、对抗对话机制等产生了巨大影响,两次世界大战、冷战以及世界范围内的科技竞赛,都左右着世界政治格局的演变。①

新科技革命正深刻地改变着世界发展格局。相关研究表明,从

---

① 李万.新科技革命改变世界发展格局[EB/OL].(2017-12-14)[2020-02-17].http://theory.people.com.cn/n1/2017/1213/c40531-29703386.html.

现在到 2040 年前后,将是新科技革命孕育发展的关键时期,正在带来世界发展格局的深刻变化。谁能真正把握住新科技革命的趋势、特征和战略先机,谁就有可能在未来发展中获得领先优势。前几次科技革命都发源于西方,并由西方创新和主导,新一轮科技革命的力量第一次从西方转向了东方。中国虽然失去了前几次科技革命的机会,但赶上和抓住了这次最为重要的机会,取得了从跟跑到领跑的新历史方位。在这场百年不遇的历史大变革中,东方文明将助力这场具有特别意义的科技革命和产业革命。

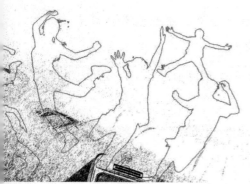

第二章
教育在裂变中重生

第一节 新工业革命与第三次教育革命

一、新工业革命呼唤新教育

(一)新教育是历史演变的必然选择

教育是人类社会发展的动力和基础。人类社会的每一次跨越式发展都伴随着相应的教育大变革。从原始文明时期的古代教育到农业文明时期的近代教育,再到工业文明时期的现代教育,一路走来,经历了两次历史性重大跨越。

第一次跨越,从原始的个别教育到个性化的农耕教育。人类教育的首次历史性跨越始于人类进入农业时代,教育从融入生产劳动走向与之分离,改变了原始教育,产生了教育的行业形态——学校教育。教育从原始的、简单的、朴素的、零星的生产劳动教育向系统的、专业的、有规模的学校教育转变,形成系统的知识和优质的教育,文化传承得到优化。第二次跨越,从个性化的农耕教育到班级授课式的规模化教育。第二次跨越始于工业时代的到来。在由农业文明向工业文明的过渡中,教育随着社会的变化发生了变革,从个性化的农耕教育走向班级授课式的规模化教育。学校教育从精英教育走向大众教育,改变了教育的培养模式,产生了教育的普及形态——全民教育。教育受众面扩大,义务教育迈向全球,文化下移加速,教育逐渐标准化、社会化、规模化、公益化。形成了沿用至今的以学习为主、课堂为主、教师为主,以班级授课制为核心的空前规模化学校教育模式。

生产力发展水平及科学技术是引发教育变革的重要原动力。从以上教育发展进程可见,与原始部落相适应的是原初的、群居的"原始式集体教育",与农业文明相适应的是个别化的、分散的农耕教育,与工业文明相适应的是规模化的、标准化的、集中化的、班级授课式的集体教育。从历史角度讲,教育经历了从原始文明时期的古代教育到农业文明时期的近代教育,再到工业文明时期的现代教育几个阶段,教育的真正大发展阶段实际上仅仅是工业文明以来的几百年时间。此前经历了十分漫长的发展阶段。从中可知,生产力发展水平及技术力量对教育发展的推动作用的重要性。

技术引发了教育变迁,但技术进步不是教育进步本身。在人类社会交替更迭的过程中,教育发生了变革,是从原始社会的非正式教育到奴隶社会出现学校、教师的正式教育,是从个别化教育走向个性化教育,是从无组织的教育到有组织的教育,更是从低级的教育走向相对高级的教育。由此可见,每次教育变革都伴随着社会的变革,每次教育变革都伴随着教育目的、教育功能、教育组织形式、教育内容、教育形式等方面的变化,虽是引发于技术,但不是技术本身,而是教育根本性质的变化。因此,我们可以得出这样的结论:从原始文明到农业文明,人类教育发生了第一次革命,即从原始的个别教育走向个性化的农耕教育;从农业文明到工业文明,人类教育发生了第二次革命,即从个性化的农耕教育走向班级授课式的规模化教育。教育革命的过程是从低级的教育走向相对高级的教育的过程。

(二)新教育面临新一轮历史性的跨越

技术变了,整个社会系统都要随之改变。习近平总书记所讲的数字化、网络化、智能化技术革命,必将引发一场深刻的教育革命。在教育领域,正是这些相关的通信、信息及数据管理和分析等教育信息化技术,让学生可以在全球的任何地方,都听得到世界名校老师的授课;他们的作业和试卷,能够超越时空,由MOOC(大型开放式网络课程)平台的软件和教师处理。但教育革命由新科学新技术推动引发,却一定不等于是技术变革本身。教育的根本任务是服务于人的生命性和成长性,其本质变化将是整个教育深层次的系统变迁。现阶段,人类进入工业社会的末期,现行教育体制已经不能适应现代社会的需要,社会的变革必然带来教育的变革,新的教育革命必将发生。在当今第四次工业革命浪潮席卷全球的大背景下,教育正在这一时代大潮中经历一场空前深刻的教育大变革。人类教育史上第三次教育革命扑面而来。

在被喻为"人类第二次进化"的信息化的引领下,以数字制造技术、互联网技术和再生性能源技术的交互融合为标准的第三次教育革命扑面而来。互联网改变了人类社会信息传递的方式,在校学习和在家自学、教师教学和自学、教授式和网上学的混合式、小班化、居家化、个性化、协作化等新的学习模式不断出现,学校也从注重学历转向学力、能力的培养,不仅注重科学基础知识的培养、专业素质与专业实践能力的培养,也注重创新品质的培养和社会情绪能力的培养。第三次教育革命打破一元化教育格局,班级授课制也被打破,分散式、翻转式的个性教育更加被推崇,将形成网上网下多元一体的交互式人才培养模式,将形成终身学习和学习型社会。①

然而,虽然教育发展史上经历过的大大小小的革新与变化,以及进入信息化时代以来,人们所认为的正在发生新一次历史性超越中,教育从整体看,仍未发生真正的系统变迁,正如《第四次教育革命:人工智能如何改变教育》一书所说:"虽然在一定程度上提升了学习质量、减轻了教师负担,但并没有改变教育的基本模式。传统大规模教育的模式仍然存在显著的弊端,尤其在学生的全面发展、学习模式的创新等方面劣势明显。""就教育中'教与学'两个主体的关系、教育教学组织模式以及教育教学手段和技术而言,传统方式仍然是当下教育体系的主流形态。"②

世界经济论坛主席克劳斯·施瓦布说,技术的改变从来不是孤立的现象,一个技术变了,整个系统要随之改变。MOOC等教育信息技术也将对教育带来全方位的影响。近年来,国内外教育领域和互联网与信息行业正在进行深度融合,将教育带入新技术变革的活跃期,宣告技术革命引发的一场教育革命正在到来。但是,数字化、网络化和人工智能新科技的发展能否真正催生出教育的根本性革命?除了技术因素之外,还有哪些教育本身的深层次问题亟待破解?人类教育如何朝着更有利于人的生命与成长的方向发展?新时代知识与教育的定义如何?教育的组织形式将如何变迁才能适应人的更高成长需求?等等。除了技术因素外,恐怕这些深层次的教育问题及教育应对,才是本轮教育革命的应有之义。

---

① 安东尼·塞尔登.第四次教育革命:人工智能如何改变教育[EB/OL].[2021-07-08]. http://www.sohu.com/a/340085642_740319.

② 安东尼·塞尔登.第四次教育革命:人工智能如何改变教育[EB/OL].[2021-07-08]. http://www.sohu.com/a/340085642_740319.

二、新工业革命将彻底颠覆传统教育模式

(一)传统教育模式的省思

新工业革命时代,知识走向大融通,跨界的颠覆性创新成果越来越多,5G、人工智能、区块链、大数据等一系列科技进展让传统的学校教育面临一次次的洗礼。学校教育面临的冲击和挑战前所未有。学校教育作为传统教育模式最得意的"代表作",互联网时代学校教育的困境往往戳中的是传统教育模式的软肋。成规模的学校从外观看,很容易让人与工厂弄混。学生所学到的就是永远不挑战教师的权威,他们每天做作业,同时老师还为他们制定标准。学生的测验也是标准化的,其表现则是根据时间和效率来评估。学生被孤立在一个个单独的单元中,并被告知与同学交流信息是一种欺骗行为,要受到惩罚。学生根据客观的标准被分为三六九等,以成绩为基础升级。现行工业文明下的教育成了经济的附庸、国家富强的主要实现途径,标准化、规模化的教育成为工业社会的目标,虽然培养了大量人才,却扼杀了人的天性,实际上是用制造物的方式来培养人。这样的教育模式时至今日仍在发挥作用。①

在互联网时代,个体价值的存在和群体智慧合而为一,你中有我,我中有你。个体价值的实现基于个体的兴趣和跟他人进行协作的结果,这是传统大规模学校教育做不到的。互联社群的建立让我们开始重新审视师生关系,基于信任的人人交互的关系网络将在学校教育管理中起到关键作用。总之,新工业革命对学校教育的影响是深刻的,通过互联网,学校的围墙逐渐被打破,进一步融入社会大

---

① 周洪宇,徐莉.第三次工业革命与当代中国[M].武汉:湖北教育出版社,2013.

教育的环境当中。更多的学校开始重新思考教育的目的和创新的意义。

产业变革是新工业革命的本质特征之一,产业变革在社会生产方式、制造模式、组织形式以及生活方式等方面都带来了全方位的变革,最终使人类进入生态和谐、绿色低碳和可持续发展的社会。①

(二)人才培养与教育模式变革

新工业革命对传统教育模式的最大影响集中表现在人才培养上。人才培养是新时代教育发展的应有之义。新工业革命给全球的人才培养模式带来了愈加严峻的挑战,这种挑战对于传统教育模式提出了新的要求。

在人才培养理念和目标方面,新工业革命需要的教育模式是绿色生态可持续的,这就要求教育不只是为了传承知识,而且要回归到"育人"的本质,不断提升生命质量。人们如果还是按照以往固定化、机械化、单线性去培养人的话,培养出来的人才与新工业革命所需要的高素质人才是不相匹配的。新工业革命的人才培养理念将遵循教育规律和人才成长规律,以人的综合素质的提升为核心,以云计算、新材料、新技术与互联网的融合创新为手段,注重全球视野与全球思维的培养,注重人的个性化和差异化发展的因材施教,注重知识学习和学习知识的能力并重,注重人才的创新意识、合作意识、发展意识、服务意识的培养,注重人的终身学习能力的培养,注重社会情绪能力的培养,注重人的同理心的唤醒,注重人与自然的和谐关系,创新教育模式和学习模式,构建绿色生态的教育教学质

---

① 徐莉,宋俊骥.教育必须实现全方位的转变——访华中师范大学教授、长江教育研究院院长周洪宇[J].教育科学研究,2013(6):20-24.

量体系,培养新一轮工业革命需要的高素质的劳动者和创新型人才。① 同时,教师的角色也面临重塑,教师职业身份既是人才培养者,也成为自主学习者本身,成才之路就是实现自我价值之路。

在人才培养内容和途径方面,新工业革命中教育内容摆脱传统纸质教材教辅的限制,知识获取的途径随着互联网信息化的发展而增加,人们甚至足不出户就可以接受前沿知识,所以说人才培养的内容绝不再是以往传统教育模式下狭隘的所谓专业的知识体系。当下,人们将更加注重跨学科知识的融会贯通,注重智力之外的道德品质、健康体魄、审美能力、关爱他人等一些人类最基本的能力的培养。学习的知识也将是更加动态和开放的。在培养途径上打破学校的围墙,充分利用学校、社会和家庭三位一体的教育基本架构,正式学习与非正式学习相结合,线上教育与线下教育相融合,充分利用人工智能和大数据等信息技术的优势,进一步优化人才培养的结构。

在人才培养的体系和机制方面,传统教育模式受制于学校,很长一段时间内,人们甚至产生教育等同于学校教育的刻板印象,造成学校教育负担过重,教育质量很难得到保证,人才培养的一元化结构很难适应社会生产力发展的需要,这就加大了产学研之间的鸿沟。在整个人才培养机制方面也是学校教育一枝独秀,社会教育和家庭教育被严重忽视。新工业革命对人才培养的数量和质量都提出了更高的要求,所以单凭传统的学校教育模式是不能适应其发展需要的。因此,我们需要打破体系和机制的"一元"特性,构建起人才培养的生态链。打破学校教育的围墙效应,充分激发社会力量办

---

① 张力玮,刘来兵.新一轮工业革命下的教育变革——访湖北省人大常委会副主任、长江教育研究院院长周洪宇[J].世界教育信息,2016(3):12-17.

教育,提升家庭教育的专业化程度,实现教科研一体化协调可持续发展。

(三) 传统教育模式蜕变出新的教育生态

人类在三个文明阶段中,把注意力转移到开发大自然上,进而思考如何与大自然和谐相处。社会单位从原始社会以家庭为主,到农业社会以民族、国家为主,再到工业社会以一种包括全人类在内的社会秩序取代民族主义。人们形成感情联系的范围在逐步扩大,在早期,人们主要和家庭发生关系,随后,感情上的联系逐渐扩大到民族、国家,最后,人们会觉得他们与全人类是密切相关的。现今人们正在经历着更大的改变,意识到与整个生物圈是息息相关的,以至于与人类自身生命的延长和复制息息相关。知识和技术也在经历着同级阶段的演变,教育的变革必然与这种教育系统的演变密切相连。①

与传统工业社会里人类对能源的毫无节制的开采与使用不同,新工业革命对能源的需求是绿色的、可持续性的,也就是说,人类正通过新的科学技术手段来获取经济社会发展所需要的更加清洁的、可再生的能源。与此同时,传统教育模式也就注入了生态的内涵,新的教育会更加关注生命本身,以及探索如何融入整个生态环境。对于人才的培养也将更加倾向于自我价值与社会价值的统一。具体来说,面对新工业革命的机遇与挑战,传统的教育系统内部需要进行以下三个方面的蜕变。

第一,教育组织形式的变革。当今世界,教育呈现数字化、网络化、智能化的新特点,出现开放式、远程化、在线化等新的组织形式。

---

① 徐莉.对第三次工业革命本质内涵的教育审视[J].教育研究与实验,2013(2):21-24.

我们的教育组织需要因地制宜、因时而动,在原有班级授课制的基础上打造更加多元立体的教育生态网络。

第二,教育方法和手段的变革。教育方法和手段经历了赫尔巴特的传统"三中心"(教材、教师、教室)到杜威的新"三中心"(儿童、活动、经验)的历史演变过程,如今,我们需要根据新时代对此做新的调整。新工业革命背景下,我们需要的是"以学习为中心"的教育,探寻跨学科教学、项目式学习、小组合作学习等新的教育方法,充分利用诸如云教育、大数据、在线直播平台的"互联网+教育信息化"优势,让教学方法与手段能够融入新工业革命。

第三,教育评价方式的变革。在第三次工业革命的新形势下,单一的考试评价制度逐渐被取代,取而代之的是基于互联网、大数据和人工智能的更加灵活多元的评价方式,同时对人的培养更加注重与自然的和谐相处,以及社会情绪能力的培养,进而让教育活动的参与主体都能在其中得到生命的升华、实践能力的提高。

总之,新工业革命下新教育生态的构建绝非一日之功,也不仅仅是以上几个方面的变革,新的教育内涵仍然在随着时代的发展变化不断得以充实完善。

三、第三次教育革命的本质特征

(一)"第三次教育革命"说法的缘由

在人类教育发展的历史长河中,教育变革伴随人类社会历史变迁的始终,每一次大的教育变革都会带来教育目的、教育功能、教育内容、教育组织形式等方面的变化,同时,人类每次的教育革命又极大促进了人类教育事业的进步,大大推动着人类社会的发展进程。人们往往使用变革或革命来解释这种现象。但有关教育革命之说,仁者见仁,智者见智,由于关注点和观察视角的不同,人们对教育的定义便有了不同的界定和理解。迄今为止，人类教育发展史上到底经历了几次教育革命这一问题，存在着几种不同的说法和认识，其中较为普遍的观点是四次革命说和三次革命说。也有二次革命说和零点革命说等。关于教育革命的各种说法，与大多数人使用四次革命说不同，本书坚持三次革命说，认为正在进行的这场教育变革，是人类教育史上的第三次教育革命。我们认为：

第一次教育革命，是从原始社会的原始教育到农业社会正规化、正式化的系统学校教育，即从原始教育向学校教育的变革。教育经历了从蒙昧时代个体的、自发的教育，到文明时代专业的、系统的学校教育。这个时期的突破是教育从社会母体中分化出来，为形成专门的系统进行了奠基，而且从自发进入自觉。

第二次教育革命，是从农业社会正规化、正式化的系统学校教育到工业社会的规模化教育，即从近代教育向现代教育的变革。这个阶段的变化主要体现在规模和表达教育本质的变量宽度上，其突变是教育作为专门体系和系统，伴随着工业化的高度发展，从雏形突飞猛进发展到成形并再度接近社会的边界。

第三次教育革命，是从工业社会时代进入下一个文明时代——后工业社会时代的教育，即从现代教育向未来教育的变革。这个阶段的变化，将不仅仅是教育本质各个视角的属性的系列的全方位的变革，而且是各个部分的系统性颠覆：教育与社会的边界模糊，教育将再度回到社会母体中，一种与以往教育完全不同的教育系统将孕育其中。全新的教育将是跳出现代教育框架的新教育模式。

进入后工业化时代的今天，现行文明下的教育已经适应不了新要求，社会的变革必然带来深刻的教育变革。这场教育变革必将是一场釜底抽薪式的革命，人与自然的关系将从分离再次走向融合，而且是更高级的融合。智能技术将带给人类空前的脑力大解放，这种从外到内的新变化,必将对传统教育产生革命性颠覆,一个全新的教育样态和教育系统必将在这场革命中孕育和诞生。第三次教育革命将送走工业文明时代的教育,迎来下一个文明时代的教育曙光。

(二)知识整合的新视界

知识整合是第三次教育革命的本质特征,这是一场世界观上的革命,是人对知识、对世界的认识的更新,也意味着教育从阶段性走向完整性。

教育的本质在于其与活生生的生命对话,完整性与生命性是教育的灵魂,而且科学发展愈来愈向人们展示出,这个世界是整体的,一切知识都是整体的。然而,自近代学校教育产生以来,教育被当时形成的简单划分的思维模式所统治,被分割得七零八落,教育世界里的知识与学习呈现的是一片零乱的世界。现存愈分愈细的学科体系,即是19世纪简单划分思维模式的产物,整体性知识被细分成各个部分,而且形成一套与之相适应的、坚固的、简单划分的方法论体系和思维模式。这些成为人们理解知识的最大障碍,也成为开展一切教育变革的最大障碍。

不仅如此,这一弊端使得近代学校教育产生以来,人们对知识的理解在错误的道路上愈走愈远。"越来越倾向于视知识的抽象、理性、符号化形式为知识的本质,认为知识教育就是传授这些知识形式,然而这些知识形式只能是知识的逻辑结构的部分内涵,而知识的逻辑结构总是伴随着情感价值意义和机体结构而生长的,忽视了知识的情感价值意义以及承载知识的人的机体,从而造成人的整体之知的分裂,最终造成主体人的整体性分裂。当前人们所批评的有知识没有能力、有智商没有情商的现象,实际上就是把抽象、理性、符号化知识灌输给学生造成的,而且这一现象在我国的应试教

育条件下表现得更为极端。"①

联合国教科文组织2015年发布了一份里程碑式的报告——《反思教育：向"全球共同利益"的理念转变？》，这个报告充满了人文主义精神——教育要尊重生命，尊重人格、和平、平等，尊重人的权益，而且要为可持续发展承担责任。报告从知识整体性回归上对教育与知识进行了重新定义，其最新颖之处则是对知识的逻辑结构所伴随的人的理性与情感价值及其身体机能等的强调，将这些在长达数百年间被分割了的知识与教育的有机部分还给知识与教育。也预示了从分割走向整体，将是新文明时代的教育方向，也必然是新一代教育的核心特征。

当然，新人文教育也是一种建立在全球视野、全球意识和全球观念上的新教育，是以人为核心的、和谐共生的新教育，是在张扬个性的基础上具备人类整体性意识的新教育，是一种注重绿色生态可持续发展的新教育。

（三）智能＋教育新模式

今天，无论是新闻报道，还是一些讲座和论坛，好多都在谈人工智能和教育。确实，人工智能＋教育是第三次教育革命的重要特征。联合国教科文组织总干事阿祖莱表示："人工智能将为教育带来深刻变革。教学工具、学习方法、知识获取和教师培训都将迎来一次革命。"②因为其能够协助消除获取学习机会和资源的障碍，实现管理进程自动化，以及采用各种优化教育效果的方法，人工智能

---

① 陈理宣.论知识的整体性及其教育策略——基于实践教育哲学的视角[J].中国教育学刊,2015(12):26-31.
② 国际人工智能与教育大会.访谈:关于在教育领域中公平、包容、透明地应用人工智能的5个问题[EB/OL].[2019-05-17]. https://zh.unesco.org/news/fang-tan-guan-yu-zai-jiao-yu-ling-yu-zhong-gong-ping-bao-rong-tou-ming-di-ying-yong-ren-gong.

具备加速全球教育目标实现进程的潜力。

伴随人工智能的渗透,教育领域面临着前所未有的机遇与挑战,人工智能的教育应用成为研究趋势。首先,人工智能与教学相结合,改变了教学方法、教学工具、教学内容等,使教学呈现出新时代教育的特点,还会帮助我们掌握一些教育数据。其次,由于人工智能对教师职业的影响,一些人担心,人工智能会取代教师。其实,面对新时代的教育革命,面对人工智能的到来,教师与人工智能会深度融合。最后,在人才培养方面,从一些院校的专业设置就可以看出,社会在培养新的符合社会要求的人才。

未来,在教育领域将会有越来越多支持教与学的智能工具,智慧教学将给学习者带来新的学习体验。在线学习环境将与生活场景无缝融合,人机交互更加便捷智能,泛在学习、终身学习将成为一种新常态。[①] 人工智能作为引发新一轮教育革命的最活跃的技术要素和基本动力,必然会成为第三次教育革命的核心特征之一,如何通过人工智能与教育的系统融合,全面创新教育、教学和学习方式,为新一代教育奠基,是新时代教育的使命和目标,智能化无疑是新一代教育的最典型的特征。

(四)教育走向终身化的新未来

上一个时代所形成并沿用至今的学校教育系统,是阶段性教育系统,在人的青少年时期增加更多的教育时间是主要方式。而这样的方式在信息时代似乎已经不足以满足个人和社会的需要。相反,第三次教育革命的标志是个人的终身学习。这种终身学习的目的在于适应不断提高的自动化水平,获得新的知识和技能,因此之前

---

① 梁迎丽,刘陈.人工智能教育应用的现状分析、典型特征与发展趋势[J].中国电化教育,2018(3):24-30.

的那种花费大段时间以获得某种证书的方式将会被更灵活的、适应性更强的"脉冲式"短期学习所代替。因此,学习不再是生活中的一个阶段,而是生活的一部分,这将成为新的教育传统。未来的社会要倾向于建立一个能够提供综合的持续终身教育系统以满足当今新型经济的发展。此外,我们每个人也要有意识提高自己的学习能力,改变自己的学习方式,更重要的是改变自己的思维。这是人们形成的普遍共识。

时代在进步,在社会快速发展的时代背景下,在知识更新速度越来越快的今天,人类不能停下学习的步伐。随着网络化时代的到来,知识更新的速度前所未有,一个人要保持创新力,就必须不断更新自己的知识体系,不断接受新知识。也就是说,教育不再局限于某个年龄段的人,而是延长至一个人的一生,"把终身教育放在社会的中心位置上"。第三次教育革命,将把人的终身教育提升到一个特殊的地位,人的一生将不断接受正规的教育、非正规的教育,促进一个人不断更新和完善自身的知识结构,实现人的可持续发展。[①]

通过人工智能与教育的系统融合,全面创新教育、教学和学习方式,并利用人工智能加快建设开放灵活的教育体系,确保全民享有公平、适合每个人且优质的终身学习机会,从而推动可持续发展目标和人类命运共同体的实现,已成为新一代教育的使命担当。新时代的教育要回归人的本真存在,终身教育是现代教育的特征,也代表着教育正在走向大循环,完成教育系统自身的第一个生命周期,构建学习型社会。

而且,正如世界经济论坛主席克劳斯·施瓦布所说,技术的改

---

① 周洪宇,鲍成中.论第三次教育革命的基本特征及其影响[J].中国教育学刊,2017(3):27.

变从来不是孤立的现象,一个技术变了,整个系统要随之改变。技术进步势必使得整个教育链条都在发生变化。教育的相关方如学生、教师、学校、家长、政府、企业和社会都会受到影响。未来很多教育不仅是学校办,企业也会办教育,现在的三大 MOOC 平台都是企业办的。教育技术带来的影响是全方位的,要求教育思想、理念、模式、方法及教育管理发生改变。教育信息化,不仅仅是教育系统自身的事,更需要全社会参与,这是教育走向终身化的同时必须具有的教育治理新特征。

第二节　智能社会与教育的新旧动能转换

一、知识:教育新旧动能转换的基石

(一)何为教育的新旧动能

习近平总书记强调:中国如果不走创新驱动发展道路,新旧动能不能顺利转换,就不能真正强大起来。在经济领域,新旧动能转换是指以绿色能源代替传统的化石能源,淘汰落后的旧产能,以智能制造为主攻方向推动产业技术变革和优化升级,推动制造业产业模式和企业形态的根本性转变。"新旧动能"概念从 2015 年提出到 2016 年内涵丰富,再到 2017 年"新旧动能转换"具体工作推进。从演变趋势来看,中央政府已经对中国经济发展阶段有较为深刻的判断:"我国经济正处在新旧动能转换的艰难进程中",即经济社会进入了"新常态",同时已着手逐步推进经济"新旧动能转换"工作。

当前,世界正处于前所未有之大变局,原有的社会形态正在重组解构中,科技和文化领域出现万事万物贯通互联的新趋势。作为社会发展变革的关键一步的教育,在人类形成命运共同体的过程中,也处于发展的新纪元。在我国社会急剧变化的时代,教育也在

主动或被动地进行自我调整和适应,而知识便是其中最为重要的原动力所在。在此借用"新旧动能"一词,旨在阐释知识作为教育根基,在新工业革命背景下推动教育的变革与演进。知识是人类对世界的感知,在社会盘根错节的转型升级中焕发着新生机,是带动教育革命的基础。

(二)发展新知识是推动教育新动能的重要举措

伴随物质生活的需求不断被满足,以人工智能、物联网技术为支撑的各行各业开始蓬勃发展,帮助人们解放双手,从烦琐复杂的体力劳动中解脱出来,拥有更多的闲暇时间去反思和学习知识。在人类文明更迭的时间轴上,最原始的教育同人类的生产劳动是不可分离地结合在一起的。① 人类利用在生产生活中获取的经验,探索知识的脚步永不停息,从而使知识在代际传承。

知识是需要不断探索与建构的一种资源。当前新知识主要是指由教育者和受教育者个体而实现的客观与主观的统一,在实践中获得持续性发展演变,并在与教育者、受教育者、教育媒介互动的情境中不断增值的新形态。知识的需求端和供给端共同构成了教育发展的新动能。

因此,我们可以理解两者之间的关系为:在社会所处的不同时期,人类的生产和生活面貌的变化中,知识所具有的价值直接关系到教育整体进步与发展,知识是一切教育活动实施的前提条件。在人类历史发展的长河中,不同的时代对知识的认识给出了不同的回答。由于科技的进步,一种新的知识形态成为促进教育发展的新动力。

---

① 陆有铨.躁动的百年——20世纪的教育历程[M].北京:北京大学出版社,2012.

（三）将旧动能转换为新动能

互联网的诞生，科技革命的继续，打破了单一化的传统教育的格局，知识在教育形态的变革中也在不停更新，人们迫切地寻求获取最多知识的简洁而有效的途径，希望能够通过最有效的手段在短时间内汲取更多的知识。传统教育模式已无法满足人们的知识需求，受教育者对获取知识的广度和深度有着新的诉求，特别是在科技知识资源的全面性、权威性、深度性以及及时性方面。

联合国教科文组织在《反思教育：向"全球共同利益"的理念转变？》中关于"新人文主义"和"全球共同核心利益"的提法，对知识与教育的新定义直击新时代文化传承与发展的本质内核。将知识广泛地理解为通过学习获得的信息、理解、技能、情感价值观和态度。重新定义教育的目的与学习的组织方式，将教育和知识视为全人类的根本共同利益，呼吁在不断变革的时代背景下，对教育概念本身与其基本原则进行反思。以多重维度对知识概念进行解读，在人文主义教育观的指导下，重新定义教育的社会化功能。

如果将新动能对应新知识，那么旧动能应该对应基于旧现象总结出的传统化知识现象，旧知识的支持者，已经用传统的概念体系建立起了人类生存的整个世界。随着自由主义的兴起，社会各界重新回到利用人文主义方法促进社会、经济和文化发展的路径上。对于旧动能而言，通过知识的转型，提升知识的质量，可转换为新动能。教育选择、保存已有知识中有价值的部分，并在传播的过程中促进新知识的创造，这便是新常态。新旧动能是社会新常态背景下教育发展的"双引擎"，共同构成了新常态背景下支持教育变革的关键基础。

二、智能+教育:教育新旧动能转换的内在动力

(一)智能化为教育提供驱动力

大工业时代,机器所能解决的是已知的确定性问题,人类操纵机器工作的目的是批量生产所需产品,这就决定了当时的教育也必然采用整齐划一模式。人的个性和自主思维被忽视在外,压抑不见。自古以来所延续的学科体系中存在的弊端逐渐显露:一是体系比较陈旧而且残缺不全,在今天占据主体的是大量不确定性知识,这是过去教育中排除在外的地方;二是过于强调学科本位,以年龄划分的分类系统和以研究对象分割为基础的学科体系,与教育的终身化和一体化格格不入。教育急需转型,高新技术便成为教育的新旧动能转换强有力的内驱力。

在我国全面实施国家大数据战略、构建数字经济、建设数字中国的大背景下,科技大数据是核心知识资源,记载着科学真理验证过程、实验观测、研究结论、网络交流等科技情报知识线索,利用自然语言处理和专家系统的工作基础,通过将其进行语义化和数据化,使之成为"人-机-物"三元计算的数据基础,而人工智能发展的核心之一是高质量的、海量的、可计算的数据,有效帮助机器更好地理解物联网和认知人类知识,特别是具有结构化、语义化与关联化的科技大数据有利于人工智能算法模型的训练与生成。① 人类已经从农业时代、工业时代、信息时代,进入了智能时代。在技术上实现了标准化和技术创新的多点聚焦,随着5G时代的到来,随着人工智能、大数据、云计算、云服务的全面应用,全球将会出现真正的万物

---

① 钱力,谢靖,常志军,等.基于科技大数据的智能知识服务体系研究设计[J].数据分析与知识发现,2019(1):4-14.

互联、万物遥感、万物可视、万物智能,生产效能空前提高,人类迎来实现根本性飞跃的重大历史机遇;人类获得了空前解放,同时面临空前挑战。

技术的革新将人从过去程序化的工作中进一步解放出来,把更多的精力投入到更具创造性的工作中,同时,构成更大的、更高层次的智能生产网络的标准化,进一步提高技术创新和模式创新的市场化效率,最终作用于教育领域。现代教育以人工智能技术为支撑,教师利用人工智能设备,根据以往教育教学中的一些主要困惑点,通过人工智能和大数据分析得到合适的教学方案。一方面简化教学的烦琐程序,减轻教学负担;另一方面提高教学效率,并且更有针对性地进行教学指导。在不久的将来,可实现人机共教的教育模式,这种模式让机器人代替教师讲授一些机械性的、需要重复的知识点,使教师能够有更多时间去为学生提供一些学习方法和精神交流等方面的指导。

(二)智能化促进知识新动能的转变

在人工智能的帮助下,精准、个性化是未来教育的特色标签。随着大数据、云计算、物联网、人工智能、区块链等技术的崛起,以人工智能为代表的第四次工业革命正悄然来临,它将给整个社会带来深刻的变革。

趋向于智能化的现代科学技术为人类的生产生活创造有利条件,使人们意识到原本碎片化的知识已经不再适应当前急剧变化的时代,必须将知识打碎重组,最终形成整体化、综合性的知识,成为教育的新动能。

教育从工业革命前教人如何从事体力劳动的技能知识为主,到工业革命后教人脑力劳动所要求的知识为主,再到智能社会向人类高级大脑活动所需的高层次知识转移。知识动能使教育作用于人的重心不断发生位移,永远不能被机器代替的知识,成为教育的至高目标和永恒的作用点。在知识经济时代,无中生有的创新力、学习热情与动机、重新组合排序的一体化等深层奥秘将被发掘,并成为知识的主体。

教育的功能从对人的外显性知识能力的获得不断向内隐性更高级的思维活动转变。教育从教人使用新技术知识为体力减负,升级为使用新技术知识为脑力减负,进而发展更高级的部分。正如美国社会心理学家麦克利兰提出的"能力素质冰山模型"所展示的知识形态,知识经验和专业技能属于知识的硬件部分,而情感、态度、价值观、自我形象、特质和动机等属于知识的软件部分。冰山外显层面的知识被称为显性知识,是存在于书本上,有形的、可以言说的知识;而内藏于冰层之下的知识被称为缄默知识,是存在于每一个场景中,无形的、只可意会不可言传的知识。因此,冰山模型从根本上揭示出科技进步和智能化的发展推动知识转向深层次的过程,它并非一目了然,而是一个随着智能技术的普及,能够把冰山模型解构到什么程度的、循序渐进的认知过程。

科技革命与知识演进之间相辅相成,体系化地进行演变。在最初的工业革命1.0时代,人们的知识范围覆盖了冰山之上的部分,此时人类已学会进行机械化生产。到工业革命4.0时代,人类将认知到冰山模型最深处的知识,人类将能够进行个性化创造,这就是冰山模型不为人知的奥秘。在工业革命4.0时代,互联网和人工智能可以帮助人类把冰山之下深藏的"知识动机"挖掘出来,知识学习将彻底被认知,整个冰山将浮出水面。因此,智能技术与教育变革的深度融合,是教育新旧动能转换的内动力。教育在向4.0时代过渡的过程中,人是核心,知识是关键。在未来智慧化社会的带动下,知识也将呈现泛化、深层、联结的趋势,成为"教育4.0"的新动能。

在这个思维改变命运的时代,新技术知识的内容,将围绕如何更好地与智能机器人合作,使用新技术为大脑减负展开。知识学习将变得更具包容性、趣味性和走向更高级别的创新。未来知识将更有助于从不同层面、不同角度满足社会参与者对知识信息的个性化需求。

三、走向终身化:教育新旧动能转换的结果

(一)人类教育的初始状态及其变迁

自人类在地球上出现,终身教育思想就一并存在了。在原始社会时期,教育的原始样式是与生活和人的生命相统一的,即教育是处在原初的终身教育状态。而且在以后的相当长一段时间内,教育一直处在这样的状态之中。教育形式和手段比较单一,主要为人与人之间的口口相传,此时的教育并无阶级性,人人都可以传播和教授生存技能,教育具有公平性。教育内容简单,主要是两方面的教育:一是满足生活实践需要的必要的训练,包括生产劳动的教育、体育和军事训练的教育。二是关于各种精心设计的步骤或形式的训练,即道德与社会行为规范的教育、原始宗教教育等。教育与生产活动、社会生活融为一体。

随着原始社会解体,奴隶社会形成,在出现脑力与体力生产的社会分工后,教育也逐渐走向专业化和专门化。教育不再是单纯地在长幼间、师徒间分享一些生活经验,而是出现了专门的教育机构和学校。以提高青少年的知识水平和培养人才为职责的学校教育在此时萌芽,教育也呈现出与人的生产生活相分离的情形,教育开始具备独立的社会职能。此时的学校教育具有明显的阶级性。夏、商、周"学在官府",限定只收王子、诸侯之子、公卿大夫及元士之嫡子入学,乡学也只收奴隶主、贵族子弟。学习"六艺"以培养成为国

家大大小小的官吏。古希腊斯巴达和雅典的学校专为贵族阶级而设。古埃及的宫廷学校只吸收王子、王孙和贵族子弟入学。劳动人民子弟只能在生产和生活中,通过长者或师傅的言传身教,接受自然形态的教育,成长为适合奴隶社会需要的劳动力。教育与生产劳动分离,学校轻视体力劳动,助长了"劳心者治人,劳力者治于人"的对立。

正所谓,最初"人类的生活是一个统一体——人们的劳动和宗教信仰是协调一致的,直到最近,'文化'和教育才从那个统一体中分离出来"。后来,发展到工业社会,学校教育被愈来愈高度体系化,从而形成沿用至今的教育系统。可以说今天的学校教育体系是西方工业文明的产物。而随着学校教育的产生和不断走向体系化,教育从人类生活统一体中分离出来的程度愈来愈大。显然,这种分离只是教育的一部分、一个阶段,不能将其理解为教育的全部。它只是教育发展的一个特定阶段,就整个教育而言,它是残缺的、不完整的。把学校教育当成教育的全部,是对教育的窄化和误读。再之后,成人教育出现。

历史上,专为青少年设立的学校教育,在西方工业文明时期发展到高峰的同时,工业革命也催生和发展了成人教育。正是在当时先进生产力发展和社会需求的推动下,成人教育从传统的教育形态中衍生出来,并作为一种独立的教育形态登上18世纪欧洲的历史舞台。显然,成人教育也不是教育的全部,而是教育发展的一个特定阶段。

最后,教育开始向最初状态回归。教育从社会母体中的分离,意味着更高一级的再回归——教育终归还是要回归至其本来的样式,回到人类生活的统一体中——这是教育的根本性回归与质变。从青少年教育的分化,学校教育的确立,再到成人教育的衍生,成人教育系统的确立和发展,每一次分化,都是朝向更高级别的整合回归。成人教育的出现,可被看作是教育的第二次分化,标志着学校教育一统天下的结束,整个教育从社会母体中分离的完成,现代终身教育应运而生。

如果说,人类教育发展史上,以往教育的这种根本性回归还从未发生过,种种迹象表明,随着现代成人教育的诞生,这种根本性的变化现在正在发生,而教育社会化、社会教育化的结果,无疑会产生一个学习型社会。

（二）人类教育从初始状态演变至今的规律

在人类历史长河中,许多历史资料充分说明,为了生活、生产的需要,有目的、有组织的劳动技能教育活动一般都是从成年人中首先开始的。在早期出版的教育专著《色诺芬百科全书》中就论述了生活在现今伊朗这块土地上的人们是如何对成年人实施教育培训活动的。这也符合生活逻辑,成人为了生产生活需要,自发或有组织地开展教育活动是一种必需,而且培训青年人、教育子女也是成人生活中的必需部分。教育活动首先开始于成人教育的历史事实表明,新一代教育起始于成人教育具有合理性。

原初与生命生活融为一体的教育的第一次分化是现代学校教育的出现与发展。基于古代的教育模式,按照贵族社会的需求量身定制,并按照工业化社会的需求进行改良。如今,这种教育已不能适应社会的发展。第二次分化是工业社会使学校教育系统发展到顶峰,并孕育和催生了成人教育形式,从社会中分离出来。工业化时代催生出的成人教育,如同新生命体,与大中小学教育相互衔接,二战后基本形成体系。其中明显的趋势是,相互开放、相互衔接。到工业社会后期,现代成人教育与传统学校教育并存,孕育和催生了代表未来方向的现代终身教育思想。从原始的合到更高层次的

83

合,实现一个教育终身化的完整生命周期。终身教育是新一代教育,不是学校教育的简单改装,更不是学校教育、成人教育、校外其他教育的简单相加。随着时代的更替,社会应该从学校化走向学习化。终身教育需要考虑教育阶段,但非学校阶段。

(三)未来新型教育的趋势

从教育的时空维度进一步拓展,从时间维度来看,在未来社会,教育与学习将不再是人生某个阶段的专利,而是贯穿整个人生的终身需求,是未来社会生活的重要组成部分。随着新技术与教育的深度融合,终身学习将使未来教育发生根本变革。以互联网、人工智能、大数据等融合技术为背景,未来社会将朝着智能化(人类-机器)、虚拟化(现实-虚拟)、超链接(人类-人类)等方向发展。未来社会发展必然会对人的素质提出新的要求,进而引起教育目标的变化,教育也将重视核心素养与综合技能的提升。未来社会的学习者将更倾向于使用新技术来处理信息、开展社交与学习活动。促进个性化学习是未来教育变革的核心价值。随着学生的培养更加个性化,学校的组织模式也必然发生相应的变化,其基本动向就是弹性学制的采用和组织结构的扁平化,学校将根据学生的个性化学习需要采用更加个性化的教学安排和活动安排,组织层级也将相应减少,课程也将更加多样化。教育课程将从强调学习者的知识积累走向知识的发现和创造,跨学科和综合化的内容及前沿信息将成为未来教育课程的主流内容。以学习者为中心的个性化课程应运而生。

信息技术深刻改变着人们的生产方式和生活方式。基于互联网技术构建的人与电脑间的学习沟通方式,能够把个体的智能联系起来,形成人类共有大脑,彻底改变人们的学习方式。新型教育将更加倡导基于多媒体技术的多元化学习方式,将学习范围拓展到社会各个领域,涉及各个层面,在学习方式上更加注重个性化,利用大数据、人工智能等高新技术量身打造适合受教育者的教育。未来教育评价的标准将是多元化和个性化的。教育的评价将会从分数评价过渡到以大数据为基础的过程评价,从考试评价转向成果展示。对学生的评价也不再局限于同一标准,而是根据学生的课程选择,用与之相应的标准来评判。

未来社会许多职业将被人工智能等技术所取代,许多新职业将产生。根据相关研究,在未来,我国710万个工作岗位将消失,700种职业47%的工作可能被人工智能/机器人取代,同时也将出现许多新职业。面对未知的改变,终身教育领域必须及时调整人才培养目标。终身学习是一种适合新时代的学习理念。随着人类社会迈入知识社会,知识更新越来越快,社会对人们知识和能力的要求日新月异,学习主要在学校完成的方式显然已经不能够适应社会发展的需要,知识社会需要人们不断更新知识和能力,以满足职业的要求和社会进步的需要。这将带来终身学习的普及,而技术的进步尤其是信息技术的发展也为人们终身学习提供了可能,互联网上丰富的教育资源为人们终身学习提供了现实条件,人工智能能够成为人们终身学习的有力助手,信息技术与终身学习深度融合呈现出双向互动新趋势,也在推动继续教育转型升级。学习将伴随人的一生,终身学习将成为人们的日常生活方式。

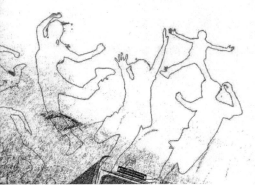

第三章
智能革命与人类知识新解

第一节 从天人相分到天人相合的知识定义

一、人与自然关系的演进过程

在人类历史发展进程中,人与自然关系的发展经历了从和谐到失衡到再和谐三个阶段。每一个发展阶段的形成都离不开特定的背景,各阶段也表现出各自不同的特点。与自然和谐相处是和谐社会的基本特征之一。要实现人与自然和谐相处,就必须正确认识人与自然的关系。

(一)人依赖自然的和谐阶段

在原始社会时期,人依附于自然,人与自然处于一种和谐的关系。一方面,刚刚脱离自然母体的人类认识有限,对大自然认识不清,人类并没有将自己和其他自然界事物分离开来,认为自身与其他自然界事物没有差异。这一时期生产力水平低下,人类能制造简单的工具,通过采集果实和狩猎为生,从大自然获得维持生存所需要的食物和居所。人类相对于自然处于弱势地位,人力微弱,自然力强大,人类要承受各种来自大自然的威胁,任由自然力摆布,人类仅仅是为了生存而被迫适应来自大自然的各种挑战,从而导致人对自然的恐惧、崇拜与依赖。

到了原始社会后期,为了生存,人类开始对自然进行局部的开发和利用,由此从自然荒野跨入农业文明的门槛。农业文明时期,生产力水平提高,人类开始学会利用身边的自然资源,学会制造各种工具,自给自足的小农经济直接促进了原始社会农业技术的发展,出现了新的耕具和耕作技术以及水利灌溉技术的进步,人类开始改造自然,让自己的生活环境得到改善。人类与自然的关系不再是人类被动适应自然挑战,而是农业文明下人与自然形成一种主动和谐的关系。但是此时人类的认识水平毕竟有限,人类还是要靠天吃饭,要依赖自然,并没有一定的技术去深入挖掘自然。随着人类认识的不断进步,15—18世纪科学技术有了发展,人类思想有所解放,开始重新认识自然,人与自然的关系向新阶段发展。

(二) 人与自然对立的失衡阶段

约8000年前,人类开始尝试驯服动物和植物,第一个驯服了小麦,标志着农业社会的诞生。在农业社会,人类对自然进行局部的开发和利用,使人类对自然的了解和认识实现了第一次飞跃,改造与利用自然的活动逐步展开。恩格斯认为,人之所以比其他一切生物强,是因为人能够认识和正确运用自然规律①,随着人类对自然进一步的改造和利用,人类不断提升认识和运用自然的能力,特别是进入工业社会之后,人类生产工具不断改进,生活环境不断改善,

---

① 马克思,恩格斯.马克思恩格斯选集(第4卷)[M].北京:人民出版社,1995:384.

智力水平不断提高,极大地增强了人类的信心,人类实现了对自然认识的第二次飞跃。但是对这种自然规律的认识在人类的实践活动中是否被正确运用,值得我们深思。人们运用自然规律,转变了人类和自然的位置,由农业社会依赖自然、恐惧自然、崇拜自然,转变为支配自然、征服自然。人类利用自然规律,将自己变成了自然的主宰者。

工业革命是人类历史上最伟大的事件。在工业化向前发展的进程中,人类借助技术的力量,变得愈来愈强大。人类对自然开始了疯狂的开发、掠夺、破坏和非理性生产与占有,环境危机丛生:温室效应、酸雨、资源短缺、森林破坏、耕地减少、土地沙漠化、物种灭绝等从未有过的现象接连出现。

恩格斯曾公开警告人类:我们不要过分陶醉于我们对自然界的胜利。对于每一次这样的胜利,自然界都报复了我们。每一次胜利,在第一步都确实取得了我们预期的结果,但是在第二步和第三步却有了完全不同的、出乎预料的影响,常常把第一个结果又取消了。① 自然界的环境危机导致其他方面的矛盾日益尖锐,在人类欲望的无限释放和追求中,造成人类为争夺有限资源而引发的冲突频发,流血与死亡不断。这些问题的出现,使得人和自然开始站在对立面,在工业文明下人与自然的关系开始失衡甚至走向对立,大自然开始警告人类、报复人类。如何解除警告,化解危机,寻求新的发展路径既是解决困境的要求,也是人类文明不断更新换代的必然趋势。

(三) 人与自然关系走向再和谐阶段

工业文明以来,科技发展背后付出了很多代价。人们认为发展

---

① 马克思,恩格斯.马克思恩格斯选集(第4卷)[M].北京:人民出版社,1995:383.

的宗旨就是确保经济增长,前提是经济增长会产生积极影响,最终保障所有人的生活都得到改善。然而,不可持续的生产和消费模式表明,着眼于经济增长的主流发展模式存在根本性矛盾。由于不受限制的增长和对自然的过度开发,气候变化导致自然灾害增多,这让贫穷国家面临极大的风险。事实上,由于气候变化、水等重要自然资源的枯竭以及生物多样性的丧失,可持续发展已经成为发展方面的核心关切问题。

工业革命带来了人与自然关系的不平衡,工业革命同时催生了全球化浪潮,世界各国联系日趋紧密,环境问题已经不限于某些国家,扩大到全球,需要各国共同解决人类共同面对的问题。

联合国一直在全球层面致力于推动人类与自然的可持续发展。面对大自然带给人类的严峻挑战,联合国于1972年在斯德哥尔摩召开了人类环境会议,这是世界各国政府共同讨论当代环境问题、探讨保护全球环境战略的第一次国际会议,大会标志着全球觉醒,人类开始了世界范围内探讨环境保护和改善战略的进程。

2015年9月在纽约举行的联合国首脑会议上,通过了《变革我们的世界——2030年可持续发展议程:17个目标》,这是人类未来15年可持续发展的总目标,是最高纲领。它指向于创造一个包容、公平、可持续发展的地球,塑造全球公民。① 在可持续发展的目标下,实现人与自然的和谐发展。

联合国一直贯彻的可持续发展理念是人与自然和谐相处的重要理念。可持续发展是指:"既满足当代人的需要,又不对后代人满

---

① 周洪宇,徐莉.联合国教科文组织教育2030框架对中国教育现代化2030的启示[J].河北师范大学学报(教育科学版),2017(5):5-13.

足其需要的能力构成危害的发展。"①即在不危及后代人的前提下，寻找满足当代人需要的发展途径。最重要的就是实现人与自然和谐相处，改变长期以来征服和战胜自然的观念。可持续发展理念的提出，说明人类已经不再妄图成为自然的主宰者，人与自然的和谐相处是建立在经济、社会发展和环境保护的共同基础之上，环境与发展密不可分。

人类与自然的关系经过人与自然从和谐到失衡再回到和谐的变化，通过这种关系的变化，我们将这三种关系称为三个阶段：依赖阶段、对立阶段、新的和谐发展阶段。纵观这三个阶段，人类从一开始的"靠天吃饭"，到主宰自然，再到寻求到人与自然协同发展的可持续发展道路，人类与自然进入新的和谐阶段。这种新和谐的核心观念就在于贯彻可持续发展理念，将可持续发展理念作为人与自然和谐发展的行为准则，建设健康有序的生态机制。

中国实施可持续发展战略，重视生态文明建设，全面推进"五位一体"的整体布局。习近平总书记提出顺应第四次工业革命发展趋势，共同把握数字化、网络化、智能化发展机遇，其目标指向于"探寻新的增长动能和发展路径"。这种新的增长动能和发展路径，旨在探寻可持续的人类健康和生产生活方式。人类需要利用技术革命带来的条件，走向可持续发展道路，走向更为健康的生产生活的新方式。在这个意义上说，第四次工业革命可以称为绿色革命，倡导的是绿色能源，追求可持续发展。

二、人与自然关系对知识观的影响

在人与自然关系的历史演进中，随着人与自然关系的变化，影

---

① 世界环境与发展委员会.我们共同的未来[M].北京：世界知识出版社，1989.

响着教育各个方面的发展和变化。从概念关系上说,"知识"是"教育""学习"的一个基础性概念。①"知识"起着如此基础和重要的作用,我们对知识概念的不同理解将直接影响到人们对于教育的理解,所以,对知识在不同时期的理解成为我们理解不同时期教育活动的起点。

(一)和谐阶段:被动适应自然的经验学习

原始社会人与自然处于和谐阶段,原始社会的教育权利平等,是面向全体社会成员的,不存在阶级和阶级对抗,也就没有阶级性,只有因为分工、年龄及性别的不同所形成的差别。原始社会的教育主要为生产劳动服务,所有教育活动的目的都是为了更好地进行生产劳动。

原始社会的教育在整个生产活动中进行,不是专门的社会活动。由于原始社会生产力水平低下,教育还不可能从社会生产和生活中分化出来,成为专门的活动,也没有专门的场所和人员来进行教育。人类最早的教育都是在生产劳动和社会生活中实施的,传授生产经验、技能、社会生活知识、能力及行为规范,完全是自然状态下的教育。

原始社会的教育没有文字、书籍和专门的教师,教育手段也十分简单,都是利用口耳相传,并结合实际动作的示范和模仿,局限于言传身教。

比起知识,这一时期应该是在学习经验。学习经验建立在人依赖自然的基础之上,学习制造简单工具的经验,学习采集果实和狩猎的经验,当然除了劳动生产方面的经验,还要学习公共生活的规

---

① 石中英.从《反思教育》中的四个关键概念看教育变革新走向[J].人民教育,2017(18):59-66.

范,接受原始的艺术教育和原始的宗教教育。

原始社会的学习非常简单,人类对为了适应自然产生的经验进行学习,但是这种经验是全面的,除了男女有别,基本都可以掌握;原始社会的教育所学习的经验也是融合的,不仅包括生产经验、技能,还包括社会生活知识、能力及行为规范等,可以说原始教育是一种原始的终身教育。

(二) 失衡阶段:以牺牲环境为代价的经济发展观

从原始社会到农业社会,随着人类认识不断进步,人类从被动适应自然变为主动利用自然。人与自然关系的改变背后也体现出人文精神的改变,14—16世纪欧洲文艺复兴时期,对人的本质、个性、尊严、自由的肯定以及人文主义精神,是西方近代科学技术发展的启蒙,为工业革命提供了动力。但是在工业革命进程中,西方陷入了个人主义、金钱主义、享乐主义的极端,强调人对自然的开发和征服,人类变成了至高无上的存在。

近代三百年的工业文明以人类征服自然为主要特征,这背后受西方传统哲学的影响,认为只有人是主体,生命和自然是人的对象,因而只有人有价值,其他生命和自然没有价值。

在人与自然发展的失衡阶段,以牺牲环境为代价的发展已经为我们敲响了警钟。工业革命带给人类的不只是物质的极大丰富,也带来了人类自身无法估量和弥补的环境破坏和环境污染问题。

近代的学校教育是为了适应工业革命大规模生产的产物,教育内容是为了适应科学技术发展越来越细化而形成的学科知识,说到底,当时所学到的知识也还是和科学技术密切相关,并没有教给人们环境对经济发展的重要性,也没有意识到社会和谐发展的重要性。

但是在这一阶段,人们逐渐发现了经济高速发展所付出的沉痛代价,开始在环境失衡阶段反思自己在工业化过程所走的道路,为可持续发展打下了基础。

(三) 再和谐阶段:以人为本的可持续发展观

自然环境开始成为人类发展的阻碍因素,各种因为自然环境破坏而出现的问题也受到人类的重视,人的认识毕竟是不断上升发展的,意识到问题的严重性,人类开始自我反思,究竟用什么样的方式来发展才是正确的。这时人与自然再回到和谐的思想观念出现了,人类以沉痛的代价换来发展观念的转变,人类不再是自然的主宰者,而是自然界的一部分,自然界是人类的生存之地,自然也是有能动性的,自然教育人类要尊重自然、爱护自然、爱护生态、保护环境,和自然之间建立起可持续的发展关系,人与自然的和谐稳定才是人类发展的福祉。

20世纪80年代末,人类以沉痛的代价换来新的发展观——可持续发展观。在协调人类与自然时的思想就是可持续发展思想,这是人类社会发展进步的产物,体现了人类自身进步与对自然环境关系反思的进步,是人类对未来发展道路的正确选择。可持续发展所涉及的并不仅是人与环境的关系,而是社会整体的协调可持续发展。可持续发展观就是为了使人类走出所面临的一系列全球性的资源和环境问题,而且使子孙后代能够正常生存和发展的一种思想。

可持续发展教育观,首先要树立正确的自然观、生态观,提倡人与自然协同进步,这是现代教育实现人全面发展的前提,直接影响着教育的目的、手段和内容等方面。还要树立可持续发展的教师观和学生观,要注意发挥学生的能动性,顺应学生的身心发展特点。

从依赖自然、与自然对立再到与自然建立新的和谐相处的关系过程中,对知识观最大的影响在于人类从被动学习适应自然的经验,到主动利用知识去改造自然,再到运用知识去协调人与自然的关系。

三、天人相和下的知识新解

天人相合强调人与自然之间的一种和谐关系,其背后的内涵在于整体性、和谐性和内生性。天人相合不仅可以作为解决环境问题的思路,用天人相合思考人与自然的问题,也对我们思考当前教育中存在的问题具有重大意义,启发我们重新思考知识的内涵。

(一)重视知识的整体化

天人相合提倡世界是相互影响的一个整体,要求我们用整体性视角看世界。天人相合是我国古代哲学非常重要的思想。老子认为,天地万物是一个整体,"道"是天地万物的基础和根源,所谓"道生一,一生二,二生三,三生万物",宇宙万物以"道"为核心形成有机统一的整体。

在这种思想的影响下,我国古代的教育强调六艺的学习,尽管自然科学的学习较弱,但是通过"礼、乐、射、御、书、数"培养出来的学生基本可以说是文武双全,琴棋书画样样精通。

西方与中国知识观不同的是,柏拉图、亚里士多德主张从小教给孩子读、写、算、骑、射等知识和技能,长大后还要学习几何、天文学、哲学等。西方古代教育知识非常广博,并且将哲学作为其他一切学科的基础,其他学科随着哲学的发展而发展。

尽管后来工业革命将整体的知识割裂,形成了不同的学科体系,但是我们不妨从人与自然最原始的和谐关系中的知识观反思如今进入新阶段的知识观,应该形成整体视角下的知识观。

(二)重视知识的和谐化

人与自然的和谐关系是天人相合思想的核心。从人与自然的角度来看,我们需要与自然和谐相处,协调发展。

我们要在可持续发展基础上建立一个人与大自然和谐相处的绿色文明,绿色文明意味着人类新的生产方式、生活方式和思维方式,人类将重新审视自己的行为,摒弃以牺牲环境为代价的黄色文明和黑色文明。绿色文明是人类对工业革命以来所走过的道路进行反思的结果。这些新观念的出现是历史的必然,是取代工业文明的新文明的核心内容。①

绿色文明是人与自然高度和谐的文明,人与自然的和谐发展是其核心。绿色文明观把人与环境看作是由自然、社会、经济等子系统组成的动态复合系统,以人类社会和自然的和谐为发展目标,以经济与社会、环境之间的协调为发展途径。② 绿色文明的出现意味着人与环境组成的动态复合系统也是和谐、共享的。生态环境大家共享,好的生态环境促进人类、社会、经济、文化各方面向着积极方向发展,各个子系统的发展呈现共享态势。

绿色文明的出现意味着人与环境组成的动态复合系统也是和谐、共享的。生态环境大家共享,好的生态环境促进人类、社会、经济、文化各方面向着积极方向发展,各个子系统的发展呈现共享态势。

建立在共享基础之上的共享文明,就是当今人类共同创造、共同认同、共同拥有的现代文明形态,是人类与自然、社会及人本身所有关系的核心价值总和。共享文明建立在尊重和多样性的基础之上,是人类在现代生产生活中形成的共同遵循和适应全球化生产生

---

① 邱玉臣.论可持续发展及其实现途径[J].内蒙古科技与经济,2005(16):8-10.
② 王如松,欧阳志云.社会-经济-自然复合生态系统与可持续发展[J].中国科学院院刊,2012(3):337-345.

活需要的国际秩序、制度设计、文化教育、生活习性等新文明的集合。

(三) 重视知识的人性化

中国古代人与自然关系和谐,所学的知识以道德伦理为主。教育和知识都服从于道德的需要。同样,西方古代教育内容也强调道德的重要性,西方古代教育内容强调道德与知识等同,将道德看得比知识更为重要。苏格拉底认为"美德就是知识"。道德就是人性之善的产物。天人相合即强调人与外界关系的和谐,也强调个体自身内在真善美的统一,先达到人自身的和谐,才能培养整个社会共同体的和谐,才能达到自然乃至宇宙万物的和谐。

天人相合启发我们教育的终极关怀应该是追求人性真善美的统一,培养全面发展的人。但是在当前西方科学主义思想下,我们所学到的知识是片面的、单一的,忽视了对人内在的培养。我们所提倡的知识不应该仅限于学科知识,更应该将目光放在人的更深层次的内涵培养上,比如道德和伦理,比起经济更应该成为教育发展过程中关注的重点。

(四) 重视可持续性知识

人与自然发展到再和谐阶段,可持续发展观指导、改变着人的思维方式和世界观,教育也迈向以人为本的可持续发展阶段,知识的含义也随之发生改变。

前两次工业革命的目标是片面追求物质生活,企业家为了利润、利益而不择手段,造成资源浪费、生态恶化、空气污染,全球共同面临着能源短缺、金融安全、网络安全、粮食与食品安全、人口健康、生态环境和全球气候变化等一系列严峻挑战。从20世纪下半叶开始,许多国家都认识到前两次工业革命带来的严重的环境问题和社会问题,呼吁改变人类未来的发展方向,走科学发展、创新发展、绿色发展、低碳发展、和谐发展、可持续发展之路,打造绿色文明。

1992年联合国环境与发展会议上的《关于环境与发展的里约宣言》以这样的话作为开始:人类是可持续发展的关注核心。他们有权获得一种与自然和谐共处的健康而丰富的生活。可持续性可以理解为,个人和社会在当地及全球层面采取负责任的行为,争取实现人人共享的更美好的未来,让社会正义和环境管理指导社会经济发展。[1]

联合国教科文组织一直倡导的可持续发展教育是可持续社会发展理念中的关键内容。从《达喀尔行动纲领》到《教育2030行动纲领》,国际社会连续推出可持续发展教育的阶段性目标,推动有助于全球公平、优质发展的全民教育。

2015年11月4日,在联合国教科文组织总部举行的第38次教科文组织大会正式采纳"教育2030行动框架",并将"确保包容和公平的优质教育,让全民终身享有学习机会"正式纳入联合国17项可持续发展目标中,这也是2030年全球教育的总体目标,为未来15年的全球教育发展指明了方向。

可持续发展带给人类思维方式和世界观的转变,不再单纯追求经济上的利益,而是追求有机会过上有意义的生活,享有平等的尊严,教育便成为培养这种能力的关键,如果人们无法获得优质教育,就无法打破贫穷循环,教育有助于减少不平等;教育对促进人与人之间的平等、宽容关系也非常重要,能够让人过上健康的、有尊严的生活,并为社会和平做贡献。

---

[1] 联合国环境与发展会议.关于环境与发展的里约宣言[J].世界环境,1992(4):4-5.

在国际教育制定全球可持续发展目标的背景下,呼吁新的教育形式来培养当今及今后社会和经济所需要的能力。新的教育观应包括,培养学生学会批判思维、独立判断和开展辩论。要实现这些转变,必须提高教育质量,同时提高由个人和社区决定的、具有经济和社会针对性的办学质量。这意味着超越识字和算术,以学习环境和新的学习方法为重点,以促进正义、社会公平和全球团结。教育必须教导人们学会如何在承受压力的地球上生活;教育必须重视文化素养,立足于尊重和尊严平等,有助于将可持续发展的社会、经济和环境方面结为一体。

在可持续发展观下,我们重新解读知识。1996年《德洛尔报告》提出的最具影响力的概念之一是学习的四大支柱。该报告指出,正规教育往往强调某种类型的知识,而损害了人类发展必不可少的其他知识。报告申明,所有的有组织学习都应给予四大支柱同等的重视:学会认知——学习广泛的一般性知识,并有机会就少数科目开展深入研究;学会做事——不仅要掌握职业技能,还要具备处理各种情况和团队协作的能力;学会做人——培养个性,能够在不断增强的自主性、判断力和个人责任的基础上采取行动;学会共存——加深对于他人的理解,认识相互依存的道理。①

《德洛尔报告》所提出的四大支柱,一度对世界各国的教育发展产生了深刻的影响,四大支柱都是我们应该掌握的知识内容。由于可持续性越来越受关注,对于支柱本身可能也需要做出新的解释。例如,"学会共存"必须超越人际交往的社会和文化层面,涵盖人类社会与自然环境的关系问题。四大支柱中特别是"学会做人"和"学

---

① 联合国教科文组织.反思教育:向"全球共同利益"的理念转变?[M].联合国教科文组织总部中文科,译.北京:教育科学出版社,2017.

会共存"这两大支柱,最能反映出教育的社会化功能。在学习过程中强化伦理原则和价值观,对于保护这些支柱至关重要。

第二节 从外显知识到内隐知识的新升级

一、工业社会与智能社会的知识观

从工业社会到智能社会,变化的不只是科学技术,还有支撑其背后的知识观。

(一)工业社会背后的机械思维与知识观

思维方式就是看待事物、思考问题的根本方法。在17世纪,人们看待事物、思考问题的方式主要是机械思维,在现代文明发展的背后,机械思维是支撑其发展的人类最重要的思维方式。①

1. 机械思维的起源与影响

机械思维的起源可以追溯到古希腊时期。其中具有代表性的是欧几里得的几何学和托勒密的地心说。欧几里得的几何学是在人类所积累的数学知识基础上创立了基于公式的几何学;地心说由数学家托勒密通过将数学的方法运用到天文学,通过理论假设验证,得出一套完整而严格的描述天体运动规律的理论体系。这时的伟大发现都有一个特点,都是在严谨的思辨和逻辑推理中,从最基本的实践中总结出最基本的公理。这种方法非常实用,尽管这些公理在现在被证明不完全是正确的,但是后期的数学和天文学发现仍然没有摆脱欧几里得和托勒密的思维方式。

这种思维方式的核心在于:首先需要有一个简单的模型,这个

---

① 吴军.智能时代:大数据与智能革命重新定义未来[M].北京:中信出版社,2016.

模型可能是假设出来的,然后再用这个元模型构建复杂的模型。①尽管同一时期,东方发明甚至领先于西方,但是这种思维方式使得西方科学体系在世界逐渐领先。

笛卡儿是机械思维的鼻祖,他认为人体也是一种机械,"给我广延和运动,我就能创造出一个世界来"。笛卡儿的贡献在于提出了科学的方法论,即大胆假设,小心求证。

牛顿经典力学奠定了整个工业社会的思想基础,牛顿不仅是一位伟大的科学家,更是一位伟大的思想家。牛顿在他的伟大科学发现中,总结出一种全新方法论,这就是机械思维,使人们相信可以用这套思想方法解决一切问题,这套方法的核心就是精确、还原和化简,正如老子的"一生二,二生三,三生万物"。反过来,万物可以层层还原至"九九归一"的最简来解释,并认为这一点可推之世界而皆准。牛顿在《原理》中宣称:"自然界其他一切现象,都可以根据力学原理,用相似的推理一一演绎出来。"这是这个时代的共同信念。就是到了现代,人类的科技仍旧没有超脱牛顿的思维层次。

机械思维的核心是简化性、确定性、可预测性以及因果关系。以牛顿定律为例,牛顿定律无论应用于什么样的场合,都可以用一样的公式推出相应的确定的结论。这对于人们来说非常重要,因为根据种种确定的定律和原理,世界对于我们而言成为可知,我们也可以借此预测系统中其他变量的反馈,预测未来。

简化性一样重要,是机械思维的核心。牛顿所处的时代宇宙的复杂程度并不比现在弱,不一样的只是思维方式决定的模型差异。太阳系中有成千上万的天体,按照完全的计算,就非常复杂了。然

---

① 吴军.智能时代:大数据与智能革命重新定义未来[M].北京:中信出版社,2016.

而万有引力定律非常简洁优雅,将万千天体的作用回归到依次考虑两两天体的互相作用力中。甚至更进一步,由于太阳独一无二的巨大质量,牛顿将每个行星和太阳看成一个独立的二物系统,得到了更进一步的简化。

机械论者认为世界是可分的,并且部分相加等于整体;机械论者认为世界是确定的,事物之间有固定的、明确的因果关系,这种因果关系不仅可以解释所有事物的发展变化,还可以应用在各种未知的领域,因此,在机械论者看来,所有的问题都有一个通用的解决方法。

机械论者认为世界是确定的,万事万物之间都存在确定的因果关系。这种因果关系不仅可以被认识,而且可以用简单的公式或者语言描述清楚,这种因果关系不仅可以解释所有事物的发展变化,更是放之四海而皆准的,还可以应用在各种未知的领域。

在机械思维中,所有的问题都有通用的解决方法,所有的规律都能用几个简单定理讲清楚。因此,我们用几条公理就能够指导着去认识世界和改造世界。我们学习的都是简化了复杂的知识,是只反映事物因果关系的规律,并不能反映我们所在的真实世界。

机械思维之所以在17世纪特别受欢迎,是由于机械思维在当时推动了工业化进程,它揭示了物理世界的量变规律,机械思维能够认识规律,并且用简单的原理描述清楚,即用优美的公式去解决自然之谜。比如,牛顿用力学三定律和万有引力定律几个简单明了的公式说明了大千世界宇宙万物的运动规律,机械思维带来工业大发明时代。

瓦特之前的蒸汽机耗煤多,效率低,只能做往复直线运动,不能做旋转运动。作为一名工程师,瓦特在修理蒸汽机时,精心研究了它在工作原理上存在的缺陷,发现效率低的主要原因在于绝大部分蒸汽没有被利用。他据此发明了和气缸分离的冷凝器,能将高温蒸汽从气缸中导出并冷却,因而大大提高了蒸汽机的效率。后来他又先后完成了与蒸汽机结构配套的一系列重大探索,由此,瓦特完成了对蒸汽机的整个改良,并制成了第一台高效率、连续运转的现代蒸汽机。

1776年,瓦特制造出第一台有使用价值的蒸汽机,之后又经过一系列重大改进,使之成为"万能的原动机",在工业上得到广泛应用。瓦特开辟了人类利用能源的新时代,从此以后,人类社会进入了"蒸汽机时代",也标志着工业革命的开始。

牛顿虽然是"近代科学之父",但是其许多科学成果由于许多问题都被留在了书本之中,而瓦特作为工程师的伟大之处就在于其将科学的成就应用于实际。在牛顿和瓦特之前,技术的进步需要靠长期经验的积累,而瓦特通过科学原理直接改进蒸汽机,背后其实是机械思维,所有问题都有一个通用的解决方法,科学解决理论问题,工程解决应用问题。

机械思维给欧洲带来机器的升级,包括蒸汽机、纺纱机、发电机的发明,极大地解放了人类,带来了生产力的极大提高,带来了人类文明的进步,不仅改变了欧洲,还进一步改变了世界格局。

2. 机械思维的局限性

机械思维的特点决定它适用的领域有限,适用于变化比较缓慢的社会发展阶段,且主要揭示的是物理世界的变量规律,而社会领域和人文领域则充满不确定性,随着社会的发展、变化的加快,愈来愈进入根本性变革的新时代,机械思维的局限性日益突显。特别是智能社会到来,智能革命不断刷新人们对世界的认识,机械思维的局限性也越来越明显。

科学的发展揭示出,世界的发展并不是简单的、还原的,世界大部分为不确定的、复杂的,世界不止充满因果关系,还存在各种相关联系,部分相加不等于整体。智能革命带来大数据,在大数据思维中,全量取代样本、混杂取代精确、相关取代因果、不确定性取代确定性,数据的精确显得没有那么重要,凸显概率性思维的重要性,因果确定也不再重要,只判断概率大小、相关性强弱。

机械思维让人们获得大量确定的、简化的知识,对其他知识形成限制。其局限性在于:世界是复杂的,自然界和人类社会都是复杂的系统,面对复杂的世界,并非所有的规律都可以用简单的原理描述,机械思维否认了世界的复杂性;随着人类对世界认识越来越深入,人们发现世界本身存在着很大的不确定性,并非如过去想象的那样一切都是可以确定的,机械思维否认了世界的不确定性和不可知性;面对万事万物处于不断演进中的世界,不仅存在简单的因果关系,而且存在其他联系,世界处在万物互联中。机械思维在否认了其他联系的同时,也否认了世界的不可分性和部分相加不等于整体的质变性。

人的认知和知识关系非常密切。知识通过认知活动获得,已有的知识又是认识发展水平的一种标志。机械论者认为世界是确定的,万物之间的因果关系可以用简单的公式描述清楚,并且更是放之四海而皆准的,还可以应用于各种未知的领域。这种对世界的认知导致我们学习的都是大量确定的、简化的知识,是只反映事物因果关系的规律,对其他知识形成限制,并不能反映我们所在的真实世界。世界愈来愈复杂而不确定,创立新的思想方法,已是人类发展新阶段面临的重大新课题。知识体系面临整体更新和重构。

(二) 智能社会背后的智能思维与知识观

1. 人类认知是不断发展的

人类认知是不断发展和改变的。从人类精神结构固有的本质特征来看，人类的大脑先天地具有把自己的精神空间向外延伸拓展的机能和趋向，每一次每一点的新知识产生都表现为对人类知识空间的扩展，新知识的每一次每一点的扩展都是在"人类已知知识"为背景的前提下，用人类已知的各种理性知识形式将新知识与"已知知识"进行逻辑连接、织构。从"时间和空间的绝对无限"这个参照范围来看，时间和空间的无限绵延性——累积量可无限可能，决定着人类的文明认知活动只会是一种永无尽头的认知旅行。

机械思维在近代促进了科学技术的极大发展，但是面对当今社会以信息化、网络化、智能化为主要特征的信息技术浪潮正在形成的智能革命，机械思维越来越不能反映智能化时代的本质特点。

2. 智能思维的特点

人工智能（AI）是一门新型的、综合性的、具有强大生命力的边缘学科。人工智能主要研究以计算机来模拟人的某些思维过程和智能行为（如学习、推理、思考等），使计算机实现更高层次的应用。人工智能涉及计算机学科、心理学、哲学和语言学等，可以说人工智能包含了自然科学和社会科学的所有学科，远远超出了计算机科学的范畴。

从思维观点看，需要我们培养复杂的、整体的思维。在人工智能社会，智能本身成为我们追求的一种思维方式。人工智能不仅限于逻辑思维，还要考虑形象思维、灵感思维才能促进人工智能的突破性发展。数学常被认为是多种学科的基础科学，数学也进入语言、思维领域，人工智能学科也必须借用数学工具。数学不仅在标准逻辑、模糊数学等范围发挥作用，数学进入人工智能学科，它们将互相促进从而更快地发展。

3. 智能思维下的知识观

智能是知识与智力的总和，知识是智能行为的基础；智力是获取知识并运用知识解决问题的能力。①

在互联网飞速发展和移动技术迅速普及的推动下,出现了网络世界,并发展壮大。互联网改变了人们获取信息和知识的途径、交流方式,以及公共管理和业务的发展方向。互联网教育的快速普及和发展,为人工智能促进教育改革提供了坚实的基础。人工智能与教育的融合将引发教育领域新一轮的研究热潮。

人工智能对教育环境的影响非常大,人工智能使得我们的学习环境和学习方式越来越智能化,并且会影响到未来的学校和教师。

学会用智能思维学习从来没有像今天这么重要。智能化时代的知识不同于现在的书本知识,在智能化社会,对于书本上的知识,机器人完全能帮你查询到,甚至比你脑子里的更精确、更全面。智能化社会的知识不仅限于传播,而是根据人们的需要来探索、研究、试验和创造知识。运用这种知识的目的在于:培养基本的语言和交流技能;解决问题;培养更高层次的技能,例如逻辑思维、分析、综合、推理、演绎、归纳和假设。获取这种知识的过程,可以培养出最重要的技能:获取信息和批判性处理信息的能力。

但是,过度提倡智能思维和学习智能化的知识也给人类认识世界带来消极影响。伴随着机器变得越来越"聪明",人们也越来越相信智能机器的判断和决定。这在某种程度上会导致人类失去对问题及其求解任务的责任感和敏感性。进而致使认知能力下降,思维变得懒惰,人类变得缺乏思考。同时,人类感受到从机器中获得间接知识的便利,开始渐渐脱离实践,不利于人类接近真理。

二、人类知识与工业化发展阶段关系解码

工业是人类生活和发展最不可或缺的基础,每个人的衣食住

---

① 马少平,朱小燕.人工智能[M].北京:清华大学出版社,2004.

行,都需要工业来提供和支撑。衣服饰品需要流水线加工出来才能送到商家去售卖,我们坐在办公室里敲着的键盘、看着的显示器、用着的主机都是在工厂组装完成的,各种你看不到实体的软件系统,都要搭建在一系列硬件上面才能运行。

工业是什么?简单来说,工业就是把人类所需的大量物品快速地生产出来,形成一套专门的生产模式,有效地提高生产效率。工业首先满足了人类的基本生活所需,因此我们可以把精力和资源投入到更高级的追求中去,产生更高级的生活所需,从而再推动工业的发展。①

工业4.0是德国政府提出的一个高科技战略计划。实际上工业1.0到工业4.0分别指的是第一次工业革命、第二次工业革命、第三次工业革命、第四次工业革命。

(一) 工业1.0阶段——通用的知识

工业1.0是指18世纪60年代至19世纪中期第一次工业革命时期,工业1.0使用的机器都是以蒸汽或者水力作为动力驱动,虽然效率并不高,但是因为首次用机器代替人工,因此具有非常重要的划时代的意义。这次工业革命的结果是机械生产代替了手工劳动,以机械生产代替手工劳动的工业思想开始成为工业发展的主流。工业1.0时代人们具有机械思维,用通用的知识去了解世界。

(二) 工业2.0阶段——开始审视自己

工业2.0是19世纪后半期至20世纪初第二次工业革命时期,这一时期人类已不满足于低效率的工业1.0机器,发明了内燃机和发电机,使电器得到了广泛的使用。此时的机器有着足够的动力,

---

① 李毅中.科普:一篇文章看完工业1.0到工业4.0[EB/OL].[2016-01-13].www.mei.net.cn/jxgy/201601/648815.html.

汽车、轮船、飞机等交通工具得到了飞速发展,机器的功能也变得更加多样化,人类之间的通信变得简单快捷,信息在人类之间的传播为第三次工业革命奠定了基础。工业2.0时代因为效率的提高,世界的联系更加紧密,人类开始审视这个世界,审视自己,除了确定的知识,也考虑人的态度、价值观和道德等的学习。

(三)工业3.0阶段——挖掘人的能力

工业3.0的时间大概是20世纪50年代至今,第三次工业革命不再局限于简单机械,原子能、航天技术、电子计算机、人工材料、遗传工程等具有较高科技含量的产品和技术得到了日益精进的发展。在工业3.0中,以互联网为信息技术的发展和应用几乎把地球上的每个人都联系了起来,人类变得"上天入海"无所不能。工业3.0时代随着人类认识世界本领的进步,发现世界的复杂性和不确定性,原有的通用方法早已不能解决所有问题,人类不断对未知领域的探究要求人类用新的方法去解决问题;同时,人类开始认知"人"的"特质",注重人的能动性,注重人的创新能力。

(四)工业4.0阶段——"人"被彻底认知

2010年7月,德国政府通过了《高技术战略2020》,德国政府希望在未来10~15年的时间里,最大限度地实现生产的自动化。物联网技术和大数据在工业4.0中承担核心技术支持,越来越多的机器人会代替人工,甚至是完全替代,实现"无人工厂"。

工业4.0的时间比较模糊,特点是物联网、大数据、无人工厂、高度智能,旨在将一切的人、事、物都连接起来,形成"万物互联"。在这张"大网"里,人类不喜欢的工作可以由具有学习能力的机器人和人工智能自动完成,不需要人类指导。工业4.0时代,"万物互联"和人工智能可以把冰山之下深藏的"动机"挖掘出来。到那时,

人将彻底被认知,将认知人最深处的动机,与之相对应的是人类将能够进行个性化创造。

人工智能就是通过机器进行深度学习来工作,而这种学习过程就是大量识别和记忆已有的知识积累。这样的话,它可以替代甚至超越那些通过死记硬背、大量做题而掌握知识的人脑。[①] 也就是所谓的在今天,很多知识可以上网查到。在未来,可能有更多知识可以由机器帮你查到。

知识也应该随着工业化的发展而发展,从冰山之上的浅层次知识,如我们所谓课本上的知识,到冰山之下的浅层次知识,如态度、价值观和自我形象等,再到我们正在探索的冰山之下的深层次知识,促进人类的个性创造的知识,等等。知识的概念内涵不断被扩大,从理性知识到非理性知识,从书本知识到情感态度,知识被赋予时代发展的烙印。书本知识将被时代所淘汰,我们要掌握的是一些高级知识,最终目标是促进个体的个性化创造。

三、智能时代下知识新解

面对汹涌澎湃的智能革命浪潮,我们需要更新思维观念,改变用旧思维看新时代,才能加速实现创造性思维对守成思维、体系思维对单一要素思维、复杂性思维对还原性思维、智能机器思维对物质能量信息思维的超越,抢占时代的先机。

如今,大数据、人工智能、控制论和行为经济学正在重塑我们的社会,我们身处的智能社会是以个性和创新为时代标志的社会。在教育方面,大数据成为教育治理的重要手段,学习不再成为生存需

---

① 钱颖一.人工智能让现有教育优势荡然无存[J].内蒙古教育,2019(7):31-33.

要,动机鸿沟显现,学校概念越发模糊化,我们的教育也将迎来巨大改变。

随着科学的发展进步,机械思维方法的局限性愈来愈大,而且成为人们实现思维突破的严重障碍:世界愈来愈复杂,在这套思维方式的影响下,人们处理事情的方法却愈来愈简单,世界愈来愈紧密互联;在这套思维方式的影响下,人们处理事情的方法愈来愈孤立于局部之中。人类正在不经意中,用愈来愈趋于简单的方法面对这个愈来愈走向复杂的世界。人类正处在愈来愈细的划分壁垒中,世界的联系却愈来愈密不可分,愈来愈需要整体性地看待。

如何走出固化了300多年的思维模式定势,摆脱机械思维模式的影响,这是当今人类面临的最大挑战。我们处在两种困局中:一方面,科学在曾经使人们获取许多关于确定性的知识的同时,留下了巨大的思维羁绊;另一方面,科学在新世纪向人们揭示了无数的展现不确定性的领域,却又未给出好的获取方法。① 新的方法在何方? 旧的局限如何突破? 这些是当今摆在人类面前的重大问题。②

(一) 知识类型向深层次转向

知识根据认识维度可分为内隐知识和外显知识。内隐知识又叫缄默知识,是一种只可意会不可言传的知识。英国学者迈克尔·波兰尼1958年在《人的研究》一书中在哲学领域提出内隐知识的概念:"人们所知道的远远超过可言说的。"显性知识是存于书本、可言可传播的知识。

知识创造的关键是把内隐知识转换为外显知识。内隐知识是

---

① 莫兰.复杂性理论与教育问题[M].陈一壮,译.北京:北京大学出版社,2004.

② 本部分和下部分内容主要源自徐莉的学术讲稿《学校3.0时代的知识演进》。

特定情况下的个人的主观的知识,包括认知和技术两个方面。认知方面是指"智模式",如世界观、看法和信念等。技术方面是指具体的技术诀窍经验和技巧技能等。内隐知识是一种高度个人化的知识,比较复杂,无法用文字描述,所以内隐知识很难向其他人传递转移。外显知识是可以客观描述的知识,如文件程序和手册等,外显知识很容易通过文字语言等形式传递、转移。①

两类知识在知识的储存量上也不相同,如果把总的知识存量看作冰山,外显知识只占冰山之上的20%,而内隐知识占据冰山之下的80%,正是"你知道的总比你说出来的多"。结合运用冰山理论对工业革命进程知识观的分析,占据冰山之上的外显知识也就是一些理性知识,例如课本知识等。而冰山之下大部分知识是内隐知识,包括高度个人化的知识,例如情感、态度、价值观等,又包括一些与时俱进的能力,例如在人工智能时代的新技术知识内容,如何更好地与机器人合作等,和培养个体更高级别的个性创造紧密相关。

(二) 知识重心向人文社科领域转向

1948年,联合国大会通过并颁布《世界人权宣言》,明确指出:"人人都有接受教育的权利,教育应当免费,至少在初级和基本阶段应如此。初级教育应属义务性质,技术和职业教育应普遍设立,高等教育应根据成绩而对一切人平等开放。""教育的目的在于充分发展人的个性并加强对人权和基本自由的尊重。"②

教育在如今不再仅仅只是公益事业,教育福祉化是社会发展的必然结果,教育成为人类共同利益。联合国教科文组织2015年发布的《反思教育:向"全球共同利益"的理念转变?》提出,教育是一项

---

① 李晓光.组织知识创造的理论与方法[J].中国质量,2004(2):12-14.
② 联合国.世界人权宣言[EB/OL].[2011-07-31]. https://www.un.org/zh/universal-declaration-human-rights/.

共同利益,具有超越性,是一种"人人共享"的裨益。《反思教育:向"全球共同利益"的理念转变?》将共同利益定义为"人类在本质上共享并且互相交流的各种善意,例如价值观、公民美德和正义感。它是由人结合而成,而不仅仅是个人美德的简单累计。这是一种社会群体的善意,在相互关系中实现善行,人类也正是通过这种关系实现自身的幸福"①。

教育的使命不再是一劳永逸地获取知识,而是满足人民群众基本学习需要的全民教育、终身教育,促进人自由、全面地成长,培养完善的人。教育成为一项共同利益,要求教育不仅是培养人的一种社会活动,更应该是人的幸福生活的重要组成部分,呼唤教育的人性化,呼唤尊重人的个性、调动人的潜能。

联合国教科文组织在《反思教育:向"全球共同利益"的理念转变?》中所提出的新人文主义和全球共同核心利益观点及其对知识与教育的新定义,直击这个新时代课题的本质内核。对知识概念的不同认识和理解,会直接影响到人们对于教育、学习等行为内涵、价值取向、内容选择、结果评价的认识。②

首先,《反思教育:向"全球共同利益"的理念转变?》强调了人文主义教育原则,在智能社会,道德和伦理比起经济更应该成为发展教育关切的问题。教育不应该仅仅关注学习技能的发展,更应该关注对尊重生命和人格尊严的价值取向,这是人文主义的诉求,是帮助人过上有意义、有尊严生活的必要条件,也是在多样化世界中实现社会和谐的必要条件。《反思教育:向"全球共同利益"的理念转

---

① 联合国教科文组织.反思教育:向"全球共同利益"的理念转变?[M].联合国教科文组织总部中文科,译.北京:教育科学出版社,2017.
② 石中英.从《反思教育》中的四个关键概念看教育变革新走向[J].人民教育,2017(18):59-66.

变?》中提到了人文主义教育观,在这种教育观下,以"维护和增强个人在其他人和自然面前的尊严、能力和福祉"作为 21 世纪的教育目标①,即教育的目的就是在人文主义价值取向中,培养尊重生命和人格尊严的价值观,学会权利平等和社会正义,看到我们所生活世界中的文化和社会的多样性,培养一种为了建设人类共同未来而为之努力的分担意识。

在人文主义教育观下,知识自然跟过去的知识概念有所不同。《反思教育:向"全球共同利益"的理念转变?》的另一重大理论突破和具有里程碑意义之处,是将知识"广泛地理解为通过学习获得的信息、理解、技能、价值观和态度",扩大了知识的内涵。知识包含理解,凸显了人的主观性和学习过程的重要性;知识包含态度和价值观,扩展到了人的认知领域的要素,帮助形成完善的人格,知识向更深层次转型,体现了人文主义价值观。

(三)人工智能思维的学习和训练

科技发展日新月异,未来将是人类与人工智能、机器人并存的时代,重视和发展人工智能思维将是知识发展的重要趋势。

斯坦福大学蒋里博士提出:"人工智能思维是未来社会的常识,在中小学阶段,人工智能思维教育和数学一样重要。我们有必要让孩子提前 10 年到 15 年,接触到世界前沿的科学技术,包括人工智能、机器人、设计思维",让更多的孩子学习到世界前沿的科学技术知识,"用前沿的科技去点燃孩子学习的内在动力,培养他们成为引领未来的人才"。

人工智能思维包括:第一,了解、掌握人工智能的基本原理,人

---

① 联合国教科文组织.反思教育:向"全球共同利益"的理念转变?[M].联合国教科文组织总部中文科,译.北京:教育科学出版社,2017.

工智能是如何运作的。只有懂得人工智能工作的原理,才能更好地利用人工智能技术帮助人类做事。第二,拥有能够区分人的智能和人工智能的能力,比如想象力、创造力、共情力以及解决问题的能力等。①

第三节　从学科划界到学科整合

一、现存学科体系的问题与挑战

学科体系,是一个学习的基本内容按特定的理论和方法所组成的整体性知识结构,是一个学科有别于其他学科的总体特征和独立存在的条件。② 用什么样的理论和方法构建学习体系,取决于这种理论和方法是否能科学地反映学科的本质属性,是否能与时俱进地反映学科的发展趋势和时代内容,是否有助于该学科社会功能的充分发挥,等等。

大工业时代,机器所解决的是确定性问题,形成的教育也必然是整齐划一模式,人的个性和创新思维被忽视在外,压抑不见。

(一)现存学科体系陈旧残缺

现存学科体系建立在知识的确定性之上,人们普遍认为,真正的知识是绝对确定的、不容置疑的。19世纪休谟提出不可知论,认为知识是不确定的,它不是对实在世界的必然认识,仅是内心经验的接近、联想,对于世界的真实面目究竟是什么样子,人类不可能

---

① 新华网.中国教育三十人论坛:斯坦福蒋里博士谈未来教育的机遇和挑战[EB/OL].[2019-12-10]. http://www.xinhuanet.com/enterprise/2019-12/10/c_1125329947.htm.

② 钱乘旦.以现代化为主题构建世界近现代史新的学科体系[J].世界历史,2003(3):2-11,127.

知晓。

高深知识的不确定性又根源于世界的复杂性。各学科知识的持续发展和研究正在强化这样的认识论观点:"一切具有不确定性,而不是具有确定性;科学的最终发展不是简单化,而是对复杂性的阐释。"①世界是复杂的,人类社会本质上也是一个不确定的领域,人类对世界和自身的认识很难窥其全貌,所以知识是不确定的。

现存学科体系陈旧残缺,不符合当代科学发展水平。面对如今不确定性的世界,否定和排除了如今占主体的不确定性知识,导致知识错误,错误地把确定性知识放之四海而皆准。

现存学科体系阻碍创造性思维的产生。人工智能就是通过机器进行深度学习来工作,而这种学习过程就是大量地识别和记忆已有的知识积累。这样的话,它可以替代甚至超越那些通过死记硬背、大量做题而掌握知识的人脑。而死记硬背、大量做题正是我们目前培养学生的通常做法。②

在现存学科体系之下,受的教育越多,获得的知识越多,并不意味着创造力也随之增长,为什么?因为我们后来学的知识都是有框架和设定的,不管什么知识都是这样。

在学习这些知识时,你的好奇心、想象力往往会挑战这些知识框架,而绝大多数情况下,你的挑战是错的,因此受到打击和否定,客观上便压制了你的好奇心和想象力。连爱因斯坦都曾经感叹:"好奇心、想象力能在正规教育中幸存下来,简直就是一个奇迹。"所以,我们不是培养不出人才,而是应该反思现存学科体系是否真正

---

① 伊曼纽尔·沃勒斯坦.知识的不确定性[M].王昌,等译.济南:山东大学出版社,2006.
② 钱颖一.人工智能让现有教育优势荡然无存[J].内蒙古教育,2019(7):31-33.

适合时代的发展和人才培养的需求。

（二）现存学科体系缺乏整合性

分科教学是在社会分工、科学分化、社会需求以及学校教育对人才培养和对科学知识不懈追求的背景下产生的，一般认为，古希腊的"七艺"（文法、修辞、辩证法、算术、几何、天文、音乐）和中国的"六艺"（礼、乐、射、御、书、数）是学科发展的源头。分科教学是在原始社会萌芽，在奴隶社会形成，并得到了一定程度的发展。在西欧中世纪时，因教会的统治而停滞不前，甚至有所倒退。此时东方各国的教学却得到了巨大的发展。此后，"文艺复兴"的到来，为世俗教育的发展创造了条件。1632年，夸美纽斯所著的《大教学论》问世，为近代资本主义学校课程范围的确定奠定了基础。[1]

20世纪50年代末，以美国教育家布鲁纳为代表，提出学科中心主义课程理论，学科中心主义课程理论强调知识是课程的核心，学校课程应以学科分类为基础，学校教学以分科教学为核心，以学科基本结构（组织结构、实质结构、句法结构）的掌握为目标，学科专家在课程开发中起重要作用。

学科的发展，"细"似乎才是趋势，一级学科、二级学科，越来越细小；与此同时，另一个趋势也越来越明显，就是学科间的合作与交融，即"跨学科"研究。然而，面对复杂世界，很难用某个单一的学科来给出答案，需要跳出学科限制，与相关学科进行交融合作，这样才能打开视野，避免盲目；同时从学习者的角度来看，知识的划分越来越细，学习者学习知识也越来越困难，进行跨学科研究已经势在必行。

经典科学以分割和封闭的方式来处理世界上发生的问题，导致

---

[1] 李泽林.分科教学的历史演进与现实反思[D].兰州:西北师范大学,2005.

我们的知识是分离的、被肢解的,而看不到整体与部分之间的联系。支配学科体系背后的简单性划分思想导致学科划分过分强调学科的独立性,科目林立,缺乏均衡性、灵活性和整合性,形成了学科壁垒,带来认知困境,事实上部分相加不等于整体,学到的知识不能反映事物真相,导致巨大的认知困难。

二、从学科划分转向学科整合的紧迫性

(一)跨学科帮助认识世界的不确定性

客观世界是整体的。整个宇宙是一个整体,从中衍生出的自然界和人类社会也是一个整体。客观世界是整体的,认识是对客观世界的反映,所以人的认识也应该是整体的。世界是整体的,并且是不可分割的,想要正确认识世界,必须用整体性的方法。

在中国传统文化中,也存在许多关于"和"的思想。人类社会和大自然是个统一体,彼此是相通相依、和谐共存的。这一思想告诉我们,做什么事都要顺应天时,讲究"天时地利人和"。再如"和文化",和文化可以说是中华民族文化的核心理念。它要求不同事物聚在一起,能够互相协调、相互并存、相互促进。尤其是道家提出的"天人合一"的宇宙观,强调主体与客体的统一,主张有机地、整体地去看待天地间的万事万物。

世界上万事万物都是相互联系、相互影响,也是不断变化的,并且事物的变化是具有周期性的。事物的发展轨迹是:从出生开始,逐渐上升发展到顶峰,事物发展到顶峰意味着事物开始走向衰亡,衰亡并不意味着事物的灭亡,而是意味着事物进入了新的代际,新一轮的发展正在孕育。

这种事物发展的过程也是事物从量变到系统质变的过程,经历

系统质变的事物进入到一个新的代际,继续新的量变。事物在不断发展变化的过程中变得越来越复杂、无序,事物从无序到有序是在质变框架下发生量变的过程,事物在无序时最容易产生新生事物。我们用简单性方法论已经不能正确认识这个世界,我们开始用复杂性理论来认识这个世界,来处理无序的事物。

世界是复杂的,人类社会本质上也是一个不确定的领域,人类对世界和自身的认识很难窥见其全貌。世界的复杂性决定了知识的不确定性。任何事物都有不同的侧面,只有将这些侧面都认识到,才有可能认识事物的本身。不确定性知识介于已知与未知之间,行进在从未知通往已知或从已知通往未知的大道上。也正是因为如此,知识的发展经常表现为一种确定与不确定的矛盾运动,即不断地从不确定走向确定,然后又走向新的不确定,如此周而复始。这是一个超循环的认识过程和矛盾运动过程,这也是人类认识的发展过程。

(二)跨学科知识能够理解和解决复杂问题

法国学者莫兰针对经典科学的简单化认识,倡导以"复杂思维范式"的方法思考世界与社会,进而对人、社会、伦理、科学、知识等进行系统反思,以弥补各学科间相互隔离、知识日益破碎化的弊端,对后世产生了重要的影响。

莫兰提到,经典科学以分割与封闭的专业化的方式来处理世界上发生的问题,导致我们的知识是分离的、被肢解的、箱格化的从而看不到整体与部分之间联系,而现实或问题却越来越多地涉及多学科、多角度、跨国性、全球性。莫兰指出,未来教育应该教授人们学会把相关的资料与信息放置在它们的背景中来考虑,教授人们在整体与部分、统一性与多样性的复杂性背景下处理问题的能力。①

莫兰在其著作《复杂性理论与教育问题》中指出:"未来的教育将首先是关于人类地位的普遍的教育。"②在20世纪60—70年代,有关这方面的知识由于宇宙学、地球科学、生态学、生物学等学科的进步而得到不断完善,然而这些学科的成果还是分离的;同时,经典科学范式还把人简单地还原为纯粹的生物,然而现实世界中人类的存在同时是物理的、生物的、心理的、文化的、社会的和历史的多样性的统一,人类本性的这种复杂的统一性在有关人类的各门学科中由于学科的划分而被分散在不同学科里,造成人类对自己、对人类社会都不能有一个全面的认识。

复杂性科学理论正在完成一项对人类知识的改造任务。我们的大脑和各个器官都是不断发展的,对世界的认识也是一个不断发展的过程,所以无法克服对知识认识的碎片化和片面化。人们最先获得简单的、直观的、经验性的东西,然后依据生存和实践的需要分门别类,探寻不同方面较系统的知识。以分析的方式建立起的各门学科,它们都不是关于事物的整体的知识,而是抽象的知识。每一门学科的知识都只是整体的一部分或整体的一方面的知识,相对于理解整体、理解真实的世界来说,它们还都属于片面的知识、有限的知识。当我们的视野、认识的目标和任务转向世界的整体性事物的时候,必然要对以往的知识进行重新审视。复杂性科学理论力求从世界的真实性出发,将人类已有的知识整合在一起,一方面对来自各学科的知识做进一步抽象化的处理;另一方面力求在不同学科的

---

① 邵仲庆.试论埃德加·莫兰复杂性思想在教育领域内的体现[J].学理论,2011(21):195-196.

② 埃德加·莫兰.复杂性理论与教育问题[M].陈一壮,译.北京:北京大学出版社,2004.

边缘交叉之处和跨学科之间寻求将它们结合起来的东西。①

复杂性科学理论帮助我们认识到了以往知识的片面化,并且提倡优化整合已有知识,提倡跨学科知识的发展。可以预言,随着复杂性科学理论的不断深入发展,一场知识论和认识论的革命必将到来。

(三)跨学科知识满足学习者的学习需要

随着第一次工业革命和第二次工业革命相继在欧美发生,为了适应高效率大规模的生产,教育与生产相分离,学校教育应运而生。同时技术革命导致社会分工越来越细,专业人才的需求越来越细,反应在学校教育上就是班级授课制和分科教学的出现,在长期的理论论证和实践探索中,日益成为世界各国主要的教学组织形式。

分科教学是依据学习者的身心发展特点、学科自身的结构与逻辑顺序以及社会需要,围绕不同学科门类而组织的教学活动。② 现在学校中的物理、生物、数学、中文、英文,或者文科与理科的分隔,就是延续了工业革命的分科教学。

分科教学过分注重知识的灌输,使人的发展越来越片面,班级授课制将教学变成了普遍性的、划一性的模式,越来越不能适应个性化、个体化教育的需求,学习者学习分科知识也越来越困难。因此,突破边界就成了教育的一种趋势。

随着信息化时代的到来,特别是互联网突破了教育的时间和空间界限,跨学科、突破边界就成了教育的一种趋势。

---

① 王志康.复杂性科学理论对辩证唯物主义十个方面的丰富和发展[J].河北学刊,2004(6):24-30,34.
② 李泽林.分科教学的历史演进与现实反思[D].兰州:西北师范大学,2005.

三、跨学科视野下的知识内涵解读

(一)知识内容走向大融通

早在启蒙运动初期,孔多塞、培根、笛卡儿等哲学家、科学家就曾生发出知识融通的梦想。笛卡儿最重要的看法是:将知识看作一个互相联系的真理所构成的系统,并最终可以抽象化为数学形式。从这个方面看,笛卡儿相信世界和知识具有统一性。早期启蒙运动的思想虽然有需要反思的部分,但是也有需要学习的部分,即一种"寻找统一的智慧"。只不过工业革命以来,科学与人文的界限日渐明晰,而科学之中学科划分愈加细化。延续至今,我们都处于工业革命以来的知识框架下。传统框架下的知识,是在"部分相加等于整体"思想下形成的,使人从部分入手认识事物,不能认识事物的本质。

传统的知识体系下,在普通人眼里,科学界实现的重大突破、太空探索中的重要成就,跟奥运会和世界杯的赛事一样,能够带来足够的兴奋,却同样带有强烈的未知性,显得跟人们的生活毫无关系。对于多数人而言,离开学校教育体系的那一天,就是毕生跟科学断绝关系的开始。

传统的知识体系下,艺术、人文同样被认为隔绝于普通人的生活之外。甚至不在少数的专家、精英,仅仅服膺于经济理性和科学理性,品质、美学、道德、伦理似乎是不重要的,文学和艺术除非创造产值,否则也是百无一用。[①]

威尔逊在《知识大融通》中,从人类的进化历程来展现融通为各学科带来的革命性突破。威尔逊认为,学者在讨论行为和文化时,

---

① 郑渝川.知识融通为何成为大势所趋[N].解放日报,2016-10-15.

习惯从其擅长的角度谈论各种来自人类学、心理学和生物学的解释,但实际上,从本质上来说,只存在一种解释,这个解释可以跨越时空和复杂程度的各种尺度,利用融通观念所具有的天衣无缝的因果网络,结合学科中的不同事实。

我们能够以相同的策略将自然科学与社会科学、人文科学相结合,这两个领域之间的差别主要在问题所涉及的层面,而不在解决问题所采用的原理。融通的主张就是:这两个未知领域其实是相同的。融通即经由综合跨学科的事实和以事实为基础的理论,创造出一个具有共同性的解释基础,以便使知识融会一起。融通不仅是归纳,更是打通学科之间藩篱、实现相互理解的有效途径。①

在融通的世界观下,我们应该充分认识到知识融通的重要性。知识融通能将学科融合,进而解决复杂世界的问题。19世纪建立起来的分科体系及其方法系统将被深刻反思,科学发展进入复杂系统新阶段,建立在部分相加等于整体的简单性误区基础上的体系导致的各种问题,将被清理。教育将掀起一场认知方法革命,知识体系将被重新安排,知识融通、跨学科成为新形态,知识方法逐渐走向整体与综合,知识大融通和大综合时代到来。②

寻求知识的融通,不仅将重整日渐瓦解的人文学科,重新掀起人们对于非功利性的艺术、人文、道德的热情,而且将焕发日渐机械化、工具化的科学的意义。事实上,无论是环保问题、区域贫困、人口增长并因此带来的资源短缺,乃至地缘冲突、种族纠纷、意识形态纠葛,都需要自然科学知识与社会科学、人文知识的融通,才可能寻求有意义的解决方案。

---

① 爱德华·威尔逊.知识大融通[M].梁锦鋆,译.北京:中信出版社,2016:256.

② 引自徐莉学术讲座稿《学校3.0时代的知识演进》。

（二）跨学科整合模式

跨学科的教育模式是适应走向大融合知识的教学趋势而产生的。跨学科视域是指从两个或多个学科的视角对问题进行研究和探讨，并在这个过程中实现学科之间的交互影响。它需要研究者在本学科之外掌握其他学科的知识、方法。作为一个术语，"跨学科"在西方最早使用于20世纪20年代，此后不断被讨论，"20世纪下半叶作为独立学术文化出现"①，乃至形成了专门的"跨学科学"。"视域"被现象学赋予了特殊的含义，它所反映的是从审视问题的一定视角所看到的领域，形成视野聚焦的效果。

一方面，跨学科整合是对日益精细化的学科的矫正和回归。随着现代知识的不断扩张和学科自身的发展，学科划分不断精细化，以图进行更深入、更有针对性的理论阐释。然而，知识具有整体性和系统性，人为的精细划分不能够观照到这一本质特征，从而会对知识的生产带来负面影响。这时，打破学科之间的壁垒，尝试跨学科的视域就成为学科发展的自我矫正方式。

另一方面，跨学科视域是应对现代社会各种复杂问题的必然选择。每个学科都有自己独特的研究对象和重点关注的问题，对于简单的、典型的问题，传统的单一学科具备较好的解题能力。但对于复杂的现实问题，传统的单一学科就难以独自应对了。理论的建构、学科的建立最终都是为了解决现实领域里的问题。现代社会处于大变革时期，出现各种充满挑战、越来越复杂的现实问题。而现实问题并不能用一门学科知识就能解决，现实问题并没有如此详细的学科划分。只有跨越学科的界限，借用不同学科的视域，才能从

---

① 张岂之,谢阳举.哲学与跨学科研究[J].西安交通大学学报(社会科学版),2004(3):11-20.

各个角度更好地回应社会实践中的问题。

科技发展日新月异,以数字科技、智能科技和生物科技为主要标志的新发明层出不穷。正是在这样的背景下,STEM教育应运而生,并愈发受到世界各国的重视,成为当下较受关注的教育热点之一。STEM是科学(Science)、技术(Technology)、工程(Engineering)和数学(Mathematics)四门学科的简写,后来,"STEM"加进了一个"A","A"即艺术(Art),变成了STEAM教育。

从分科到综合的课程变革使STEAM成为大势所趋。STEAM的提出诞生于当代社会科学技术发展跨学科整合的需求。STEAM教育的流行源自学科整合和综合课程的理念。① 综合课程起源于20世纪初德国的合科教学,是针对学科课程只向学生传授知识,不能解决实际问题,脱离实际生活,以及忽视人的情感等心灵世界的种种缺陷而提出的一种课程类型。综合课程主张按照学生的兴趣、爱好,整合若干个相关联的学科而成为一门更广泛的共同领域的课程。

"STEAM教育的本质是推动不同领域学科知识之间的整合,打破学科间的壁垒,推动跨学科整合。它更多强调广域课程模式,不再强调物理、化学甚至科学作为独立学科存在,而是将科学、技术、工程、艺术和数学等内容整合起来,形成结构化的课程体系。整合的基本做法是,通过活动形成连贯的、有组织的一种课程。"② STEAM教育能够打破学科壁垒,培养学生的创造力、高阶思维、解决问题能力、知识迁移能力以及合作共情能力。

---

① 余胜泉,胡翔. STEM教育理念与跨学科整合模式[J]. 开放教育研究,2015(4):13-22.

② 晋浩天. 科创教育热起来了[N]. 光明日报,2017-05-13(12).

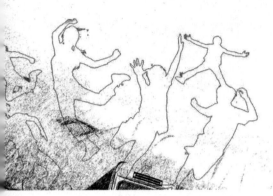

第四章
教育+人工智能：教育模式的颠覆

第一节　崛起的人工智能

一、从机械到智能：人类大脑的延伸

（一）机械—智能的发展历程

从陌生到熟悉，智能愈发成为我们社会生活中耳熟能详的一个词，但是在受经济水平与技术水平限制的社会，人们只能制作一些简单的工具来满足生产生活需要。人工智能的出现与发展不是一蹴而就的，而是伴随着社会发展，人类一步一步探索的。

不同的社会阶段，会有与经济水平或技术水平较为相符的机械，就像工业革命时期，大机器、大工厂大大提高了社会生产效率。但当时的机械更大程度上是物理机械，主要是对人的手、脚的解放，并没有被赋予智能，还需要人去进行一些必要的操作。而随着科学技术的迅猛发展，从最开始的简单机械到智能社会的机器人，机械正在被一步步赋予智能，从简单机械走向智能机械。结合社会与技术的发展来看,不同时代具有自身的显著特点,具体见表 4-1。

表 4-1 科学技术发展过程①

时 间	时 代	特 征	备 注
第一次科技革命 (1771 年)	水力时代	棉花、铁和 水力机械化	机器代替 手工劳动
第二次科技革命 (1829 年)	蒸汽时代	铁路、蒸汽 动力机械化	机器化 大生产、工厂
第三次科技革命 (1875 年)	电气时代	机械制造业、 钢铁业、重工业	技术在生产中的 作用越来越大
第四次科技革命 (1908 年)	石油时代	石油、汽车、 动力化生产	机械化、工业化 程度加深
第五次科技革命 (1971 年)	信息时代	计算机、互联网	信息与远程通信,朝向 网络化时代
第六次科技革命 (2008 年)	智能时代	智能技术	新的科学技术会重新塑造 新的体力、脑力劳动规范

从表 4-1 可以看出,伴随着技术的发展,传统机械逐步向智能机械蜕变,每个时代都有其特色,其影响也逐渐扩大。需要注意的是,智能机械并不是在智能时代才出现的,事实上,1956 年,在美国达特茅斯大学举行的一场为期两个月的讨论会上,"人工智能"概念首次被提出,人工智能的发展也历经曲折,在逆境中发展,人工智能这一属于未来的力量加深着对我们的影响。

(二) 人工智能与人脑

麻省理工学院 Patrick Henry Winston 认为:"人工智能就是研究如何使计算机去做过去只有人才能做的智能工作。"

回首工业发展的历程,从机械技术引领的第一次工业革命、电

---

① 李敏.人工智能:技术、资本与人的发展[D].武汉:中南财经政法大学,2018.

气技术主导的第二次工业革命到信息技术主导的第三次工业革命,技术的每次突破都让人类社会因为有了新的产能而呈现更快和更有质量的发展——将人类从繁重的体力劳动中逐渐解脱出来——前三次工业革命更多的是替代人手的革命,是人手的延伸,而以人工智能为代表的第四次工业革命,则主要是人脑的延伸。①

在人工智能产生之前,大机器生产将人们从繁重的体力劳动中解放出来,而人工智能的使用进一步将从事复杂的、重复的、机械化工作的脑力劳动者解放出来,如翻译人员、会计、律师、医生等专业性分工很强的职业在人工智能辅助系统下会变得容易得多。②

回想当年 AlphaGo 与李世石的围棋对决,在对弈过程中,AlphaGo 可以像人类一样思考、判断形势,最终取得比赛胜利。这意味着人工智能不再仅仅是一种工具,在某种程度上是具有一定思维的、可以进行决策的类人脑。

今天,无人机、无人驾驶汽车、智能机器人等愈发普遍地出现在我们周围,代替我们做了很多工作,大大提高了我们的生活水平和工作效率。最为关键的是,在这一过程中,人工智能从具备计算能力、记忆能力向具备学习能力、模仿能力转变,使人们的闲暇时间增多,人们开始思考人生、思考未来、思考在未来如何不被机器人代替,促使人们去从事具有创造性的、精神生产性活动。

正如人工智能框架理论的创立者 Marvin Minsky 所指出的,情感机器将是人工智能发展的终极形态,通过解释人脑的运行过程,进而设计出会思考的机器,然后将这种思维运用到人工智能领域,

---

① 从人手延伸到人脑延伸:人工智能引领的第四次工业革命[EB/OL].[2019-09-17]. https://mba.ecust.edu.cn/hlsh/2-4269642.html.
② 王阁.人工智能与人的解放[J].中共福建省委党校学报,2019(1):146-151.

同时也有助于理解人类自身的发展规律。

二、从机械到智能：人类生命的重塑

物理学家泰格马克认为，人工智能通过改变生命进化的方式，改变了生命本身。确实，从机械到智能的发展，不仅对人类的体力劳动、脑力劳动产生了巨大影响，使人类更加有尊严、更加优雅、更加智慧地生活，甚至对整个人类生命都有着深刻的意义。

一般来说，前两次工业革命创造出来的主要是物理机械，很小一部分具有智能性，并且它们只能替代人的部分功能。即机械对于人的手、脚的替代，以及五官的简单功能替代。简而言之，第一、二次工业革命主要是对人的体力替代；第三次工业革命，以计算技术为基础，开始了对人脑的部分替代，或者说是对人的智力替代。第三次工业革命是飞跃性的，它由人的手、眼等向外延伸，转向了人脑的"机器化"创造，人们将计算机称为"电脑"，表明了这次工业革命的某些特质。① 按照这样的走势，人工智能是否有一天会替代人类？或者说未来的人类社会不仅仅有我们人类，还有智能机器人这样像人一样的类人类？

我们不妨先回想一下前几年 AlphaGo 战胜世界围棋冠军李世石，当时这样的比赛结果引起了社会大众的广泛关注，是因为 AlphaGo 不再像 20 年前的国际象棋程序"深蓝"那样只是在人类已有的棋谱中进行决策，它的深度学习能力促使它能够面对形势做出一定判断，正是它的"创造性"使人们在赞叹机器学习能力的同时，也为此深感忧虑。使人不得不思考当机器变得越来越聪明，当我们分不清是机器还是人的时候，我们该怎么办？

---

① 陈彩虹.在无知中迎来第四次工业革命[J].读书,2016(11):14-24.

这种智能带来的结果是，人类与机器的界限越来越模糊，我们可能分不清站在我们面前的是机器还是人。在这一背景下，在机器面前，人的定义也开始模糊起来，人对机器的控制或统治地位也摇摇欲坠……不少学者已经在研究人的本质、生命的真正意义以及何为人等这些深刻的话题。

那么到这个时候，当人类的生命面临重塑，始终围绕着人来发展的教育是我们不容忽视的一大重点。通过重新理解人的生命，重建今日和未来的教育，为新的教育变革做好充分的思想准备。通俗地讲，教育应该除了教会人类怎么和人交往之外，还要教授怎么和机器人打交道，或者说怎么和像人一样的类人类交流。传统的教育模式面临着彻底颠覆。

1. 教师

首先，未来教师将在与机器助手协同下，帮助学习者获取深层知识和新技能知识。其次，由于教育的复杂性和综合性程度愈来愈高，传统的单一教师形式，将被各种角色教师协同合作的教师集合体代替。教育真正成为最要求智慧和创造力的职业，能够点燃人的精神火炬、发现与挖掘人的原有思维模式的人堪为人师，其他传授型教师可能被机器取代。①

2. 教学内容

技术的更新换代推动教育作用于人的重心不断发生位移，教育从工业革命前教人如何从事体力劳动的技能为主，到工业革命后脑力要求的提出，到智能社会向人类高级大脑活动转移。永远不能被机器代替的部分，成为教育的最高目标和永远的作用点。这些包括

---

① 选自徐莉上课讲稿《人工智能时代教师转型》。

无中生有的创新力、学习热情、动机等深层奥秘,并成为知识的主体。①

与此同时,新技术知识内容,将增加如何更好地与机器人合作、使用新技术为大脑减负等。学习将变得更加快乐和走向高级别创新。

通俗地讲,人工智能就是人能做的很多事情机器都能做,并且伴随科学技术的发展,机器比人做得更好,机器的功能与人的功能之间的界线逐渐变小,以至于机器被理解为像人一样具有了智能,就像我们通常所说的类人类,不仅能模仿人的躯体功能,并且能模仿人的思维方式。②

三、人工智能改变世界

人类社会经历了手工劳动、机械化、电气化、自动化、信息化等历程,现在已经进入智能化时代。智能化趋势将向社会的各个领域渗透。③ 换句话说,属于未来的力量正席卷而来,人工智能正在一步一步改变着世界。

今天,人工智能发展日新月异,此刻人工智能已经走出实验室,离开棋盘,已通过智能客服、智能医生、智能家电等服务场景在诸多行业进行深入而广泛的应用。可以说人工智能正在全面进入我们的日常生活。正如在《未来简史》一书中,作者为人们描绘了这样一幅场景:"未来,人工智能从你出生那天就认识你,读过你所有的电子邮件,听过你所有的电话录音,知道你最爱的电影……"这都意味

---

① 选自徐莉上课讲稿《人工智能条件下的知识新内涵》。
② 王阁.人工智能与人的解放[J].中共福建省委党校学报,2019(1):146-151.
③ 龚勤.朱世强:数字经济与人工智能的思考[J].杭州科技,2018(5):16-21.

着人工智能正在慢慢渗透到我们的生活之中。

长时间以来,人的身体(确切地说是身心)始终被有意无意地忽视,有相当一部分人处于超负荷的透支状态。智能化使人真正成为人,人的身心健康受到前所未有的关注,各种"传感器＋互联网＋算法"等,可以提供贴身的、实时的服务,包括医疗服务。①

互联网可以根据输入的数据,结合个人饮食偏好和个人情趣,定制一整套调养方案(包括作息、餐饮等),也可以提供几套方案供个人选择。

智能手机已经成为我们生活的必需品。技术的进步使手机的功能越发多样化,打游戏、看视频、地图导航、查看实时信息等,同时还会有各种App,提供多样服务,包括金融服务、教育服务、出游服务等各种便民服务,不用出门就可以把事办了,可以说凡是和人有关的事情几乎都可以包含在内。

智能家居家庭成为真正的休憩港湾,借助智能手机和物联网等,可以实现远程控制,遥控冰箱、汽车、电视、电饭煲、门窗等;智能家政机器人的广泛使用,使人们,特别是妇女,从烦琐的家务劳动中解放出来,使人们有更多的时间从事其他活动,从而实现生活休闲化、休闲生活化、生活艺术化和艺术生活化。随着交通条件、通信条件、物流设备和系统的便利化、智能化,人们将日益突破居住、饮食、交通等条件的障碍,沙漠、海洋、高寒地区等目前被人类视为不具备居住条件的地方,转变为人们趋之若鹜的首选之地,这些都引起了生活方式的巨变。②

---

① 朱振林,丛冠然.人工智能对人和社会未来的影响[J].知与行,2018(6):92-96.

② 朱振林,丛冠然.人工智能对人和社会未来的影响[J].知与行,2018(6):92-96.

此外，智慧城市、无人驾驶、智能制造等社会的新需求不断暴增等，都是人工智能渗透到我们生活中的体现。

以上所说体现了人工智能对各个领域具备非常强大的渗透力，然而这种渗透不仅表现在人类最能感受到的经济生活领域，更是影响到了人的思维模式、教育模式。伴随着智能机器变得越来越聪明，人们会越来越信任和依赖机器，这在某种程度上会导致人类失去对问题的思考，进而导致认知能力下降，思维变得懒惰。同时伴有社会的不确定性、复杂性，人类亟待转变以往的思维方式，提高认识世界的能力。

第二节　当教育遇上人工智能

一、人工智能下，人脑何为？

人工智能机器人 AlphaGo 战胜世界围棋冠军，机器人编辑上岗撰写新闻稿，机器人翻译官正在代替人工外语翻译……近年来，人工智能迅速蔓延至社会的各行各业，帮助人类从烦琐的事务中解放出来，获得更多自由与闲暇时间。在未来，人工智能将使人类的智能得到大幅延伸与拓展，使人类智力所创造的价值实现最大化。人工智能对教育领域的贡献不容小觑，新一轮由人工智能引领的教育革命已经到来。教育是在一定社会背景下发生的促进个体的社会化和社会的个性化的实践活动。① 古往今来，教育一直以人与人之间交流互动的实际活动为媒介。随着人工智能与教育的相互融合，智能机器人以一种特殊的形式进入教学过程，不断促进教育成

---

① 全国十二所重点师范大学联合编写.教育学基础[M].北京:教育科学出版社,2014.

果的产生和效率的提升。当前的科技将机器人制造得拥有与人类相似的肢体,展现出与人脸相似的表情,那么机器人是不是人?人工智能帮助教师解决了许多机械化教学工作,节省了教育环节,但这些并不代表着人工智能将代替人,在人工智能时代,人类扮演着怎样的角色?人脑发挥着什么样的作用?人工智能最终能否拥有与人脑一样的思维?这一系列问题都需要更深层次的探索。

(一)强人工智能

早在20世纪60年代,美国著名计算机科学家西蒙就断言,在未来的20年内,机器将会代替人类做一切事情。然而,接近半个世纪的时间过去了,人工智能作为21世纪科技革命的突出技术,在各领域杰出的科学家、教育学家、心理学家和哲学家纷纷对其开展研究后,人工智能并没能达成科学家当年的预言。在今天,极其先进的人工智能机器人可以帮助人类完成复杂的数据计算、代替人类做各项精密的工作,却仍然无法拥有同人类一样的敏锐思考的能力。[①] 那么,在科学技术高度发达的背景下,未来的人工智能是否能够学会像人一样生活,是否能够获得像人脑一样的思维呢?科学家们早已考虑到这个问题,并对其进行了相关的研究。

有些科学家曾经预测,在未来的人工智能中,机器也将会具有一定的心智,并且具备自我意识和自由意志。其中的代表观点就是强人工智能。

"强人工智能"一词最初是由约翰·罗杰斯·希尔勒提出的。强人工智能观点认为,计算机不仅是用来研究人的思维的一种工具,只要运行适当的程序,计算机本身就是有思维的。强人工智能

---

① 何静.人类学习与深度学习:当人脑遇上人工智能[J].西南民族大学学报(人文社科版),2017(12):84-88.

有真正推理和解决问题的能力,这样的机器将被认为是有知觉,有自我意识、自主学习、自主决策的能力,是人工智能发展所要达到的终极目标。斯蒂芬·威廉·霍金认为,强人工智能可能是人类即将面临的最大挑战,如果不对其加强管理,有思维的机器人可能会终结人类文明。因此,许多科学家都曾表示过对人工智能具有自我意识的忧虑。[①] 人工智能的革命就是以弱人工智能为起点,不断发展到强人工智能阶段,最后达到超人工智能的过程。汉斯·莫拉维克等人发现,与刻板认知不同,人类所拥有的高阶能力(比如推理)只需要非常少的计算能力,相反,一些无意识的技能和直觉却需要强大的运算能力。莫拉维克指出:"要让电脑如成人般下棋是相对容易的,要让电脑有一岁小孩般的感知和行动能力却是相当困难甚至是不可能的。"这一发现被称为"莫拉维克悖论",它揭示了人工智能所进行的那些看似复杂的"智能任务",其实与真正的人类智能并无可比性。

在现代,我们身边随处可见的,如苹果手机上的 Siri、无人驾驶汽车、扫地机器人、人脸识别系统、物流运输机器人等都属于弱人工智能,弱人工智能为我们的生活带来了极大的便利,并且能够最直接地将研究成果应用到生产生活实践中,因此各国都为弱人工智能的研究投入了巨大的经费。尽管科学家们都十分希望创造一个具有和人类一样能够独立思考并具有自己的人格的人工智能,但这方面的研究一直没有突破性进展,因此强人工智能还仅仅存在于小说和科幻电影里。

那么,强人工智能到底离我们还有多远?美国未来学家雷蒙

---

① 莫宏伟.强人工智能与弱人工智能的伦理问题思考[J].科学与社会,2018(1):14-24.

德·库兹韦尔曾经提出"奇点"理论,"奇点"是指人类与其他物种(物体)的相互融合。确切来说,是指电脑智能与人脑智能相互兼容的那个神妙时刻。该理论预言,在2045年,强人工智能会出现,并具有相当于幼儿的智力水平,这就是"奇点"时代。而在这个节点来临后的一个小时,强人工智能就能快速推导出爱因斯坦的相对论以及其他作为人类认知基础的各种理论;一个半小时后,强人工智能将进化为超级人工智能,其智能水平瞬间达到普通人类的17万倍。强人工智能技术强调的是让计算机具有自己的思维,而计算机在获得自己的思维之后,是否还会按照人类的思维方式和道德体系去思考,对于目前已有的科学研究成果来说依旧是一个未解之谜。①

  人脑与人工智能模拟下的电脑,两者从本质上讲是完全不同的,其最大的区别在于,一些人类认为比较困难的事情,如微积分、策略规划、资源的最优配置,对于人工智能来说却十分容易。但一些对于人类来说非常简单的事情,如视觉、知觉、情感、意识,人工智能却难以实现。想要达到人类级别的智能,电脑必须要学习更深层次的东西,开发更多未知领域。"人工智能之父"马文·闵斯基认为,对技术人员来说,最难以复刻的人类技能实际上是那些无意识的技能。某种程度上,在人工智能领域,迄今为止已经攻克的逻辑问题反而是最无关紧要的,因为这些问题很容易通过机器进行解决。但人类的一些简单行为,实际更难实现。比如,一个几岁的幼儿就可以清楚地辨认出有血缘关系的亲人,以自发性的哭闹与喊叫来表达心情,但这些看似简单的人类本能行为,对人工智能来说却是长久以来始终攻克不了的难题。

---

① 周详.智能机器人"权利主体论"之提倡[J].法学,2019(10):3-17.

（二）强人工智能模拟神经网

美国 IBM 公司生产的"红杉"超级计算机能够模拟 5300 亿个神经元的活动,它的运算能力超群,持续运算测试达到每秒 16324 万亿次,其峰值运算速度高达每秒 20132 万亿次,令其他计算机望尘莫及。它在一小时内的运算量相当于 67 亿人不间断手工运算 320 年。尽管如此,它的运算能力依然达不到人类大脑的水平。美国斯坦福大学教授、"硅脑"研究实验室主任 Kwabena Boahen 表示,大脑的运算能力比超级计算机强,并不代表着算得更快,相反,就计算速度而言,大脑远不及超级计算机。

但大脑的强项在于大规模的并行化,即所有神经网络可以同时解决多个问题。而就传统的计算机平台而言,无论速度多快,都是按照步骤和顺序操作的,每一步只能解决一个问题。Boahen 教授的研究方向就是用硬件和软件来复制大脑的计算能力。他的实验室最近取得的研究成果被称为"Neurogrid（神经网格）",可以模拟 100 万个神经元的活动。Neurogrid 并不是一台超级计算机,它不能模拟宇宙大爆炸,不能预报地震和飓风,也不能预测流行传染病,但是它能做到的,却能让它与众不同。

Neurogrid 是首个能实时模拟 100 万个神经元活动的模拟平台,换句话说,它模拟人脑 1 秒的活动,仅需要 1 秒,几乎达到了与人脑同步。相比之下,"红杉"超级计算机模拟人脑一秒钟的活动却需要 1500 秒。这使 Neurogrid 成为研究人类大脑的有力工具,除了能够帮助探索研究人脑的正常活动,它还可以研究人脑中的一些疾病,例如自闭症、抑郁症、精神分裂等,用现有的传统技术很难实现对这些疾病症状的模拟。Neurogrid 共有 16 块芯片,每块芯片上都有超过 65000 个"硅神经元",这些神经元可以通过 80 个参数进行编程,以模拟不同类型的神经元。

而真正让 Neurogrid 与传统计算系统区别开来的,是它进行计算和通信的先进方式。大部分计算机都是通过数字信号来运行的,而大脑神经元活动的推动方式更类似于模拟信号。于是 Neurogrid 在计算时采用模拟信号,通信时采用数字信号,这样的方式更接近大脑。除了运算上的优势,Neurogrid 在能耗上也遥遥领先。"红杉"的功耗高达 8 兆瓦,相当于 160000 个家庭的用电量,每年的电费耗资 700 万美元。而 Neurogrid 功耗为 5 瓦,仅相当于一个手机充电器。① 这意味着,以 Neurogrid 为代表类型的模拟平台具有巨大的竞争力和研究潜力。我们可以期盼,在不久的将来,人类通过它就能知晓人脑中蕴含的奥秘。

人工智能作为高新技术的产物,在促进人类社会进步、经济建设和提升人们生活水平等方面起到越来越重要的作用。我国人工智能技术经过多年的发展,已经居于世界前列。在安防、金融、零售、医疗、营销、教育、交通、制造、农业等领域实现相当大的规模效应。人工智能需要人脑的开发和高新技术的支持,因此,人工智能也可定义为人类的高仿版。虽然不能完全像人一样具有灵敏的反应和思维,但人工智能终究是人创造的,并且按照人类的思想进行开发。人工智能初创时的最主要目的是替人类完成烦琐的、存在风险的工作,所以人工智能是以人类的结构来设计开发的,开发人工智能的智慧离不开人脑。

二、人机世界中的新型学习

在人工智能进入人类的视野之后,通过什么样的方法使机器变

---

① Gagan Mehra,杨卓懿. 类大脑计算机:从经验中学习[J]. 中国外资,2014(5):50-51.

得如此智能化？而智能机器人又是如何帮助人类完成烦琐的事务的？这一系列问题都要从人工智能所利用的技术讲起。根据应用领域的不同，人工智能研究的技术也不尽相同。目前，机器学习、计算机视觉等成为热门的 AI 技术方向。由此，探讨人工智能、机器学习、深度学习和强化学习之间的关系具有重要意义。

通俗来讲，在这四者之中，人工智能囊括的范围最广。其涵盖机器学习、深度学习和强化学习。如果把人工智能比喻成刚出生的婴儿的大脑，那么机器学习就是让孩子逐渐拥有对世界认知能力的过程，而深度学习是这种过程中很有效率的一种教学体系。根据目前已有的研究来看，我们可以认为人工智能是要达到的最终目的，是结果，而深度学习、机器学习是中间途径，是工具。深度学习是机器学习领域中一个新的研究延伸点。机器学习是一种实现人工智能的路径，深度学习是一种实现机器学习的重要技术。

（一）机器学习

目前关于人工智能的科研工作与成果主要集中在弱人工智能领域，并很有希望在未来的几年内取得重大突破。大多数电影里描绘的人工智能多半是强人工智能，它们拥有特殊的"超能力"。而这种在电影里看起来已经非常具象化、似乎已经与人类密不可分的强人工智能，在目前的现实世界里却难以得到真正实现。弱人工智能有望取得突破，这种突破是如何实现的？真正的"智能"又从何而来？这主要归功于一种实现人工智能的方法——机器学习。

机器学习最基本的做法是使用算法来解析数据，并从中学习，然后对真实世界中的事件做出相关决策和预测。与传统的为解决特定任务、硬编码的软件程序不同，机器学习是利用大量的已有数据来对人工智能进行"教学"，通过各种算法从数据中学习如何完成任务。以一个简单的例子来讲，当我们在亚马逊、淘宝、京东这些网上商城购物时，页面上经常会推送一些可能喜欢的商品信息，我们称之为"推荐引擎"。这是网购商城的后台系统利用特殊的信息过滤技术，根据消费者的基本信息、以往的购物记录和收藏清单中的偏好而进行计算，从而识别并筛选出其中哪些是消费者本身真正感兴趣的，并且会愿意购买的产品。这样的决策模型，可以帮助网购商城为消费者提供合理的购物建议，并帮助消费者快捷地找到自己心仪的商品，达到产品销售数量的最大化，使消费者获得满意的购物体验。

机器学习直接来源于早期的人工智能领域，传统的算法包括决策树、聚类、贝叶斯分类、支持向量机、EM、Adaboost等。从学习方法上来分，机器学习算法可以分为监督学习（如分类问题）、无监督学习（如聚类问题）、半监督学习、集成学习、深度学习和强化学习等。研究人员不会亲手编写软件去确定特殊指令集，然后让程序完成特殊任务，相反，他们会用大量数据和算法去"训练"机器，让机器自己学会如何执行任务。因此，机器学习首先被定义为是模拟、延伸和扩展人的智能的一条路径，是人工智能的一个子集。其次，机器学习是要基于大量数据的，也就是说它的"智能"是用大量数据哺育出来的；正是因为要处理海量数据，所以大数据技术对机器学习来说尤为重要。并且，我们需要认清的是，机器学习仅仅只是大数据技术众多分支上的一个应用。常用的十大机器学习算法有：决策树、随机森林、逻辑回归、SVM、朴素贝叶斯、K最近邻算法、K均值算法、Adaboost算法、神经网络、马尔科夫。传统的机器学习算法在指纹识别、基于Haar的人脸检测、基于HoG特征的物体检测等领域的应用基本达到了商业化的要求或者特定场景的商业化水平，但其每前进一步都变得越来越艰难,直到深度学习算法的出现。①

(二)深度学习

深度学习在初始阶段并不是一种独立的学习方法,其本身也会用到有监督和无监督的学习方法来训练深度神经网络。但由于近几年该领域高速的发展态势,一些特有的深度学习手段相继被提出,如残差网络。残差网络是由来自 Microsoft Research 的 4 位学者提出的卷积神经网络,在 2015 年的 ImageNet 大规模视觉识别竞赛中获得了图像分类和物体识别上的优胜。残差网络的特点是容易优化,并且能够通过增加相当的深度来提高准确率。② 越来越多的人将深度学习单独看作一种学习的方法。从时间上而言,深度学习是一个比较新的概念,严格地说是在 2006 年提出的。深度学习是用于建立、模拟人脑进行分析学习的神经网络,并模仿人脑的机制来解释数据的一种机器学习技术。

最初的深度学习是利用深度神经网络来解决特征表达的一种学习过程。深度神经网络本身并不是一个全新的概念,可大致理解为包含多个隐含层的神经网络结构。深度学习又分为卷积神经网络(CNN)和深度置信网络(DBN)。其主要思想就是模拟人的神经元,每个神经元接收到信息,处理完后传递给与之相邻的所有神经元即可。为了提高深层神经网络的训练效果,人们对神经元的连接方法和激活函数等方面做出相应的调整。其实有不少关于深度学习的想法在之前的研究中也曾有过涉猎,但由于那时能收集到的训练数据量不足、计算能力落后等,最终的研究结果不尽如人意。现代的深度学习摧枯拉朽般地实现了各种以往看来几乎不可能的任

---

① 张蕾,崔勇,刘静,等.机器学习在网络空间安全研究中的应用[J].计算机学报,2018(9):1943-1975.

② 高斌斌.深度学习下标记受限的视觉识别研究[D].南京:南京大学,2018.

务,使得所有的机器辅助功能似乎都能够变为可能。无人驾驶汽车、预防性医疗保健等,开始逐渐进入人类生活。

目前,业界有一种较为普遍的错误意识,即"深度学习最终可能会淘汰掉其他所有机器学习算法"。这种意识的产生主要是因为,当下深度学习在计算机视觉、自然语言处理领域的应用远远超过传统的机器学习。深度学习的基本特点是试图模仿大脑的神经元之间传递、处理信息的模式。最显著的应用是在计算机视觉和自然语言处理(NLP)领域。显然,深度学习与机器学习中的神经网络是强相关的,神经网络也是其主要的算法和手段,或者我们可以将深度学习称为改良版的神经网络算法。[1] 深度学习是一种在机器学习基础上的加强版,与机器学习是和谐共生的关系,并不会完全将机器学习推翻。

此外,深度学习的学习内容是样本数据的内在规律和表示层次,学习过程中获得的信息对诸如文字、图像和声音等数据的解释有很大的帮助。其最终目标是让机器能够像人一样具有对事物的分析能力,能够识别文字、图像和声音等数据。深度学习是一个复杂的机器学习算法,在语音和图像识别方面取得的效果,远远超过先前相关技术。深度学习在搜索技术、数据挖掘、机器学习、机器翻译、自然语言处理、多媒体学习、语音、推荐和个性化技术,以及其他相关领域都取得了很多成果。深度学习使机器模仿视听和思考等人类活动,解决了很多复杂的模式识别难题,使得人工智能相关技术取得了很大进步。[2]

---

[1] 张耀铭,张路曦.人工智能:人类命运的天使抑或魔鬼——兼论新技术与青年发展[J].中国青年社会科学,2019(1):1-23.

[2] 陈先昌.基于卷积神经网络的深度学习算法与应用研究[D].杭州:浙江工商大学,2014.

(三) 强化学习

强化学习同深度学习一样,都属于一种自我学习系统。强化学习,又称再励学习、评价学习或增强学习,是机器学习的范式和方法论之一,用于描述和解决智能体在与环境的交互过程中通过学习策略以达成回报最大化或实现特定目标的问题①,是一种从环境状态到动作映射的学习,目标是使动作从环境中获得的累积奖赏值最大。②

强化学习的自身特点在于其主要是通过反复试验来学习的。通过有限多次地执行一些行动以使结果有效性实现最大化从而确定最佳答案。也可以认为它是通过不断尝试来学习,从实践中寻找最佳解决方案。比如我们在玩走迷宫时,刚开始的时候我们难免会走到死路中,但随着走错的次数越来越多,我们慢慢就摸索到走迷宫的窍门了。这个"试错"的学习过程就是强化学习。智能机器人在进行强化学习时,它们会尝试不同的行为,从反馈结果中判断出该行为是否能够得到最优的结果,然后对能引发合适结果的行为进行记忆,也就是说,计算机在多次迭代中自主地重新修正算法,直到能做出正确的判断为止。③ 机器人制作成形后的第一步,就是让机器人学习像人类一样行走。刚开始机器人试图向前迈出一大步,结果由于左右腿迈出的步子过大而跌倒。迈出的一步和摔倒是机器人强化学习系统中的反馈点。由于这种反馈是负面的,机器人需要进行自我调整,系统会根据多个负反馈的比对最终确定机器人应该缩小迈出的步子,缩小的范围是在不断的实践中得出的,直到机器

---

① 林懿伦,戴星原,李力,等.人工智能研究的新前线:生成式对抗网络[J].自动化学报,2018(5):775-792.
② 高阳,陈世福,陆鑫.强化学习研究综述[J].自动化学报,2004(1):86-100.
③ 张莉.专业共同体中的教师知识学习研究[D].长春:东北师范大学,2017.

人走路不会摔倒为止。这是强化学习的一个典型的例子。

近几年出现的较强大的强化学习实验之一就是谷歌的DeepMind。谷歌的研究人员把这个工具应用到了经典的电脑游戏Atari Breakout(一个经典的打砖块游戏)上。他们把最佳目标设定成要求得分最高,DeepMind需要做的就是不断地通过移动底下的挡板来击打小球以破坏屏幕顶部的砖块。在实验的开始,DeepMind犯了很多低级错误,但很快,它就可以击败世界上最好的打砖块游戏选手了。到现在,DeepMind已经会玩近60种游戏了。因此,强化学习是通过连续的反馈来调整自身的动作以获得最优结果,是一种动态学习的过程。① 我们所熟知的AlphaGo人工智能也是由DeepMind研发的。

除此之外,还有一种学习方式叫作深度强化学习,深度强化学习能够将深度学习的感知能力和强化学习的决策能力相结合,可以直接根据输入的图像进行分析和控制,是一种更接近人类思维方式的人工智能方法。②

三、智能与生命牵手,教育何为?

(一) 人工智能教育的新生态

古往今来,科学技术的创新一直是教育变革的重要推动力,带动教育的方式方法等多方面不断进步。随着信息技术的不断发展,技术与教育深度融合,教育信息化也经历了多媒体化教育、在线化数字教育,现在正大踏步迈入人工智能教育阶段。随着人工智能技

---

① 刘建伟,高峰,罗雄麟.基于值函数和策略梯度的深度强化学习综述[J].计算机学报,2019(6):1406-1438.
② 赵冬斌,邵坤,朱圆恒,等.深度强化学习综述:兼论计算机围棋的发展[J].控制理论与应用,2016(6):701-717.

术的发展及其与教育的融合程度不断加深,推动教育结构性变革,人工智能教育的新生态——智慧教育诞生。① 至今,以在线化、智能化为特征的科技新动向,终于让科技不再是教育的"门外汉",也在这个智能科技引领时代步伐的年代,指引了教育的新航向。人工智能具有的显著特点是开放性、互动性、全球性以及个性化,人工智能深刻改变着教育的内涵,扩大着教育的外延,特别是教育的结构、生态、方式等。在人工智能得到广泛应用的当下,教育领域进入了新技术变革的活跃期。

传统的一位教师对应多位学生的学校教育模式逐渐被颠覆,统一化的教材与课程、课时与学制、考试与奖惩的刻板教学方式正面临挑战。与传统的档案袋评价方式不同,人工智能技术可以帮助教师收集并分析每一位学生的学习及发展数据,多方面了解学生的整体情况,从而使教师的教学规划更具有针对性。② 学校教育通过与现代信息技术的结合,可以重塑教师在教学活动中的角色和地位,培养和训练学生基于人工智能的学习能力,完善学校相关管理机制,保障人工智能在学校教育中应用的规范性,根据教学内容和目标的不同,选取适用性较高的人工智能融合方式,最终实现提高学校人才培养质量的目标。

以大数据、互联网、人工智能等为代表的新一代信息技术深刻改变着人们的生产、生活和学习方式,特别是为构建优质、公平、全纳的教育机制和促进全民终身学习提供了极其重要的技术支持。变革陈旧的教育组织模式、管理模式、服务模式、学习方式、评价方

---

① 徐晔,黄尧.智慧教育:人工智能教育的新生态[J].宁夏社会科学,2019(3):139-145.

② 赵炬明.论新三中心:概念与历史——美国SC本科教学改革研究之一[J].高等工程教育研究,2016(3):35-56.

式,进一步建构人工智能时代背景下的新型教育体系,能够更好地培养学生的核心素养,使其成为未来经济社会发展所需的个性化、多样化、创新型人才。① 但我们应理智地认清,人工智能条件下的学校教育想要完全取代传统的教育模式还有很长的路要走。

人工智能与教育的融合关系是教育学研究的新焦点。这种关系具有双向的作用:一方面来讲,人工智能带动教育实践的更新与变革,从而促进教育学理论的不断演进,同时直接作用于教育学基本问题在现代的重建,例如针对教育对人的作用、教育对社会的作用等教育学研究的基本问题进行深入阐释,有可能激发出教育与技术的作用等新的教育学领域的基本问题,促进教育学的理论体系向多方面延伸与丰富;另一方面,教育也为人工智能开发与应用提供了不可忽略的参考方向,成为人工智能开发和运用者的价值坐标,并为人工智能技术体系中教育者与受教育者的启蒙提供参照。

(二) 人工智能对教育的变革式影响

人工智能这一新兴技术对教育学发展的影响方式和基本内容有以下几个方面。

第一,通过推动教育实践变革促进教育学理论更新。基于人工智能,未来教育实践形态在学校教育生态、教育时空、教育制度、教育机制、教育内容与资源、教育教学方式、交往沟通方式等方面的变化,为教育学已有理论的发展提供新的可能。同时,还对教育学理论研究提出新的问题,如人工智能在教育应用中引发的隐私、人机关系、公平与正义等问题。这些变化对教育学在原理意义上的影响大致有以下三个方面。首先,教育学对"教育是什么"的回答发生变

---

① 畅肇沁,陈小丽.基于人工智能对教育影响的反思[J].教育理论与实践,2019(1):9-12.

化,人工智能对教育这一发生在人与人之间的特殊人际交往活动的性质形成挑战。特别是在人工智能突破"图灵测试"或出现更进一步的类人智能甚至超人智能之后,教育者、受教育者的身份将突破人类的唯一性,即教育的人为性将发生根本改变。其次,教育学对教育的存在依据和教育基本形态的揭示将发生变化,随着人工智能从技术形态向社会存在形态和人的生命形态的转化,人工智能将随时随地随需对人的发展产生影响,人工智能与人的生命成长融通。这对教育这一事业的专门性、特殊性、组织性及构成教育活动的基本因素与结构等形成挑战。最后,教育学对教育过程内在机制与逻辑的揭示将发生变化。随着人工智能对教育过程的深度介入,教育的群体性人际交往越来越被具体个人学习的自主性、自我指向性、人机交往的因材施教所取代,促使学校、教育的组织形态发生根本改变。由于人工智能改变了社会,形成了新的社会关系,改变了人,诞生了机器人,以及由此引发的教育中的师生全新的生存方式、生存状态、学习与交往方式等,人工智能时代的教育学要对"教育是什么""教育如何存在""教育的基本形态""教育如何发生"等基本理论问题做出新的回答。

第二,人工智能直接作用于教育学重建。主要体现在以下几个方面。一是对教育学研究的基本问题形成冲击。对教育学原有基本问题,如教育与人的关系、教育与社会的关系形成冲击。二是在教育与人的关系上,人工智能时代使教育者和受教育者的形象发生根本变化,教育将保障具体个人的终身学习与发展,也将使人获得时间上的解放和自由。这使教育学对人的关注真正实现从"抽象的人"向"具体个人"转变,也将由对人某一阶段的关注转向对人一生的关注。① 教育与人的关系将转变成"教育具体个人本体关系"和"教育与人生和生命的关系",真正实现"终身教育学"主导的终身学习。三是在教育与社会的关系上,人工智能将使教育突破学校的藩篱,将教育范围不断扩大,社会将承担越来越多的教育责任,"社会教育力"将成为教育学研究与探索的重要基本问题,全新的"社会教育学"呼之欲出。② 人工智能也将使教育学的基本问题不断衍生,其中最典型的就是"教育学与技术的关系"研究。以人工智能、大数据为代表的创新型科学技术所引发的一系列社会与教育问题,揭示人工智能时代"技术与社会""技术与人"的关系内蕴的教育发生机制。另外,还将推进"教育与自然"的关系研究,这是人工智能等新型技术促进人类反思人与自然之间关系的教育学回应。自夸美纽斯之后,未来教育学将继续在更深层次探讨教育意义的"自然性"和对传统教育学进行改造的理论意义,形成全新的"自然教育学"。

(三)人工智能对教育学母学科的更新

自近代以来,教育学经历了内部自我分裂和外部相互交叉的过程之后,塑造了如今教育学的基本格局。③ 纵观教育学的整体发展,经过历史沉淀的教育学分裂与交叉并未达到对母学科大范围的丰富,反而使母学科显得暗淡与混乱。在人工智能的带领下,随着教育学基本问题域的更新与扩展,社会教育学、终身教育学、闲暇教育学、自然教育学等新的教育学形态一个个浮现,这些新型学科将

---

① 联合国教科文组织.学会生存——教育世界的今天和明天[M].华东师范大学比较教育研究所,译.北京:教育科学出版社,2006.
② 叶澜.终身教育视界:当代中国社会教育力的聚通与提升[M]//华东师范大学"生命·实践"教育学研究院."生命·实践"教育学研究:第一辑.上海:上海教育出版社,2017.
③ 刘庆昌.寻找教育学的历史逻辑——兼及"教育学史"的研究[J].西北师大学报(社会科学版),2018(1):66-81.

为教育学的当代复兴带来新的契机,使教育学母学科得到回馈与更新。这些领域的研究均与传统教育学经由本体内裂和外部交叉形成的学科有很大程度的差异与不同,需要多门相关学科的综合融通才能推进和实现。与过去对教育学母学科"挖掘掏空"式的分裂和交叉不同,新的整合将围绕"教育与社会""教育与人生""教育与技术""教育与自然"等一系列新旧教育学的基本问题开展"内生式"的吸收与转化,同时也是教育学基本理论研究与新型教育实践变革双向滋养与建构的过程。① 在新兴技术的指导下,教育学还将与大脑科学、神经科学、心理科学、生物医学、计算机科学等新兴人工智能学科融合。教育学在兼顾这几类学科的优势促进自身"智慧发展"的同时,也将为这些学科人工智能的研究与开发彰显教育学的专业引领作用②,演变出新型"智能教育学",培养创新型人才参与"智能化"的研究与开发,成为新型"智能社会科学"学科群体当中的核心成员。

无论是"人工智能+教育"还是"人工智能×教育",其中的创新与发展都得益于多学科知识的交融,涵盖计算机科学、量子科学、心理学、神经科学、认知科学、经济学、数学和社会学等相关基础学科,原来以学科划分学院或者教育机构的培养模式,将不能适应"人工智能+教育"的人才培养需求,需要转向以研究领域为导向的多学科人才或者机构融合的联盟性机构,形成人工智能教育研究的集群组织。各学科既具有自己独特的研究方向和组织结构的独立性,又

---

① 伍红林.技术时代的教育学发展——兼议人工智能背景下教育学的两种可能[J].华东师范大学学报(教育科学版),2019(5):26-37.
② 伍红林.人工智能进步与教育学的发展——交互关系的视角[J].现代大学教育,2019(5):1-7,112.

是一个以某一研究领域为导向的联合性单位。①

(四)先进技术引领具体教学过程的进步

图像识别、语音识别、机器翻译、人机对话、基于大数据的智能分析、自适应的个性化学习等,这些我们之前只是通过想象,有的甚至连想也未曾想的事,如今的人工智能都能帮我们办到。如何运用这些技术帮助学生学习,帮助教师开展教学,帮助学校管理运筹,是教育深入到现实的活跃话题。随着信息技术进步和智慧教育企业的不断涌现,企业的技术焦点集中在教学过程与测评环节。这些企业的主要产品有两个方面,一是习题库,二是基于学生做题情况的数据分析系统,两者依靠知识点索引联系在一起。习题库既是用来诊断学生学习效果的工具,也是诊断后补偿训练的素材。这就是"精准教学"的基本模型。

人工智能时代,教育的最重要的变化应是教育目标或教育活动目标的改变。人工智能打破了教育的知识传播平衡,加强了"以学生为中心"的学习关系。对于学生来说,学习的最重要的意义未必是知识的获得,而是思维的发展和健康的社会化。问题识别、逻辑推理、意义建构、自我指导等高层次认知能力的重要性更加凸显,记忆、复述、再现等低层次认知能力的重要性随之下降。在机器都能思考、都会考试的今天,如果教育还试图将学生培养成"考试的机器",将是何等荒谬。②

人工智能技术应用在教育中,迎合现实需求固然必要,但引领未来更为重要。其一,人工智能技术要在促进学生学习理解上体现

---

① 李海峰,王炜. 国际领域"人工智能+教育"的研究进展与前沿热点——兼论我国"人工智能+教育"的发展策略[J]. 远程教育杂志,2019(2):63-73.

② 许亚锋,高红英. 面向人工智能时代的学习空间变革研究[J]. 远程教育杂志,2018(1):48-60.

价值。技术是有成本的。人工智能技术之应用须在促进学生高层次认知能力的发展上发挥作用,帮助学生从解答习题为主走向解决问题为主。我们应该依托人工智能技术在情境创设与人机互动等方面的优势,促使学生基于理解地学习,促使学生面向应用地学习。其二,人工智能技术要在促进学生个别化学习中发挥作用。人工智能技术的出现,打破了教育的知识传播平衡,加强了"以学生为中心"的学习关系,使对每一个学习个体的尊重有了可能。而这恰是当前教育实践的薄弱之处。因而,在学校层面应用大数据与人工智能技术的关键,未必在统计意义的归因,而是关于学习个体的过程信息的采集,这是促进学生个别化学习的技术凭借。其三,人工智能技术要在开放题评价与实践能力评价上寻求突破。

当前教育教学中的许多问题,其实可以在标准化的教学评价与对纸笔测验的迷信中找到原因。标准答案以客观题为主的特点,以及以采点计分为主要评分方式的主观题,导致记忆性学习的强化,理解与运用性学习相对被忽略,创新性学习则完全被压制。因而,突破评价难题是当前教育改革的关键之一。① 人工智能技术在这方面的应用潜力可能是其对教育的最大贡献。从已经实现的听说能力人机对话测试开始,我们还希望能借助技术环境实现对问题解决情况的测评;从已经实现的英语写作评分开始,我们还寄望于人工智能技术,实现指向学生思维的 SOLO(可观察的学习结果的结构)分层评分。②

人工智能是人类智能的延伸,与教育"血脉相连"。人类与智能机器人的结合,是生命与智能的终极进化。在现代科技背景下,教

---

① 杨银付.深化教育领域综合改革的若干思考[J].教育研究,2014(1):4-19.
② 张丰.人工智能时代,教育最重要的变化是什么[EB/OL].(2018-09-09)[2020-03-14].https://www.sohu.com/a/252856954_100928.

育将实现与人工智能的相互共生、共同进步,不断指引智能时代展现其无限魅力与美好。

第三节 智能教育,打开未来教育之门

一、新知识与新学习

(一)智能教育中的"全知识"

人工智能的出现与发展对全世界范围内的所有人,特别是高新技术人才是极具震撼的。智能化教育给师生之间传授的知识注入了新的内涵与形式,使知识的传播与掌握方式不断更新。所谓掌握知识,重在寻求知识中的意义和促进对知识的理解,尤其是要注重概念学习,切实做到知行合一。能够学习专长和学会迁移是通过复杂概念的内化与理解,而不是通过学习那些很容易接触并掌握的内容实现的。因此,学校教学要在学习内容上将翻转课堂教学法和技术相结合,从而实现将课堂时间主要用于基于活动的概念学习。核心概念是知识的动力工具,在课程中应置于重中之重的地位。在学习上,如果能做到知行合一,就能降低产生脆弱知识、配方知识和惰性知识等有缺陷知识的可能性。研究表明,信息是通过感知过滤获得的,而感知基于自身理解的框架和目标。这不仅适用于最低层次的知觉,也适用于更高层次的认知。学生的大脑如果不能提取有用的信息,则很有可能难以用有意义的方式整合和理解信息。[①] 图 4-1 为人工智能时代的知识转化模型。

在古罗马思想家圣·奥古斯丁的著作《上帝之城》中,提及了一

---

① 玛雅·比亚利克,查尔斯·菲德尔,舒越,等.人工智能时代的知识:致力于培养专长和学会迁移[J].开放教育研究,2018(2):13-22.

种"全知识"的状态,它超越了人类能够想象到的任何事物,被认为是上帝对赐福之人的恩典。圣·奥古斯丁写道:"想象一下,这种知识是如此的伟大,多么美好,多么确定,多么可靠,又多么容易获得。再想象一下,我们会拥有怎样一种新的躯体,它是精神之身,是灵魂栖居之体,我们不再需要任何其他的食粮。"把这种"全知识"放在当时的历史背景下显得富有宗教性和神学化,放眼未来,这种"全知识"将洋溢着智能色彩,为人类提供多样化的内涵理解。

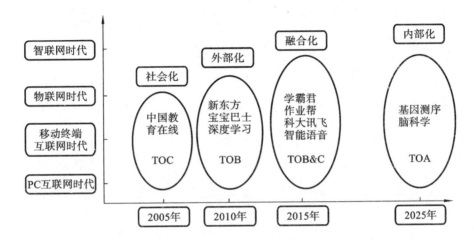

图 4-1　人工智能时代的知识转化模型①

各类知识之间具有很强的相关性,它们并非一定要以具体的方式实现其实用性,它们可以在解决抽象问题或者理解容易混淆的观点时体现其适用性。此外,知识的相关性与学生自身的学习动机有直接联系。我们可以认为,任何特定的知识在理论上都可适用于各种情境,但最终取决于学生能够理解如何以及何时加以运用,达到这样的理解才是教育目标的关键。而在新技术引领的教育时代下,

---

① 王燕.人工智能时代的知识转化——以STEAM教育为例[J].大学图书情报学刊,2019,37(1):72-76.

学习方式正在发生根本性变革,同时将知识引渠,使知识拥有新生的附着载体。

智能化的教育具有跨学科的特征,而跨学科研究也是人工智能时代的主要研究领域之一,各行业的研究者对它的研究兴趣与涉猎范围不断扩大。为了清楚地理解整个知识领域及各学科间的相互联系,我们或许可以利用新的分析和成像工具。贯穿学科的是跨领域主题,它们从不同学科内容中提取出来,可作为任何学科内容的例子来源。它们还可应用于其他知识体系,以特定的视角与焦点,成为审视某种知识体系的手段。这些主题通常被视作不同的素养类型,自然而然地传达了"运用理解进行认识"和"为未来学习做好准备"的理念。在这种意义上,这些素养与学科有同等的范围,但在本质上,它们是跨学科的。正如学科一样,每种素养都有自己的阈值概念,囊括了每个跨领域主题包含的思维品质。在设计课程、开发跨学科运用的知识时,这些都是需要考虑的很重要的类别。像学科一样,每个视角都有自己的核心概念,以期通过一系列不同的内容来源,学生能将其内化。① 人对世界的认识来自人的理性,即通过知识认知和理解世界。

学科间的确切联系和界限在不断变化,即使这种变化很缓慢。随着时间的推移,学科分支会产生子领域,并合并生成跨学科领域。例如,神经科学是作为分子与细胞生物学、心理学和神经学的综合体出现的,而泌尿学是作为子领域出现的,它从药学分离出来。如果不考虑时间,所有学科都是跨学科的,因为每个学科都是基础,都对其他学科有贡献,或者说,某些学科是其他学科的组成部分。新

---

① 玛雅·比亚利克,查尔斯·菲德尔,金琦钦,等.人工智能时代的知识:核心概念与基本内容[J].开放教育研究,2018(3):27-37.

学科在某种程度上由老学科合成,例如光遗传学包含了光学、神经科学和遗传学;或者新学科是子学科,是从已有学科中分离出来的,比如土木工程课程倾向于关注源学科(尤其是在孤立检测源学科的评估压力下)。课程的目标将转变为教授更多更新的跨学科主题,突出源学科内部的跨学科性。随着课程将概念置于中心,跨学科的可行性将变得更高,课程内容的设计将服务于更抽象的元素,从而实现迁移。在这种情况下,审慎地选择例子,帮助学生为跨学科学习做好准备,就很有必要了。

人工智能时代是无限算力与大数据背景下的机器感知学习的时代,随着互联网、高性能计算、云计算、大数据、人工智能等信息技术的持续发展与应用,将海量数据进行检索和存储、对知识的分析和利用已发生翻天覆地的变化。在信息知识的搜索、采集、处理与挖掘、决策服务等环节,知识分析的总体趋势将朝向全面、精准、自动、高效、智能和深度发展。人工智能的发展,最根本的推动技术包括不断增加的算力和不断膨胀的大数据技术;人工智能发展的核心是人类知识组织和再生系统的重大变革,即由人类自身的知识创造,延伸到机器感知学习的机器化知识再生系统。毫无疑问,人工智能的发展将深刻改变一切依赖人类知识运行的系统规则,也将深刻改变人类自身的发展。在大数据时代,知识分析密切依赖于大数据分析与智能挖掘技术,特别是一些以大数据为鲜明特征的重要科技领域,例如生命科学、空间科学、天体物理、地球科学等,科学大数据呈爆发式增长。借助人工智能技术,改造提升知识分析环节和知识分析预测,从而极大地改善知识分析效率和更好地服务于科学决策。①

---

① 田倩飞,张志强.人工智能2.0时代的知识分析变革研究[J].图书与情报,2018(2):33-42.

（二）新型学习方式

互联网、人工智能、信息科学等科学技术的进步与发展，使得信息知识数据得到了大量的积累。同时，数据的复杂程度加深，信息的可靠性减弱，有价值知识的提取难度逐渐增大。人类被带入了碎片化时代，出现时间的碎片化与知识的碎片化，如何充分使用这些碎片化的信息，是人工智能未来亟须面对的难题之一。碎片化知识具有多源分布、传播的社会性、无序与非完整性、冗余与隐喻等特点，这些特征决定了传统的向量化方法不能有效表达和处理碎片化知识。因此，如何以可存储、可计算的方式表达碎片化知识的本质特征和信息，是网络化人工智能面临的首要问题。这些局限性使得传统的人工智能计算模型无法有效处理碎片化知识。[①] 由于碎片化知识结构相对耦合松散、关系相对复杂，如何有效地组织和学习知识是未来人工智能首先需要解决的问题，建立网络化人工智能的思想，从碎片化知识中获取有价值信息以实现知识的自动化。谈及学习知识，就不得不提及教育。人工智能教育的本质还是教育，教育是围绕学生与学习展开的。不管是人工智能时代的智能教育也好，或者是未来时代的未来式教育也罢，学生与学习之间的关系都是永恒的，是学生就一定得学习，要学习就要把自己当作学生。由此，以下将讨论新的学习方式对学生学习的影响。

何为新的学习方式？顾名思义就是与传统学习方式有所不同，并且这种不同是对传统的更新。而传统的学习方式就是我们平时耳熟能详的以应试为主的先教后学再考、题海战术、千人一面的教学方案、唯分数唯成绩论的学习。所谓新的学习方式，包含倡导推

---

① 汪建基,马永强,陈仕涛,等.碎片化知识处理与网络化人工智能[J].中国科学(信息科学),2017(2):171-192.

行已久的素质教育,是以先学后教再测为主的翻转课堂,以学生为中心的在线"慕课",以海纳百川为范围的个性化学习模式,以资源共享、网络协同为代表的双师型课堂教学方式。除了应试教育的个性化学习方式之外,当下的素质教育、人工智能教育还要结合哪些学习方式才能够实现教学模式、教育理念上的变革呢?当前,还有以下几种学习方式需要我们关注,即游戏化、社交化、协作型、问题式、自主型、探究型、项目式等。①

对于游戏化的学习体验,相信容易引起学生的关注、兴趣和向往。诸如现在大多数少儿英语课程、编程机器人、儿童早教等教育产品都结合了游戏化的趣味元素,通过游戏通关的机制来吸引学习者的学习兴趣与关注。自主型和探究型学习方式,显然指的是让学生有权利自主选择自己感兴趣的内容进行学习,并且是基于自主或团队的探究式学习,通过切身实践去追踪学习内容的脉络。而在当前应试教育仍然被放在重要位置的教育体制下,学生能够自由做选择的余地并不大,他们除了为考试而学习外,做其他事情似乎得不到太多支持,甚至受限。因此,在实际的教育教学过程中,教师应该帮助学生学会将人工智能的知识深入到实际场景中,在实际环境中发现应用最关键的问题,发现最本质的问题。也就是应对每一个知识簇、每一份研究成果、每一个教育应用时,需围绕应用其最核心的部分,善于提出质疑,全方位考虑并提出问题,多问为什么,以反复校正自己对知识的认知。

随着人工智能时代的到来,仅靠死记硬背就可以掌握知识的学习方式逐渐失去价值,学习方式即将出现颠覆性的重大转型。古往

---

① 曲晓峰.人工智能、机器学习和深度学习之间的区别与联系[EB/OL].(2016-09-06)[2020-03-15]. https://www.leiphone.com/news/201609/gox8CoyqMrXMi4L4.html.

今来,我们所提倡的学习方式基本都是围绕"学以致用"展开的——在学校里认真听讲,进入社会后再应用所学知识。在未来,新型的学习方式将变成"用以致学",越来越强调在实践中学习的重要价值。

二、新组织与新样态

自从人工智能进入教育领域,近几年来,STEAM 教育、创客教育、研学旅行等一系列新型教育组织形式不断产生,这些新型教育组织形式的共同点是注重学习的实践性和情景性,让受教育者真正参与整个教育学习的过程。这种学习形式并不是发生在学生们统一坐着不动的课堂,它跨越了学校的围墙,跳出教室的局限,有可能发生在博物馆、科技馆,发生在每位学生亲自动手实践的过程中,或者研学旅行的旅途之中。这些教育组织形式已经开始发出学习方式转型的信号。那么,在人工智能不断与教育融合并进的未来,学校应该开始重视哪些新型组织形式和新样态?

(一)注重思维的深度学习模式

随着人工智能时代的到来,以死记硬背为特征的传统教学将会面临前所未有的挑战。即使学生脑袋里能装下全部包罗万象的知识,也不如建立一套属于自己的思维方式。因此,注重培养思维的深度学习将成为大势所趋。例如,每年的高考题出来以后,我们听到最多的反馈就是学生们说数学太难了。为什么学生们普遍会感觉到数学的难度较高?其中一部分原因是学生习惯了固定的考试题型,适应了确定的问题条件,也就是一直以来数学教学中的例题教学法导致的不良后果。从 2020 年起,山东省等多省加入高考取消文理分科考试的队伍中,2020 年的高考是一个信号,未来的高考、中考也一定会从重视知识本位转向思维本位。未来的日常学习组织形式应从死记硬背中脱离出来,更多注重深度学习,在知识学习中培养学生的思维方式,帮助学生形成应对未知挑战的综合能力。

(二) 面向真实情景的体验学习形式

在过去的英语课堂上,英语教师在教授单词与句子时都是以领读的方式,很少会与实际生活相结合。在如今的英语教学设计里,普遍的特点是注重语义与真实情景结合,使学生学会英译英。例如,在学习picnic(野餐)时,教师会让学生提前准备好野餐用的食物、餐具等,教师自己也会带着教具,带学生一起去学校的草坪进行野餐,使学生身临其境地进行学习。此外,有了人工智能的帮助,世界课堂实现了互通互联,学生们利用在线交互云平台,能够与世界各地的同龄人一起进行野餐,体会不同国家的聚会文化。实际上,任何知识都来自实践,靠空想出来的都是虚假的知识。所以,一定要把知识学习和鲜活的社会实践结合起来,建立起内在的必然联系。

(三) 强调融通的跨学科学习领域

从学科领域来看,有一个普遍观点是哲学被视为各个学科分支的元祖,所有的学科往前追溯都是哲学。从人类历史及科学的发展史来看,科学研究的问题雏形都是古希腊时期的哲学家们所思考过的问题。"文艺复兴"以后,科学以理性的姿态从哲学母体里独立出来,变成了独立的知识领域,之后不断分化,有了数学、物理、生物、地理、化学等学科。如今的学校中所设学习科目跟学科的发展历史也密切相关。而在最近的二三十年来,各学科的发展出现了一个新趋势:不仅强调学科分化,更加强调学科融合,跨学科、交叉学科、综合学科成为科技创新的重要渠道。人工智能+教育,未来学校要在分科教学的基础上,再建构起一种跨学科模式。比如由美国传入的STEM教育课程就是融合了科学、技术、工程、数学四个学科领域,其本质就是跨学科教学。

以北京市广渠门中学项目式学习课程——"如何更好地向北京市民宣传南水北调工程进而影响市民的节水行为项目"为例,通过本课程的学习和推进,学生深入了解了南水北调的以北京水资源动态统计、北京地理与人口情况对水资源的影响、水输送过程中的三态变化问题、水质指标与净化问题、连通器、动能势能能量转化、对照实验设计等为主的科学知识,以施工难点、泵站提水、暗涵送水、倒虹吸结构为主的工程知识,以移民搬迁、民众对工程的了解情况、问卷设计与调查、数学分析、数据交叉分析等为主的社会研究。在课程设计中,教师将逐步引导学生,尝试设计改造方案和预算,说服校领导,争取经费,真实地、试验性地改造学校的一部分设施来节水,并向学校各年级推广节水方法,以达成节水的目的。该课程让学生参与研究过程,使学生参与最大化,让学生利用对照实验和证据提高思维能力,为学生创造机会分享想法、使用各种方式和工具陈述数据、口头介绍,并利用互联网进行传播。课程打破了学科界限,将分析思维应用于项目研究,让学生从更高的视角去综合信息,建立联系,得出结论,鼓励学生分析历史和时事,培养学生研究、写作与展示意愿。这个项目式学习课程不但很好地诠释了"科学的应用经常会对伦理、社会、经济和政治产生影响"这个大概念,还提升了学生的核心素养,让学生文理兼修,全面发展。①

但是,一些学校在目前的教学实践中仍然存在一些误区。以一

---

① 李佩宁.什么是真正的跨学科整合——从几个案例说起[J].人民教育,2017(11):76-80.

所开了20多门STEM课程的学校为例,学校教师专门围绕STEM课程开发了相应的配套教材,供学生们更好地理解相关知识。但是在无人机课堂上,内容是老师带领许多学生切实操控无人机,学习怎样让无人机飞得更高、飞得更平稳,怎样能航拍出更有视觉冲击力和大片既视感的视频。如果放在一所职业学校之中,这种形式的无人机课堂是容易被学生接受的。但对于普通的中小学来说,只关注操作技能的训练而不涉及多学科的知识融通,问题自然会出现。实际上,通过无人机课堂可以将空气动力学与物理、数学、信息技术等学科紧密联系起来,跨学科知识整合学习的效率更高,学生也更容易获得。从无人机课、机器人课,到学校美术课、劳动课,学生的产出作品完美与否只是教学中的一个小小的关注点,哪怕作品最后做失败了,但在亲自动手的实践过程中学会了有意义学习,那就是一种成功。

(四) 以数据为基础的精准学习样态

在互联网、大数据技术的指引下,从基础教育到高等教育,贯穿始终的是对信息化的关注。不仅是高等院校,各个中小学也都引入了大量的高端多媒体设备。信息技术在教学中的主要作用绝非单纯的教学"展示",而是帮助老师更好地读懂学生。一直以来,老师都是通过自己的教学经验,以学生课上的表现和反馈来判断学生是否能够掌握所授知识。但是,学生到底有没有很好地掌握所学知识?在哪些方面还存在漏洞?对于人数多的班级授课制,老师每节课都能把握好每一个学生的真实学习状态几乎是不可能完成的任务。智能化的学习进度跟踪技术最大的优势就是能了解学生的真实学习状态,记录学生哪些知识掌握得好,哪些知识掌握得不那么好,每个学生有怎样的认知特征,学习风格是什么,帮助教师开展更有针对性的教学。使基于经验的教学逐渐转向基于数据、基于证据的教学,这是课堂教学在"互联网+"时代将会出现的重要转向。

(五)融合化的无边界学习空间

原始化的学习基本上都发生在教室里,在未来,打破学校的壁垒并非完全不可能。博物馆、科技馆、农田、公司,甚至家庭,任何一个可以提供高质量学习的地方都是学校。美国有一所中学,在高中3年里,学生们要去12个城市进行学习,他们的校园就在每个城市的研究机构、博物馆、科技馆……整个世界都是他们的校园。[①] 未来的学习将是随处可见的、与人类如影随形的、没有边界的、与实际生活密切联系的,智慧学习技术的进展必然会突破现在围起校园的那堵墙。

三、新生教育生命体

(一)机器人扮演教育者角色

古往今来,提及教育,教师是必不可少的要素之一,教师一直被认为是教育的中心。在教育领域,人工智能是否会取代教师,近年来逐渐成为研究者们关注的焦点。美国佐治亚理工学院的艾休克·戈尔教授就曾尝试过使用智能聊天机器人作为课堂中的助教,回答MOOC课程进行过程中学生的提问。借由其智能化的热情回复,学生在上课的5个月期间,甚至都没有注意到助教是个机器人。近年来,各个教育阶段利用人工智能教学的典型案例屡见不鲜。ROOBO旗下的布丁机器人团队研发了一款新型早教智能机器人,新东方推出了互动式教学新体验的双师课堂,等等。教育领域的智能化,未来将提升到一个全新的水平,而这也将成为中国教育事业

---

① 互联网教育中心.人工智能时代下,未来学生学习方式将如何变革[EB/OL].(2019-09-07)[2020-03-14]. https://www.sohu.com/a/339416558_99950984.

进步有力的助推器。

在现代社会,越来越多的父母开始重视教育在孩子成长过程中的作用,但是在忙碌的工作和亲自花时间教育孩子之间,父母往往难以平衡,此时,早教智能机器人的出现很好地解决了这一问题。随着AI的不断发展,早教智能机器人成为最受年轻父母欢迎的智能教育产品之一。ROOBO旗下的布丁机器人团队研发了早教智能机器人"布丁豆豆",它能够多方面协助父母对孩子进行早期的幼儿启蒙教育。

早教智能机器人并不是一个没有感情的机器,当孩子们抚摸它时,它会面带微笑地回应;当孩子们与它对话时,它会自由切换各种语言。我们可以认为早教智能机器人"布丁豆豆"担负着类似幼儿园老师的职责,在强智能语音系统R-KIDS的帮助下,"布丁豆豆"能够对孩子的语音进行识别,孩子发出简单的语音指令后,其能够实现汉语、英语以及其他小语种的自由切换。在双语环境下,"布丁豆豆"既可以帮助孩子学习一些简单的英文单词和常用的交际用语,又可以教孩子们哼唱一些朗朗上口的英文儿歌。这不仅有利于培养孩子在儿童时期的英语语感,还有利于孩子外语天赋的启蒙。

无论是"十万个为什么"还是"中华上下五千年"中的相关问题,有着丰富知识储备的早教智能机器人都能予以回答,不仅能趣味性地给孩子讲解知识,还能补充家长在育儿知识上的漏洞和空白。

优秀的早教产品当然不仅仅是为了提供知识学习,还会劳逸结合、寓教于乐。通过"多元智能"的模式,"布丁豆豆"还可以让孩子在多个领域得到锻炼,例如锻炼孩子识别颜色与形状的能力,锻炼孩子身体的协调能力等。早教智能机器人可以帮助孩子培养文艺音乐细胞,同时还能帮助孩子形成开朗的性格,有利于孩子自信心的建立。早教智能机器人都可以在联网的情况下实现语音对话的功能,家长可以实时与孩子取得联系,更有利于亲子间良好关系的形成。同时,"布丁豆豆"还可以挖掘孩子的学习潜能,培养孩子的想象力和创造力等。毋庸置疑,父母最重视也最头疼的问题已经被"布丁豆豆"解决,未来,在"布丁豆豆"的陪伴和教育下,越来越多的孩子的早教学习将得到很好的保障,孩子们拥有了随时随地的"学习伙伴",也是能够每时每刻进行教学的"幼儿教师",越来越多的孩子将赢在新的起跑线上。当智能技术逐渐完善以后,像"布丁豆豆"这样的早教智能机器人会不断涌现,它们以亲切乐观的外表、开朗活泼的性格以及精通各种知识为亮点受到家长们的青睐。到了那个时候,孩子就可以拥有一个每时每刻陪伴在自己身边的"好朋友",可以向它倾诉心声,可以从它身上学习通识知识,而父母也有更多的时间和精力去工作,从而为孩子提供更加坚实的物质保障。

(二)人机结合的双师课堂

在2016年《新京报》举办的互联网教育峰会上,新东方董事长俞敏洪做了人工智能+教育相关主题演讲,他在演讲中提出,新东方将开始大量布局双师课堂,并且通过互联网技术和网络云平台把新东方最优质的课程内容通过直播、录播的方式同步传播到各个城市,然后把学生组织起来进行网课学习。

双师课堂,顾名思义,就是在一个课堂中配有两名教师:一名是教学经验丰富、教学成果显著的"明星教师";另一名是经过严格选拔和专业培训的学习管理教师。在双师的搭配下,将新东方优质的学习资源推广到更多地方。当然,除了新东方,学而思、凹凸、快乐学习等知名课外辅导机构也纷纷涉足双师课堂,这不仅意味着AI在教育领域"遍地开花",更意味着中国教育事业正在迈向一个新的高峰。未来教育将进入以人机教师协作共存为特征的"双重教师"的时代,机器人教师作为人工智能教师的典型代表之一,方便了教师在教学过程中对学生整体学习情况的掌握。

当然,对于人工智能,过分的高估和过分的忽视都是不可取的,应理性看待人工智能对教育的影响。在未来教育中,教师将与人工智能协同共存。在《余胜泉:人工智能可能承担12种教育功能,而教师核心价值在于"育人"》一文中,北京师范大学教育学部副部长、教授,北京师范大学未来教育高精尖创新中心执行主任余胜泉认为,人工智能在未来教育中可能承担十余种角色,未来知识传授功能会逐步被人工智能取代,而人类现实的教师则更偏重于培养学生的核心素养,未来教师队伍将向两个方向分化:人工智能支持下的全能型教师和专业型教师。正如雷·克利福德所言:"科技不能取代教师,但是使用科技的教师能取代不使用科技的教师。"同理,人工智能并不会取代教师,但是使用人工智能的教师会取代不使用人工智能的教师。未来的教育发展将进入教师与人工智能协作共存的时代,教师与人工智能将发挥各自的优势,协同实现个性化的教育、包容的教育、公平的教育与终身的教育,促进学生的全面发展。① 人工智能是教师的有力助手,它能够帮助教师从烦琐、机械、重复的脑力工作中解脱出来,使教师成为教育过程中更富有价值的角色。一方面,人工智能可以替代教师完成批改作业等日常工作,把教师从重复性、操作性的事务中解放出来,投入更多的时间去进行课堂教学设计,提升自身教学水平,发挥"育人"的核心价值,努力成为学生成长的人生导师或者心理咨询师,帮助学生发现优点,实现人生价值。另一方面,人工智能会为未来教师赋能,成为教师工作的组成部分,由人机协作完成以前单凭教师自己无法完成的智慧性工作。未来教育将进入以人机教师协作共存为特征的"双重教

---

① 余胜泉.人工智能教师的未来角色[J].开放教育研究,2018(1):16-28.

师"时代,机器人教师作为人工智能教师的典型代表之一,在知识传授与行为培养方面创造着机器人教师的独特价值。

随着未来教师角色和职能的转变,未来课程也将发生改变。跨多个领域的综合性课程,期望教师独自完成是不切实际的,必须辅以教师间协同、教师与人工智能协同环境结构的支持。今后,一门课可能由多位教师负责,其中有学科专家、教学设计师、知识传递者、活动设计者、人工智能助教或其他角色。

人工智能融合教育,首先体现的是各种智能化的教育装备和智慧化的教育环境,其次是嵌入人工智能服务的教育业务流程与制度,最后是人机结合的思维模式的转型。人工智能技术为最初教师与学生的角色定位增添科技色彩,而未来教育有了人工智能机器人这一新的生命体的加入,将更能体现其人文特点。

第五章 从分到合，教育走向终身化

第一节 知识整合：打破学科界限

一、世界的整体性

人类的诞生基于世界的形成，而世界又是什么呢？这是人类自有意识起就思考的问题。世界又是怎样形成的呢？古人认为世界是神造的，而现代人大多认为世界是宇宙大爆炸形成的。

从神造角度来说，每个宗教都有自己的神，神可以创造万物，也可以毁灭万物，但神又是怎么来的呢？东方的创世神大都是汇天地灵气所生，西方的创世神也是在宇宙混沌时所生，如果小宇宙之神由大宇宙之神所创造，一个神由另一个神创造，总有创造他们的神，总有一个初始环境——宇宙，宇宙是怎样产生的？这样神话又归于科学。从科学的解释来讲，是宇宙大爆炸，宇宙源于一点，由热到冷，由高密度到低密度不断膨胀，形成了现在的宇宙。但这就面临一个问题：那个点是什么？那个点由什么而生？产生了怎样的物质，从而形成了我们的地球？

我们对世界的理解总是模模糊糊。从大的方面讲,我们认为世界是宇宙,宇宙包含万物。从小的方面讲,我们认为世界是地球,是人类的生存场所。除此之外,我们还讲人类世界、客观世界等,分类不同,视野不同。在这里,我们所讲的世界是我们的认识对象,宇宙也好,地球也罢,包括我们的人类世界与自然界,都是我们的认识对象,都是我们讨论的范围。

(一)宇宙的起源与发展

首先从大的方面讲,宇宙是什么?这个问题人类已探索了几千年,这里我们采用一个科学的解释:现代天文学认为宇宙是所有时间、空间、物质的总和。

宇宙在空间上是无边无际的,同样在时间上也没有停止前进。而中国古人在描述上,把宇宙最原始的状态描述成"混沌",这样的描述让其超越了具体物质。认为宇宙诞生之前,没有天,也没有地,没有光明,也没有黑暗,只有混沌。远古时代人们的宇宙观从古神话中就可以看出来:认为盘古是创世大神,他开天辟地,并在死后化为万物。[①]

三国时代吴国徐整的《三五历》说,混沌有点像鸡蛋。随着时间的推移,其中慢慢诞生了盘古。盘古在混沌中生长了一万八千年,身躯无比巨大。混沌再也容纳不了他,于是破裂为阳气和阴气。阳气清洁而且轻飘,上升为苍天;阴气污浊而且沉重,下降为大地。盘古挺立在天空和大地之间,每天长高一丈。随着他的长高,天空每天升高一丈,大地每天加厚一丈。日复一日,年复一年,又过了一万八千年,盘古的身高达到了九万里,天空高极了,大地厚极了,而天

---

① 陈连山.宇宙起源[J].前线,2017(1):99.

地之间的距离正好是盘古的身高——九万里。①

中国的古神话蕴含着人们对宇宙起源的美好憧憬与探索。事实上,宇宙起源是一个极其复杂的问题。许多科学家认为,宇宙是由大约138亿年前发生的一次大爆炸形成的。这次大爆炸的反应原理被物理学家们称为量子物理。大爆炸使物质四散出去,宇宙空间不断膨胀,温度也相应下降,后来相继出现宇宙中的所有星系、恒星、行星,乃至生命。

现代宇宙学中的主流观点认为,宇宙起源于一次大爆炸,是在过去由一个密度极大且温度极高的状态演变而来的,并经过不断膨胀达到现在的状态,这种观点被称为宇宙大爆炸理论或奇点大爆炸理论。这里我们用科学的解释阐释一下宇宙的起源及地球的形成。

关于宇宙的命运,"热大爆炸模型"是被广泛接受的。霍金在《时间简史》中这样描述:

在此模型中,人们发现当宇宙膨胀时,其中的任何物体或辐射都变得更凉(当宇宙的尺度大到2倍,它的温度就降低到一半)。由于温度即是粒子的平均能量——或速度的测度,宇宙的变凉对于其中的物质就会有较大的效应。在非常高的温度下,粒子能够运动得如此之快,可以逃脱任何由核力或电磁力将它们吸引在一起的作用。但是可以预料到,随着它们冷却下来,粒子相互吸引并且开始结块。更有甚者,连存在于宇宙中的粒子种类也依赖于温度。在足够高的温度下,粒子的能量是如此之高,只要它们碰撞就会产生很多不同的粒子/反粒子对——并且,虽然其中一些粒子打到反粒子上去时会湮灭,但是它们产生的速度比湮灭的速度更快。然而,在更低的温度下,碰撞粒子具有较小的能量。就在大爆炸时,宇宙体

---

① 陈连山.宇宙起源[J].前线,2017(1):99.

积被认为是零,所以是无限热。但是,辐射的温度随着宇宙的膨胀而降低。①

大爆炸后的 1 秒钟,温度降低到约为 100 亿度,这大约是太阳中心温度的 1000 倍,亦即氢弹爆炸达到的温度。此刻宇宙主要包含光子、电子和中微子(极轻的粒子,它只受弱力和引力的作用)和它们的反粒子,还有一些质子和中子。随着宇宙的继续膨胀,温度继续降低,电子/反电子对在碰撞中的产生率就落到它们的湮灭率之下。这样,大多数电子和反电子相互湮灭掉了,产生出更多的光子,只剩下很少的电子。然而,中微子和反中微子并没有相互湮灭掉,因为这些粒子和它们自己以及其他粒子的作用非常微弱。这样,直到今天它们应该仍然存在。②

大爆炸后的几个钟头之内,氦和其他元素的产生就停止了。之后的 100 万年左右,宇宙仅仅是继续膨胀,没有发生什么事。最后,一旦温度降低到几千度,电子和核子不再有足够能量去战胜它们之间的电磁吸引力,就开始结合形成原子。宇宙作为整体,继续膨胀变冷,但在一个比平均稍微密集些的区域,膨胀就会由于额外的引力吸引而缓慢下来。在一些区域膨胀最终会停止并开始坍缩。当它们坍缩时,在这些区域外的物体的引力拉力使它们开始很慢地旋转;当坍缩的区域变得更小,它会自转得更快。正如在冰上自转的滑冰者,缩回手臂时会自转得更快。最终,当区域变得足够小,它自转得快到足以平衡引力的吸引,碟状的旋转星系就以这种方式诞生了。另外一些区域刚好没有得到旋转,就形成了叫作椭圆星系的椭

---

① 史蒂芬·霍金.时间简史[M].徐明贤,吴忠超,译.长沙:湖南科学技术出版社,2002.

② 史蒂芬·霍金.时间简史[M].徐明贤,吴忠超,译.长沙:湖南科学技术出版社,2002.

球状物体。这些区域之所以停止坍缩,是因为星系的个别部分稳定地围绕着它的中心公转,但星系整体并没有旋转。随着时间流逝,星系中的氢和氦气体被分割成更小的星云,它们在自身引力下坍缩。当它们收缩时,其中的原子相互碰撞,气体温度升高,直到最后,热得足以开始热聚变反应。这些反应将更多的氢转变成氦,释放出的热增加了压力,因此使星云不再继续收缩。它们会稳定地在这种状态下,作为像太阳一样的恒星停留一段很长的时间,它们将氢燃烧成氦,并将得到的能量以热和光的形式辐射出来。质量更大的恒星需要变得更热,以平衡它们更强的引力吸引,使得其核聚变反应进行得极快,以至于它们在1亿年这么短的时间里将氢耗光。然后,它们会稍微收缩点,而随着它们进一步变热,就开始将氦转变成像碳和氧这样更重的元素。但是,这一过程没有释放出太多的能量,所以正如在黑洞那一章描述的,危机就会发生了。人们不完全清楚下一步还会发生什么。但是看来恒星的中心区域很可能坍缩成一个非常致密的状态,譬如中子星或黑洞。恒星的外部区域有时会在称为超新星的巨大爆发中吹出来,这种爆发使星系中的所有恒星在相形之下显得黯淡无光。恒星接近生命终点时产生的一些重元素就被抛回到星系里的气体中去,为下一代恒星提供一些原料。因为我们的太阳是第二代或第三代恒星,是大约50亿年前由包含有更早超新星碎片的旋转气体云形成的,所以大约包含2%这样的重元素。云里的大部分气体形成了太阳或者喷到外面去,但是少量的重元素聚集在一起,形成了像地球这样的,现在作为行星围绕太阳公转的物体。①

---

① 史蒂芬·霍金.时间简史[M].徐明贤,吴忠超,译.长沙:湖南科学技术出版社,2002.

地球原先是非常热的,并且没有大气。在时间的长河中它冷却下来,并从岩石中散发气体得到了大气。我们无法在这早先的大气中存活。因为它不包含氧气,反而包含很多对我们有毒的气体,如硫化氢(即是使臭鸡蛋难闻的气体)。然而,存在其他能在这种条件下繁衍的原始的生命形式。人们认为,它们可能是作为原子的偶然结合,形成叫作宏观分子的大结构的结果,而在海洋中发展,这种结构能够将海洋中的其他原子聚集成类似的结构。它们就这样复制自己并繁殖。在一些情况下复制有些误差。这些误差通常使新的宏观分子不能复制自己,并最终被消灭。然而,一些误差会产生出新的宏观分子,它们会更有效地复制自己。因此它们具有优势,并趋向于取代原先的宏观分子。进化的过程就是用这种方式开始,并导致越来越复杂的自我复制组织的产生。第一种原始的生命形式消化了包括硫化氢在内的不同物质,而释放出氧气。这就逐渐地将大气改变成今天这样的成分,并且允许诸如鱼、爬行动物、哺乳动物以及最后人类等生命的更高形式的发展。[①]

这是被广泛接受的宇宙的起源与其元素组成发展,宇宙作为一个整体,处于不断发展中。

(二) 地球的形成及人类的产生

地球的起源自古以来一直是人们关心的问题。科学发展至今,从霍金及大多数人所接受的观点来说,我们认为地球是由宇宙元素聚集得来的。在此之前,人们关于地球的起源与发展的探索从未停止过。

地球是人类生命的发源地,是人类赖以生存和发展的行星。正

---

① 史蒂芬·霍金.时间简史[M].徐明贤,吴忠超,译.长沙:湖南科学技术出版社,2002.

像世间万物一样,地球也有其本身的发展规律及周期性,呈现明显的阶段性。地球从无到有,从无生命到最后创造了人类,并发展到今天的文明社会,经过了约46亿年的漫长岁月。在古代,人们就曾探讨过包括地球在内的天体万物的形成问题,关于创世的各种神话也广为流传。自1543年,波兰天文学家哥白尼提出了日心说之后,天体演化的讨论才开始步入科学范畴,逐渐形成了诸如星云说、遭遇说等学说,不同的假说常常分歧很大。地球形成于几十亿年以前,初期的痕迹在地面上已很难找到了,以后的历史面貌也残缺不全。若想从地球面貌往前一步一步地推出它的原始状况,困难极大。所以任何地球起源的假说都包含有待证明的假设。正由于此,2000多年来,地球起源的假说曾提出过几十种。到了人造卫星时代,可直接探测的领域已扩展到行星际空间。这个问题的探索也进入一个新的活跃阶段。

关于地球上的生命,现代科学研究认为,地球上原本没有生命,大约在38亿年前才在一定的环境下形成了原始生命,后来由于变异(同一起源的生物个体间出现的性状差异)、遗传和适应生存的自然选择,地球上的生物得以不断发展,直至发展成为今天这样具有生物多样性的世界。①

地球发展至今,有生物划分,也有非生物的存在,作为地球整体中的一部分,各种元素相互依存,一起构成了我们丰富多彩的地球家园。

(三)人类世界与自然世界的分化与统一

地球在不断发展中,进化出了一个特别的群体,那就是人类。世界是普遍联系的整体,自然界和人类社会也是整体的,人与自然

---

① 中国地质学会.生命探索人类起源[M].北京:地质出版社,2018.

的关系密不可分。人类是大自然的产物,并依赖自然环境的供给得以生存与发展,同时,人类对自然的改造也促进着自然界的发展,两者是统一的整体。自然界的损伤与破坏会对人类社会的发展产生影响,反过来亦是如此。

1. 自然世界的整体性

整体性是地理环境的重要特征。组成地理环境各要素(气候、地形、水文、生物、土壤)之间相互联系、相互制约和相互渗透,构成地理环境的整体性。

美国气象学家爱德华·罗伦兹1963年在一篇提交纽约科学院的论文中分析了这个效应:"一个气象学家提及,如果这个理论被证明正确,一只海鸥扇动翅膀足以永远改变天气变化。"在以后的演讲和论文中,他用了更加有诗意的蝴蝶。对于这个效应最常见的阐述是:"一只南美洲亚马孙河流域热带雨林中的蝴蝶,偶尔扇动几下翅膀,可以在两周以后引起美国得克萨斯州的一场龙卷风。"其原因就是蝴蝶扇动翅膀的运动,导致其身边的空气系统发生变化,并产生微弱的气流,而微弱的气流的产生又会引起四周空气或其他系统产生相应的变化,由此引起一个连锁反应,最终导致其他系统的极大变化。罗伦兹称之为混沌学。当然,"蝴蝶效应"主要还是关于混沌学的一个比喻。也是蝴蝶效应的真实反应。不起眼的一个小动作却能引起一连串的巨大反应。

蝴蝶效应说明任何事物的发展均存在定数与变数,事物在发展过程中的轨迹有规律可循,同时也存在不可测的"变数",往往还会适得其反。一个微小的变化能影响事物的发展,证实了事物的发展具有复杂性,同时也证明了地球各元素间的相互关联,以及事物间的整体性。

2. 人类社会的整体性

就人类社会而言,也是整体的。横向来看,自我们所知的人类历史以来,人的共存就是由六种基本现象构成的一个有机整体,即教育、劳动、伦理、政治、艺术和宗教,这六种现象是不可分割的一个整体,某一领域的任何变化都会对其他所有领域产生后果,任何领域的作用也要通过人类共存的其他领域来促成,任何领域都无法要求一种封闭的独立性。这就是底特利希·本纳提到的人类共存本体原理。①

最明显的例子是在工业革命时期,科技的发展直接影响经济发展,所以我们说科技是第一生产力,同时政治、科学技术的发展以及与它们有直接联系的经济、社会、文化等方面的变化,深刻地影响了教育。

例如第三次科技革命以原子能的利用、电子计算机的发明和空间科学技术的发展为标志,在短短的几十年内,世界上出现了一系列具有划时代意义的伟大发明和创造,并深刻地影响了人类的物质生产乃至生活方式。为适应新的发展形势,第二次世界大战以后,许多国家相继进行教育改革,并形成了20世纪第二次世界性的改革高潮。这次改革发端于1957年苏联第一颗人造卫星上天,以美国1958年《国防教育法》和苏联《关于加强学校同生活的联系和进一步发展苏联国民教育制度的法律》的公布为标志,一直延续到20世纪70年代。虽然各国发起这场教育改革的原因和目的各不相同,但都以普通教育(中、小学教育)为改革的重点,都有一个共同的内容:使教育为实现国家的军事目的服务,其中主要的内容是改革

---

① 底特利希·本纳.普通教育学——教育思想和行动基本结构的系统的和问题史的引论[M].彭正梅,徐小青,张可创,译.上海:华东师范大学出版社,2006.

课程和教学方法,使教育为发展本国的科学技术、促进生产的发展服务。

纵向看,"全球化"是一种人类社会发展的现象与过程,全球化亦可以解释为世界的压缩并视全球为一个整体,这是人类世界发展的趋势及必然。

二、认识世界方法的整体性

从宇宙、自然界衍生出特殊的人,进入人类社会,我们所要认识的其实是整个宇宙,也就是跟自然社会与人类社会相衔接的一个整体的背景。一开始我们就说到宇宙的起源,无论是神话传说还是宇宙大爆炸,宇宙都是来源于一个整体的空间,这是客观事实。

在这里我们提出认识世界的整体性方法。认识方法由之前工业革命留下来的简单划分的方法向整体性研究方法转变,有其时代背景、原因、基础、依据和意义。时代的发展越来越快速,世界也越发复杂,原有的简单方法,部分相加等于整体的认识已不适应智能时代,人类变革已进入新旧更替突破期,从教育角度讲,终身教育发展也进入实质推进期。

(一)提出背景及原因

认识对象是整体的,认识方法自然也应该是整体的,因此人们提出了整体性研究方法。整体性研究方法的提出有其独特的现实背景。

从大背景来说,世界本来就是整体的,要用整体性思维去认识,用非整体性的方法不能正确认识客观对象。我们认识世界是为了获取真理,正确认识客观世界的本来面貌,如果用不正确的方法去认识,会得到错误的认识,从而导致错误的行动,以往社会生产力发展水平低,社会发展总体条件限制了人们的认识水平,人们会不可避免地误解这个客观世界的某些方面,甚至扭曲这个世界的本来面貌。所以从本质上来说,今天,无论是人的思维发展水平还是社会发展水平,都有了大大的提升,大趋势已经发展到整体性发展阶段,需要用整体性思维方式来认识世界。①

就整个教育系统而言,教育系统应被视为一个生命整体,过去讨论最多的是教育与社会各领域的关系,鲜有将教育系统自身作为一个生命整体,而关注其自身的发展周期及运行轨迹的讨论。这在一定程度上阻碍了人们对教育与社会在不同时期不同发展阶段上关系张力的准确理解和把握。这就导致这样的局面:终身教育概念不仅与现存的学校教育概念纠缠不清,也与成人教育以及自身在发展中出现的组系类概念纠缠不清,同时与教育这个大概念也纠缠不清。整体性研究方法表现在成人教育与终身教育认识上的根本分歧点在于,成人教育与终身教育是新教育体系的奠基还是旧教育体系的尾巴。这里我们首先要明确,教育的总趋势在哪?根据事物的周期性,我们知道,合久必分,分久必合,现阶段教育总趋势在于合,这个合并不是重复原来的框架,而是一个新框架,这个新框架是终身教育框架,成人教育是新框架的萌芽和奠基。世界教育发展趋势表明,人类已进入终身教育时代,各国都在加紧布局新教育,我国更是加速了教育现代化步伐,随着《中国教育现代化2035》的发布,中国教育进入新旧动能转换的实质推进阶段。②

但是现有的思维范式却阻碍着我们的认识的发展,已有的思维范式为简单划分的思维,它影响着正确的认知。

在整个几百年的历史里,特别是工业社会以来,由于机器化生

---

① 杨旭浩,何佳敏,石子鹏,等.服务全民终身学习的教育体系构建呼唤新方法——对话河北师范大学博士生导师徐莉[J].高等继续教育学报,2020(1):1-10.
② 杨旭浩,何佳敏,石子鹏,等.服务全民终身学习的教育体系构建呼唤新方法——对话河北师范大学博士生导师徐莉[J].高等继续教育学报,2020(1):1-10.

产,把人当作机器一样,事物之间有精细的划分路线,人类难以掌握适应大大变化了的世界的认识工具,也对人类准确认识世界的新变化带来更大的困难。这些都是我们不得不考虑的现实问题。①

宇宙是客观世界,人和动物的主要区别在于人能思考、认识,认识是对客观世界的反映,所以有两个系统:一个是人的认识系统,另一个是人的认识对象系统。人的认识对象是整体的,怎么反映整体呢?人是从自然界中进化出来的,所以人类社会与自然界是整体的,是不可分割的。人类社会是由六种基本现象构成的,这六种基本现象也是整体的。人和动物的本质区别为动物追求的是物质世界,而人追求的最高境界是精神世界,当人从物质世界解放出来以后,他们就会追求精神世界,这个时候他们就会研究精神世界。所以有些东西是客观存在的,只是我们没有认识到。唯心主义认为我知即我在,会突出主观性。马克思是唯物的,从未知到已知,从知少到知多,人的认识是一步步进步的,整个人类的认识也要经历一个由低级到高级的过程。人类的认识过程是一个演进的过程,这个过程不是一个阶段。我们学习到的概念并不是准确的,只是一个小侧面,所以我们在做概念界定的时候要用整体的眼光去看,并对他人的认识提出批判性见解。

人类的思维方式,即从人类的认识来看,知识是人类认识和外界作用的结果,人类的认识力与客观世界作用的结果产生的就是知识。人的思维方法具有生长性、周期性、阶段性,辩证唯物主义认为人的认识是逐渐向真理靠近的。任何事物的发展都是对社会有影响的,例如经济对教育是有影响的,要结合多种现象讨论教育的

---

① 杨旭浩,何佳敏,石子鹏,等.服务全民终身学习的教育体系构建呼唤新方法——对话河北师范大学博士生导师徐莉[J].高等继续教育学报,2020(1):1-10.

发展。

如何解决种种现实误区？在这种需要下我们去思考怎么纠正此类错误，所以我们去探索一种新的认识方法，而这种方法必须是整体性的。

（二）科学基础及依据[①]

我们来看整体性认识方法的理论基础和科学依据。人们承认世界是整体的，关键是在认识世界的时候把世界看成是可分的还是不可分的。现在的学科思想背后的划分理念，认为世界是可分的，它们加起来就是世界本身。但是事实并不是这样，我们解决问题要运用综合知识。

我们在讲理论基础的时候要结合哲学思想，同时要看科学发展史。哲学上也会讲我们认识世界是用联系的、发展的眼光，还是用静止的眼光去看待事物。人的认识也是客观存在的，发展也是一个渐进的过程，是一个从简单到复杂、从低级到高级的过程。世界处于不断发展变化中，世界的发展一直在运动中，一直在联系中。万事万物都在变化中，这种变化有一个共同的趋势和规律，那就是在一个周期中有发生、发展，到最高峰然后衰落的阶段，到低谷会转换形式再新生。万事万物进入下个生命周期，两个生命周期间会发生代际转变，这是系统性的质的转变。

在科学发展史上，人们的认识是从低级到高级的，最开始人的认识能力和工具有限，处在模糊和笼统中，这个时候人的认识往往是整体的。例如古人的认识不是分开的，并不像现在将学科划分得很具体，但是他们的认识是哲学的并不是科学的。进入科学阶段就

[①] 本部分选自徐莉2019年申报的国家课题论证稿《基于CAS理论的复杂教育系统演化方法论研究》。

进入了第二阶段。科学阶段以牛顿经典力学、爱因斯坦相对论等科学理论为代表,能用科学实验来证明物质永恒的科学性,证明物质不灭。这种科学带来了天翻地覆的变化,揭示了真理,创造了辉煌的科学成果,为人类科学文明进程做出了巨大贡献。在相对静止阶段发生的科学,是处于量的变化阶段做的研究,这种科学思维可称为简单性的方法论,或简单性的认识理论。在量化阶段把整体划分为部分,部分相加等于整体是成立的。但是事物一直在发展,随着量的积累会发生质变,从部分质变到整体、系统的质变,这是根本性的质变。随之进入了一个新的阶段,跟之前的框架不一样了。越往更多质变发展的时候,之前的简单划分就越不适应了,原来的有序变成了无序,原来的简单越来越复杂,在这种情况下就会发生很多突发的情况,再用之前的方法解决这种情况就不灵了。

可悲的是,到目前为止,我们一直用这种简单划分的方法来处理这种越来越复杂、越来越无序的变化,把小层面的问题当作整个宇宙。根本问题是只看到量变忽略了质变,而所有的量变都是在质变发生后的框架中发生的。例如教育的发展,在上个巨变时代即工业革命时代后,从模糊到产生学校的阶段,在这个框架中发生量变,量变到一定程度会发生融合。但我们的教育和学校还在20世纪发生的巨变这一有限的框架下研究所有的一切,在研究成人教育和终身教育。而成人教育只是部分质变的结果,终身教育已经处在一个新的循环点了,再在这个框架进行研究已经不适合了。

复杂适应系统(CAS)理论是提出整体性研究方法的一个重要理论依据,复杂适应系统理论是著名的美国学者、密歇根大学教授约翰·H.霍兰提出的。复杂适应系统理论把系统的成员看作是具有自身目的与主动性的、积极的主体。"我们把系统中的成员称为具有适应性的主体,简称为主体。所谓具有适应性,就是指它能够与环境以及其他主体进行交互作用。主体在这种持续不断地交互作用的过程中,不断地学习或积累经验并且根据学到的经验改变自身的结构和行为方式。整个宏观系统的演变或进化,包括新层次的产生、分化和多样性的出现等,都是在这个基础上逐步派生出来的。"①CAS理论认为,正是这种主动性以及它与环境反复的、相互的作用,才是系统发展和进化的基本动因。宏观的变化和个体分化都可以从个体的行为规律中找到根源。霍兰把个体与环境之间这种主动的、反复的交互作用以"适应"一词加以概括。这就是CAS理论的基本思想。

  CAS理论承认这个世界本来就是复杂的,应该用复杂性观点来对待世界,用简单性观点去解读世界的话就是把事物简单化抽取出来,把复杂的东西都甩掉,这是有弊端的。所以复杂性理论是整体性理论得以提出的重要理论基础,复杂性理论主要包括以下几点。第一,强调世界是整体的,而且是不可分割的,该看法是跟传统的简单理论的根本分歧点。第二,承认世界是发展变化的,是在整体中相互联系的发展变化,而且发展变化最强调的是从量变到质变,从低级到高级不断发展,承认事物的质变是世界发展变化的一个最根本的形式。第三,质变划定了量变的基本框架,量变是在质变的框架内发生的变化。简单划分的方法对于量变阶段是发生作用的,但是当事物逐渐走向质变的时候,简单性的方法往往失去了其应有的作用。第四,事物在发生质变的时候往往呈现多元化、无序化、偶然性,突发性因素增加,呈现出极其复杂的特征。第五,质变是从部分质变逐渐向系统性的、根本性的质变转变。

---

  ① 约翰·霍兰.隐秩序——适应性造就复杂性[M].周晓牧,韩晖,译.上海:上海科技教育出版社,2000.

(三) 内涵及意义①

走进人类社会,从人类的发展开始说,最早的人是从四肢着地爬行到半直立,后来到直立。猿直立后会制造工具,从木制工具、石器,到冶炼铁器,这是原始社会的阶段。接着是开垦土地,进入农业社会,然后制造机器,从大机器生产阶段进入工业社会,现在还在延续工业社会阶段。

现在要求整体看问题,例如学科知识学习,历史、数学等不是独立的,要在整体中看问题。我们学知识要从根本上看待知识,在于你所学的知识是整体的还是支离破碎的。②

首先,宇宙是整体的,自然界和人类社会也是整体的。就人类社会而言,自我们所知的人类历史以来,人的共存就是由六种基本现象构成的一个有机整体,即教育、劳动、伦理、政治、艺术与宗教是不可分割的一个整体,所以某一领域的任何变化都会对其他所有领域产生影响,任何领域的作用也要通过人类共存的其他领域来促成,任何领域都无法要求一种封闭的独立性。每一个领域的变化都是相互影响的,那么教育作为人类社会的一个子系统,我们谈教育的时候就要把它放在人类社会的大背景中去看。

其次,我们其实就是在认识整个宇宙,宇宙是一个整体,从中衍生出的自然界和人类社会也是一个整体。这就是说,作为人的认识对象的客观世界是整体的,人对客观世界的认识也不会一蹴而就,

---

① 选自徐莉的相关课堂讲稿以及关于终身教育整体性研究方法的相关研究。
② 以下各段源自:杨旭浩,何佳敏,石子鹏,等.服务全民终身学习的教育体系构建呼唤新方法——对话河北师范大学博士生导师徐莉[J].高等继续教育学报,2020(1):1-10.

第五章 从分到合,教育走向终身化

也有个过程,这个过程也应是整体的,都会经历一个由初级到高级的发展过程。同时无论认识对象还是人的认识本身都具有自身发展的变化周期,都具有这样的特点:生长性、周期性和阶段性。

所谓生长性,就是指事物发展变化的永恒性。客观世界处在不断的变化之中,人的认识也是不断从低级向高级、从简单向复杂发展变化的,因此人的思维也具有生长性特点。概念是客观事物本质属性的反映,是人的思维参与其中而形成的表达符号或形式,概念又是构成理论的基本元素,因此,概念是有生命的,理论是有生命的,都如同世间万物一样具有生长性特征。何谓认识对象与认识本身的生长性?辩证唯物主义认为,人的认识将逐渐向真理接近,但是,在一定的社会时期里,人们不可能一下子就接近真理,也不可能穷尽真理,对教育本质的认识也同样如此,都要经过否定之否定的螺旋式上升过程,此即为认识的生长性。

所谓周期性,就是指万事万物的发展变化都是有其从新生走向衰亡的过程,都经历着从分到合再从合到分的过程。教育也是如此,人类对教育的认识也是无止境的循环上升过程。自从有了人类,就有了教育。原始教育便是处在"总"的时期,以学校教育的诞生为标志,标志着教育进入了"分"的时期,随后又发展出成人教育、学前教育等,共同构成教育体系,教育在更高一级上再次向整体演化。从事物发展的周期性可以推测出,事实上也是如此,教育应该进入向"总"的趋势发展阶段,并且现阶段教育的"总"和原始教育是不同质的教育。可能再过10年,教育又要到"分"的阶段,新的终身教育体系构建完成后,各部分协调发展,再融合成为新的教育。

种种迹象表明,人类教育正在经历自身发展的第一个生命周期的大循环,从原始教育的终身化到更高一级的现代教育的终身化,这就是说到了总的阶段。人类社会是一个整体,要把教育和其他社会基本现象联系起来看,其中经济作为社会六种基本现象中最根本的影响教育的因素,已经历了"原始经济—农业经济—工业经济"三个周期的发展,人类社会也随之经历了三个周期的文明更替,即原始社会—农业社会—工业社会,如今人类社会正在迎接新一轮工业革命,总体跨入后工业化时期。教育的生长性具有缓慢性特征,由于教育基因中的文化的缓慢性,教育系统的发展速度明显慢于经济的发展速度,以往经济发生的两次大的周期改变中,教育系统实际上仍然处在一种量变之中。当今,教育自身进入了有史以来的首次周期性改变,与经济系统第三次周期性更替历史性相遇,其意义非同寻常,预示着人类首次空前规模的系统变迁的到来,启示我们,思维方式和深层次的文化变迁才标志着教育革命的到来。

所谓阶段性,就是指任何理论都是有生命的,它产生和成长于一定的社会历史背景下,并都有一个不断变化和完善的过程,都必然经历其自身从诞生、成长到成熟的发展历程。对一种理论认识和研究,我们既要把握其发展历程中在不同阶段所展示出来的不同特点,同时又要防止把这些特点误解为理论本质本身。

因此,结合认识对象的整体性和人的认识力的整体性这两个方面来认识整体性研究方法,两者都有生长性、周期性和阶段性这三个特征。这是讲的整体性研究方法的精髓部分和所应关注之处。

因此,我们对事物的把握与认识从整体性出发,就要既包含事物在原有框架下的量变过程,又包含事物从量变走向质变的过程,而且事物从量变走向质变的方法也是不同的,需要从简单性方法走向复杂性方法。迄今为止,我们使用的方法是用量变阶段的方法无限推广到质变阶段,所以往往会造成许多误区。因此完整地去考察事物从量变到质变的整体过程,需要使用整体性方法去研究,来加以解释。①

第二节 整体变迁:步入终身教育时代

一、现代教育终身化进程

(一) 历史背景与条件

1. 社会政治生活的巨大变化是终身教育理论产生的前提条件

第二次世界大战以后,虽然世界进入相对和平时期,但世界多种政治力量仍处于不断发展变化之中,众多的殖民地国家经过长期艰苦斗争,纷纷获得了民族独立。这些发展中国家面临的重要问题就是人口数量的急剧增长与人口素质之间的矛盾。这种矛盾的尖锐化,给其经济发展带来巨大的困难。这些国家要在经济上振兴,就必须全面提高民族素质,培养自己的科技管理人才。只有这样才能彻底摆脱宗主国在政治、经济、科技等方面的控制,真正走上民族独立发展的道路。这些问题的根本解决在于发展教育。但旧的殖民主义教育体系不仅无法解决这些发展中国家所面临的问题,而且还留下了严重的后果,那种把教育对象仅限于少年儿童的旧体制是无法解决这样严重的问题的。只有根据自己的实际需要,把教育扩展到整个社会的各阶层和各阶段,去建立一种全新的教育体制,才有可能走向真正的民族振兴。

正如埃德加·富尔在《学会生存:教育世界的今天和明天》的序

---

① 以上各段出自:杨旭浩,何佳敏,石子鹏,等.服务全民终身学习的教育体系构建呼唤新方法——对话河北师范大学博士生导师徐莉[J].高等继续教育学报,2020(1):1-10.

言中所指出的:"当第三世界从殖民时代挣脱出来的时候,它们就以全副精力投入了反愚昧的斗争,它们十分正确地把这种斗争视为彻底解放和真正发展的非常重要的条件。它们认为,似乎只要从殖民者手中攫取所谓技术优势的工具就够了。但是现在它们已经意识到这些外国模式既不符合它们自己的需要,也解决不了它们的问题。"①

在那些发达国家,战后人民的民主化运动也在不断高涨,经济、科技的发展和进步,从新的角度开拓了人们的视野和思想,人们不再认为身份、地位、财富是获得更优越教育机会的特权,要求自己和子女同有钱人及其子女一样能获得平等的教育机会,从而使自己得到新的补充,以便在飞速变化的社会环境中求得适应与生存。

这样,那种传统的教育选择方法和制度就必须打破,使教育面向各阶层、各年龄的所有人开放,提供真正民主、平等的教育机会。这就迫使各国政府和教育界人士不能不去考虑教育改革,以使其适应政治改革的需要。

2. 科学技术的迅猛发展直接推动了终身教育理论的产生

我们说成人教育的发展推动了终身教育的发展,成人教育产生的背景是科学技术的发展,那么终身教育理论产生的更直接推动因素是也科学技术的发展以及由此带来的一系列经济、社会等各领域的巨大变化。

从20世纪50年代中叶开始,世界上出现了新技术革命,到20世纪80年代已进入了新的阶段。它的标志是电子科学、信息科学、材料科学、能源科学、生物工程、海洋工程,以及光纤通信技术、激光

---

① 联合国教科文组织国际教育发展委员会.学会生存:教育世界的今天和明天[M].华东师范大学比较教育研究所,译.北京:教育科学出版社,1996.

技术、宇航空间技术等方面的重大技术突破。对于这类现象，几十年来西方学者从不同角度进行了广泛的研究，尽管见仁见智，但有一点是一致的，那就是科技革命对人类社会生活产生了前所未有的广泛而深刻的影响，其表现如下。

第一，这次技术革命首先是知识的革命，知识总数急剧增长。对新知识的占有成为主要财富。据有关专家统计，20世纪40年代以来的图书资料、科技成果的数量高速增长。这种高速增长和积累，必然导致科学技术的质变，产生新的科学技术革命。这次科技革命是人脑的延伸，解放人的智力。一台计算机运算1200小时，做200亿个逻辑判断，这个工作量如果人工算的话，则需要每天工作24小时连续运算30万年。在"知识爆炸"的条件下，知识越来越成为社会生产力、经济竞争力和国家实力的关键因素。在新技术革命的条件下，知识是比其他资源更宝贵的资源，技术是决定产品竞争力的关键。而新的科学技术的不断出现势必又导致原有的科学技术的陈旧率的增高或有效期的缩短。

第二，新的科技革命具有高度综合性和学科之间相互渗透性的特点。前几次科技革命都是由某一领域、某一学科引起的革命。传统的科学分类是天文、地理、生物、物理、化学、数学等，研究人员可分为社会科学和自然科学两类。但这次科技革命则出现了科学与技术对接的特点，环境、能源、材料、海洋工程、宇航等都是人类多学科研究成果的综合性运用。信息论、控制论等科学成就在自然科学方面和社会科学方面的应用也产生了巨大影响。此外，科学研究范围的扩展还出现了一些新兴学科，如管理科学、情报学、未来学等，在许多微观领域应用现代科技成果进行综合性跨学科研究的新兴学科更是层出不穷。科学技术的高度分化和综合给人们传统的分类方法和专业结构带来了巨大的冲击。科学技术的革命性发展，对当今社会生活的多个层面产生了难以想象的深刻而广泛的影响。科学技术的广泛应用,极大地提高了生产力,促进了经济的发展,同时也带来了人们生活方式和观念的变化。

自动化程度的提高,缩短了人们的工作时间,增加了人们的闲暇时间,使人们面临着怎样利用闲暇时间丰富自己的生活、完善自己的个性、使生命过得更有意义的问题。

由于生活和医疗条件的改善,人的寿命和健康水平都在延长和提高。老年人的生活、保健、经验、知识、能力的再开发和利用,也成为一个社会问题。

人们对自身的认识在变化。人具有学习能力,教育才成为可能。长期以来,一般人都知道儿童和青少年具有学习能力,对成人的学习能力却有不正确的看法,即认为成人年长智衰,年龄越大学习能力越低。美国心理学家詹姆士认为,人过了25岁,学习就很困难了。桑代克认为人的学习能力的顶点是在20岁,到42岁以后学习能力每年下降1‰,但他也指出:"学习之能力,永不停止,成人之可塑性或可教性仍大,25岁后仍可以继续学习。"[1]

在1939年,韦克斯勒-贝勒维的智力测验结果表明,学习能力的顶点在21岁到24岁之间。随着科学的发展,先进研究技术手段的应用,生理学、心理学、脑科学等多学科的综合研究,使人们对学习能力的认识有了新的发现。[2]

1955年,韦克斯勒成人智力测验结果把学习能力的顶点改为25~29岁,而后衰退也十分缓慢。后来的智力测验结果认为,人的学习能力在30岁以前是上升的,30~50岁是平稳的高原期,50岁

---

[1] 毕淑芝,司荫贞.比较成人教育[M].北京:北京师范大学出版社,1994.
[2] 乔冰,张德祥.终身教育论[M].沈阳:辽宁教育出版社,1992.

第五章　从分到合，教育走向终身化

以后开始下降，到60岁时相当于20岁的90%。这就是说，30～50岁是人的学习能力相当强的时期，正是学习的大好时机。一些心理学家认为韦克斯勒成人智力测验的结论并不能证明某个人学习能力随年龄增长的连续性变化，因为他的结论是通过各不同年龄段的整体的横向研究得来的，而不同年龄群体由于教育背景不同，会显示出成绩差异。有的心理学家从横向和纵向两个方面进行研究后得出结论，证明真正的学习能力衰退在60岁以前是不可能发生的。此外，学习能力的保持还受健康、个人经历等因素的影响。如果一个人不断地坚持学习，那么他的能力还会获得发展，学习能力也会有所提升。年龄并非决定一个人能否继续学习的关键因素。①

同时，认知心理学、人类学等科学研究的成果也进一步证明了儿童早期教育的必要性和可能性。早期学习是成年后学习发展的基础，对成年后的学习有重要的作用。

综上所述，政治变革需要新型教育制度，科技的发展以及由此带来的社会生活的巨大变化，也需要教育的改革。高科技的应用提高了对劳动力的知识、智力素质的要求，技术落后和陈旧率的提高，需要科技人员及生产者不断吸收新技术、新知识。新的生产工艺、知识和技术的高度综合和分化，要求科技人员不断地掌握本专业之外学科的新成果和有关知识。产业结构的变化以及由此带来的职业结构的变化，迫使大批生产者投向新的生产部门，从而必须去学习新的生产知识和技术，人们要参与社会、增强交往，就必须掌握和了解有关的知识，接受教育和训练，才能充分行使自己的权利，履行自己的义务。人们也需要学会如何充分利用自己的闲暇时间，丰富和完善自己，老年人的保健、生活及知识、经验的再开发同样离不开

---

①　乔冰,张德祥.终身教育论[M].沈阳:辽宁教育出版社,1992.

学习和教育。

所有这一切都在向人们发出挑战,而向人发出的挑战就是对培养人的教育发出的挑战。在这些挑战面前,传统的一次性的学校教育制度暴露出了自身无法克服的弊端。

首先,传统的学校教育制度指导观念认为,人的一生分为两个部分:前一部分到青少年期为止,主要用于接受教育;后一部分即后半生,主要用于工作。前一部分是为后一部分做知识上的准备。这种观念认为人的前半生的学习就足以应付后半生的工作,同时也认为成年人学习能力已经开始下降,不适合继续学习了。显然这种观念不适应当代飞速发展变化的社会生活、科学技术和生产发展的需要,也被现代科学所揭示的成人学习潜力的结论所驳斥。

其次,现代科学技术的发展更加强调人们的智力水平和实际工作能力,而传统的学校教育以一张文凭定终身的做法是不科学的,并不能说明一个人的实际能力。此外,学校的教学内容往往距离现实需求甚远,因此削弱了人们接受教育的内在动机。

最后,学校教育的制度、内容、形式过于统一化,这导致理论与实践相脱离,与个人生活、工作的特定需要相脱离,很难适应现代多元化社会对人的个性的要求,也很难满足不同的人对教育的不同需要。公司的雇员需要不断学习新的管理理论和技术,家庭主妇需要学习一些家政知识,而老年人需要学习一些老年心理、身体保健方面的知识,这些都是学校教育所无法满足的。

社会发展的需要和教育自身的弊端提出了"改造整个教育制度的各个组成部分""根本改变各级教育制度的结构职能、方法和内容"的紧迫性和必要性,同时,也正是现代社会科学技术的发展为终身教育的产生提供了充分的条件。

一方面,在当代科技发展的社会条件下,人们要求学习,接受不同教育、培训的需要和动机日益强烈、学习热情高涨,各国政府对教育的重视程度不断提高,教育已经被提到发展战略的高度来加以考虑,这就为终身教育提供了广泛的社会基础。

另一方面,科学技术促进了大众传播媒介的发展,教学手段的现代化、广播、电视、录音录像、激光排版、电子计算机等先进设备为终身学习提供了方便条件,使人们可以突破时空限制,在任何时间、地域获取新的知识,并且可以使人们根据个人的需要和学习特点自由地选择教育的内容和形式。科技的进步,极大地提高了劳动生产率,减轻了劳动强度,提供了更多的闲暇时间,使人们有精力去从事各种自己需要的学习活动。生理学、心理学等学科的研究成果,证明了人们终身学习的可能性,增强了人们不断学习的信心。

在这样的社会条件下,终身教育思想应运而生,它从社会发展、人的完善、人类的未来、现实的需要和可能出发,为教育改革提出了一个发人深省的课题和基本指导原则,从而被国际社会普遍接受,成为一种强大的教育思潮。①

以朗格朗 1965 年提出终身教育为界,现代终身教育发展已走过 50 多年历程,整个进程大致经过了终身教育的成人教育阶段、成人教育与学校教育相加的阶段、终身学习与学习型社会阶段和以终身学习与学习型社会为基础的新阶段 4 个主要时期。② 朗格朗在联合国教科文组织第三届成人教育促进国际会议上的提案中,郑重地阐述了终身教育的主张。他指出:"几百年来,社会把人的生活分成两半,前半生主要用于受教育,后半生主要用于工作,这是毫无科学根据的。教育应当贯穿人的一生,今后的教育应当是根据每个人不

---

① 乔冰,张德祥.终身教育论[M].沈阳:辽宁教育出版社,1992.
② 徐莉.终身教育视角下如何定义成人教育[J].北京宣武红旗业余大学学报,2018(2):18-22,33.

同时期的需要,以最好的方式提供必要的知识和技能。"①他最初使用的是"education permanente"一词,后《学会生存:教育世界的今天和明天》一书将"education permanente",英译为"lifelong education",并确认了这一概念。自此,终身教育成了一个使用极其频繁和广泛的概念。1996年,21世纪教育委员会决定"把与生命有共同外延并已扩展到社会各个方面的这种连续性教育称为终身教育"②。不同时期、在不同文献中提出的终身教育概念及其讨论极多,也有一些分歧,有关终身教育理论产生的意义、内涵及实践问题成为国际社会的热门话题。

需要提及的是,早于朗格朗约20年,中国教育家陶行知就明确用中英文提出了"终身教育"的概念。陶行知早在20世纪20年代前后就已萌生了"终身教育"的思想,20世纪30年代已基本形成,20世纪40年代已有了初步发展并已明确使用了"终生教育"的概念。他1945年发表的《全民教育》,原是一篇英文论著。在这篇英文论著中,"终生教育"被译为"education for the whole life",意即"整个人生过程的教育"。这与今天通行的英文名词"lifelong education"(终身教育)实际上就是一回事。陶行知的《全民教育》英文论著,由生活教育社刊行后,曾作为一份宣传材料,向西方有关民间援华组织和人士广为散发,其中的一个目的就是希望能得到国际友人的支持和赞助。由此可见,早在20世纪40年代中期,陶行知的"终身教育"思想就已开始传播到国外。陶行知堪称世界终身教育的伟大先驱。

我们这样说,丝毫没有否认朗格朗的历史贡献的意思。事实

---

① 崔跃武,孟淑华.主要发达国家发展成人教育的经验[J].成人教育,1993(Z1):62-64.

② 吴遵民.现代中国终身教育论[M].上海:上海教育出版社,2003.

上,朗格朗首次以专题论著的形式发表《终身教育引论》,系统论述终身教育理论,并运用他后来任联合国教科文组织终身教育科科长的身份,积极从事终身教育的理论指导和教育实践,使终身教育从20世纪60年代开始成为国际性教育思潮,这都是值得后人称道的。只是希望澄清历史事实,把最早提出、阐述"终身教育"概念和思想的人与最早系统论述终身教育理论的人区别开来,分别确立他们在世界教育思想史上的历史地位。可以说,陶行知是世界上较早提出和阐述"终身教育"概念和思想的人,郎格朗是第一个系统论述终身教育并使之开始成为国际性教育思潮的人。他们都是世界终身教育思想发展史上具有里程碑意义的卓越人物。

当然,正如任何一种伟大的思想在提出之初都不可避免地存在某些不足一样,陶行知的"终生教育"思想自然也不是完美无缺的。从总体上看,陶行知还只是初步提出、阐述了"终生教育"的概念和思想,许多有价值的观点并没有充分展开,这就使得他的"终生教育"思想还没有一套比较严密完整的理论。之所以如此,这主要是由于近代中国是一个半殖民地半封建社会,现代的政治、经济、文化还未充分发育生长,历史赋予他那一代教育工作者的使命是以教育作为拯救民族危亡的武器,客观现实不允许让他有充分的时间去思考"终生教育"所有方面的问题,这是时代使然、环境使然,我们不能离开具体的历史条件和环境来对此加以苛求。①

(二)终身化进程

在教育实践发展过程中,工业革命的产生及发展催生了现代教育的终身化进程。

---

① 以上三段关于陶行知"终生教育"思想内容选自:周洪宇.现代终生教育思想的先驱——陶行知[J].高等函授学报(哲学社会科学版),2007(1):4-8,38.

工业革命的发展产生了成人教育,而成人教育中孕育了终身教育。种种迹象表明,更高一级的终身教育正在到来,人类教育发展史上,教育正经历自身生命发展周期的第一次大循环。终身教育从20世纪60年代演变到现在,到了反思教育阶段。以联合国教科文组织发布的"教育2030行动框架"为标志,终身教育进入实质性阶段。

一般地说,现代意义上的成人教育产生于英国的产业革命。蒸汽机的发明,电力的使用,改变了农业社会长期形成的生产、生活方式,对于劳动者来说,以往在传统学校中学到的知识已不适用。为了适应这样的变化,人们就要再学习,离开学校后,还要重新接受教育,于是,成人教育随着科技进步和生产方式的转变而逐渐形成,并且不断丰富。①

18世纪60年代,英国工业革命开始,在其进行的300多年内,教育趋向制度化,教育组织形式从个性化教育走向了以班级授课为核心的规模化的现代学校教育,学校教育的培养模式更加适合经济快速增长时期的人才培养速度,使教育的经济作用更加明显,这个时期的教育目的在于培养适应资本主义社会经济发展的各种人才,特别是工业化的应用型人才。在学校教育的内容中,除了传统的教育内容外,还增加了工业文明需要的各种新技术、新知识、新能源等教育内容。新教学方法不断出现,并确立了以教师为中心的教育模式。②

与此同时,伴随着机器大生产和生产方式的改变,工厂需要大批有知识的工人,客观上催生了成人教育。真正系统化的成人教育

---

① 祝捷.成人教育概论[M].长春:东北师范大学出版社,2015.
② 周洪宇,鲍成中.扑面而来的第三次教育革命[J].辽宁教育,2014(16):10-12.

最先出现于18世纪,始于工业革命之后,并随着大工业生产的发展而发展起来。现代终身教育思想由此孕育其中。

成人教育发展后,对现代终身教育产生了推动作用。有组织的成人教育产生于近代社会,工业革命和生产方式的改变,使读、写、算的技能在人的生产生活中发生了较重要的作用。有组织的成人教育在欧美一些国家首先发展起来,随着工业革命的影响,成人教育在各个地区和国家显示出不同的特征。之后,成人教育的社会作用日趋明显,各国政府开始认识到成人教育是国家发展不可忽略的一个重要方面,从而开始重视成人教育,成人教育的内容、形式和层次表现出多样化的特征。

发展至今,当前正在掀起的第四次工业革命浪潮正在推动人类教育进入终身化时代,人类第三次教育革命正在到来。

二、从量的积累走向质的突变

(一)新时代下的思维转变

工业文明三百年,至今已发生了两次工业革命,新工业革命正在发生。工业革命是人类历史上的伟大变革,社会生产力快速发展,短时间内创造了极多的物质财富。工业革命带来的一切转变使人们一直顺着原有的思路在发展,原有思路下的略微突破和创新也确实带来了利益与发展,其中的思维基础却限制着发展程度,局限了发展进程。工业革命使用的部分相加等于整体的思维方式已不适应新时代的发展,新时代更加复杂、更加无序。

在人类跨入智能社会的历史巨变时刻,形成于19世纪的线性简化思维正严重制约着新思想方法的形成,实现思维模式的更新是当前一切社会改革的当务之急。

（二）走向质的突变①

社会学理论告诉我们，人类整体发展呈现循环模式，预见不到什么终极阶段。这些循环并不是简单重复，具体的形式有很多的变化，但总体是在循环往复和否定之否定中向更高一级发展。

处在人类历史发展的拐点处，从教育目标到教育内容、方法途径上都面临全新的变革，而这种变革要求新的教育体系与之相适应。终身教育理论是实现人的全部生命里程完整发展、促进教育功能回归本位、实现教育民主化的重要工具，显然，它正是这一时代发展需求的产物。教育与社会接近，回归社会母体的步伐越来越快。构建一个新的教育体系，而新的教育体系主要是哲学基础的变化。

在构成世界的各类系统中，教育系统堪称复杂之最，在教育面临从学校教育走向终身教育的新选择下，教育的复杂性将变得更加无与伦比；然而，人们迄今为止所熟悉的思维方式依然是极简的线性还原论思想，其所描述的世界难以反映变得愈来愈复杂的世界的真相，这恰恰是当今许多领域中的问题之所在，也是教育面临的空前危机之所在。

第一、二次工业革命的科学基础、思维特点是西方的思想，是以牛顿创立的经典力学的思维为基础，是机械的思维，是按照部分相加等于整体的逻辑建立起来的逻辑框架，在这样的框架下出现的终身教育的思潮，终身教育自然而然地被认为是学校教育之外的成人教育或把各阶段教育简单相加。从朗格朗提出终身教育，发展到新工业革命时代，基本上从外形上，即认识到终身教育是从出生到死亡的教育，形式上的终身教育就基本完成了，但是根基还是西方思想，西方哲学就是划分的哲学。这样的思维基础已不适应当今社会

---

① 本部分内容选自徐莉学术报告《第四次工业革命下教育的走向何如？》。

第五章 从分到合，教育走向终身化

的发展，不能支撑起教育新时代。

我们说量的积累，从简单划分的思维基础说起。在相对静止阶段发生的科学，是处于量的变化阶段做的研究，这种科学思维被称为简单性的方法论，或简单性的认识理论。在量化阶段把整体划分为部分，部分相加等于整体是成立的。但是事物一直在发展，随着量的积累会发生质变，从部分质变到整体、系统的质变，这是根本性的质变。随之进入一个新的阶段，跟之前的框架不一样了。越往更多质变发展的时候，之前的简单划分就不适应了，原来的有序变成了无序，原来的简单越来越复杂，在这种情况下就会发生很多突发情况，再用之前的方法解决这种情况就不灵了。可悲的是，到目前为止，我们一直用这种简单划分的方法来处理越来越复杂、越来越无序的变化，把小层次的问题当作整个宇宙。根本问题是只看到量变忽略了质变，而所有的量变都是在质变发生后的框架中发生的。

例如教育的发展，在上个巨变时代即工业革命时代，从模糊到产生学校的阶段，在这个框架中发生量变，量变到一定程度会发生融合。但我们的教育和学校还在20世纪发生的巨变这一有限的框架下研究所有的一切，在研究成人教育和终身教育，而成人教育只是部分质变的结果，终身教育已经处在一个新的循环点了，再在这个框架进行考虑已经不适合了。

以联合国教科文组织"教育2030行动框架"的公布为标志，世界终身教育走向一个新的阶段，从哲学思维基础开始产生革命性裂变，革命性裂变就是开始不认可部分相加等于整体的思维，而是开始认识到知识要进行整合。

我们说东方开始引领新工业革命，是因为东方的哲学是整合、融合的哲学，用融合的哲学替代原来的划分的哲学，由划分走向整体。所以从量的积累走向质的突变表现在终身教育上就是重新构建一种终身教育体系,不是在学校教育基础上的部分相加等于整体的思路,而是用新的思路去做。

量的积累达到质的突破,在内涵上没有达到真正的突破,要重新打地基,最终达到质的突变,即触及终身教育的实质,构建新的思想基础下的终身教育体系。

三、迎接终身化教育新时代

这是一个巨变的时代,今天的我们正在经历一场更大范围、更深层次的科技革命和产业变革。人类处在历史发展拐点处,科学技术日新月异,新工业革命将彻底颠覆我们的生活、工作和互相关联的方式。无论是规模、广度还是复杂程度,这场革命都与人类过去经历的变革不同。教育也将随之走向终身化新时代。

在教育改革的新时代,教育要走向终身化首先要做好顶层设计,从国家到社会再到个人,要做好迎接终身化教育时代的准备,这是时代要求也是发展的必然。在这里提出教育终身化的几点具体措施。

(一)构建终身教育体系

目前我国终身教育体系构建仍处于初级阶段,需从终身教育制度体系、保障体系、组织体系等方面予以建设和推进。体制、机制问题是终身教育体系构建的突破环节,扫除体制障碍,体现政府作用,是构建终身教育体系基本框架的重要途径。此外,在终身教育体系构建具体措施方面应做到以下几点。

(1)加强法律法规建设。加强法律法规建设,是建立和完善现代终身教育体系,增强人们终身学习积极性的根本保证。国家必须以明确的法律条文来引导终身学习行动,明确现代终身教育体系建设的发展方向、具体目标、实施策略和战略步骤,用法律确定终身学习的地位和作用,进而推动现代终身教育体系的形成。① 一方面,加快制定地方性终身教育法规。目前有部分地区制定了终身教育法规,但由于我国各地历史发展及现实差异决定了我国各地区社会、经济、文化等存在着一些不同,不同地区终身教育建设的程度不同,因此在当前要求以统一标准整齐划一地建立终身教育体系也是不现实的。可率先在各方面条件具备的地区尝试建立适合当地发展的地方性终身教育法规,以规范和促进当地终身教育的完善和发展,逐步推广适应到多个地区。另一方面,加快制定国家层面的终身教育专项法律法规,依据现阶段我国教育和社会发展的具体情况,组织社会各方面力量围绕构建终身教育体系的战略目标,深入研究构建终身教育体系进程中的突出问题和矛盾,制定与国家发展目标、政策法规相适应的终身教育专项法律法规。

(2) 促进主体发展多元化。就目前我国终身教育体系发展的问题来看,应积极鼓励和规范各种社会力量参与终身教育体系建设。通过加快推进教育体制改革,促进多形式、多渠道办学,为构建终身教育体系提供坚实保障。一方面,创新办学体制,改革政府包揽办学的格局,逐步建立以政府办学为主,社会各界共同参与的体制。通过加强指导、沟通和协调,帮助民办学校加快改革步伐,适应新要求,提高办学质量和办学水平,扩大办学开放水平。另一方面,积极鼓励不同教育主体之间的合作,促进各类教育资源有效整合,实现资源的真正共享。通过政策引导,支持不同性质的学校之间的教育资源共享,同时建立更多的电子资源,互通有无,合理利用;支持学校教育资源与社区资源共享,这样不仅社会上的人能够使用学

---

① 叶桐.我国现代终身教育体系的构建研究[J].中国成人教育,2009(21):8-9.

校的资源,学生也能享受其他方面的知识。

（3）促进各级各类教育资源整合,增强终身教育体系的开放性。教育资源的相互开放,不但有助于增加教育机会,而且提高了教育资源配置的效率,有助于教育的可持续发展。通过增强终身教育的开放性,充分发挥各类教育资源的潜力,为广大社会成员提供更多的学习机会。具体而言,一是学校教育资源要对社会开放,社会成员尤其是社区居民可以利用学校各方面的教育资源,如图书馆、体育场所和设施等,以接受教育和进行学习。二是学校之间教育资源相互开放。三是社区教育资源开放。社区各方面的教育资源或设施如电视台、体育馆、文化馆、少年宫、图书馆、博物馆、科技馆等为教育服务,实现社会对教育的开放。把教育的空间从传统的学校扩展到社区和社会,把教育内容从单纯的课堂教育扩展到社会文化、信息咨询、健身体育、家政护理,以及社会公益性活动的推进、就业指导、视听教育、老龄教育、职业资格教育等影响社会成员成长和社会经济持续发展的各个方面。通过终身教育体系的全方位开放,推动我国现代终身教育的规模化普及和可持续发展。

（二）教育终身化与智能时代

走进智能时代,我们经常提到的是智能化、信息化,而这也是教育现代化的要求,教育现代化也是走向教育终身化。2019年2月,中共中央、国务院印发了《中国教育现代化2035》,提出了到2035年的教育发展八大战略目标,并把建成服务全民终身学习的现代教育体系放在了第一位,构建服务全民的终身学习体系也是面向教育现代化的十大战略任务之一,对教育发展具有统领性作用,明确了现代教育体系是为了服务于全民终身学习,各级各类教育要为全民终身学习做贡献。《中国教育现代化2035》作为教育现代化的纲领性文件,多次提到终身学习,我们可以看出终身学习已受到众多关注。

第五章 从分到合,教育走向终身化

建成服务全民终身学习的现代教育体系是到2035年教育发展的重要任务,与时代相适应的教育形式与内容也要发生改变,教育要与技术相融合,要与信息时代相适应。

随着推进教育现代化的理论与实践的深化,人们逐步认识到教育现代化不仅是一个物质建设工程,更是一个体制与文化变革的过程。信息技术并不会直接带来真正意义上的教育现代化,只有当信息技术与教育深度融合,推动教育理念更新、教育制度变革、教育体系重构,教育信息化赋能的教育现代化才有可能全面实现。教育信息化引领教育现代化的核心要义在于"技术与教育的深度融合""教育的系统性变革""信息技术的拟人化发展"三个方面。①

(1)技术与教育的深度融合。融合是指不同个体或群体以互补的方式共同发展,产生实质的、有意义的联系,最终融为一体的过程。② 信息技术最初是作为外在工具被引入教育领域的,其目的是提高知识传播效果和效率,最终只带来教学媒介的转换,并未催生教育创新。《教育信息化2.0行动计划》提出"信息技术与教育教学深度融合"的核心理念,要求我们必须重新审视信息技术在教育中的角色定位。在教育信息生态系统中,信息技术不仅是承载信息的媒体,更是沟通学习者社群、学校教育环境和社会文化环境、实体空间和虚拟空间的连接点,使教育的各个要素以最优化的方式共同作用于学习者个体成长。此外,技术与教育的融合并不是技术的单路冒进,而是二者的双向融合。在转换信息技术角色的同时,教育自身也做出调整,为技术变革价值的发挥创造空间。如众创空间、STEAM教育、创客教育、学分银行等新兴教育实践,都是信息技术

---

① 卢晓中,王胜兰.我国教育信息化发展的历史审思与未来路向——从教育信息化与教育现代化关系的角度[J].江苏高教,2019(12).

② 余胜泉.推进技术与教育的双向融合[J].中国电化教育,2012(5):5-14.

与教育深度融合的产物。此时的信息技术已逐渐由一种外在于教育过程的技术工具,走向教育过程的内生元素甚至成为教育本身。传统教育在经过技术化改造后,自身的关系和结构也得以优化,以一种技术教育的形式帮助我们实现教育终身化。

(2)教育的系统性变革。如果说在第一步阶段,教育信息化实际上仅仅是对传统教育的局部优化,那么在第二步阶段的教育信息化则着眼于推动教育系统性变革,承担引领全面实现教育现代化的角色。教育的系统性变革包括教育系统内部变革和教育系统外部变革两个方面,教育内部变革的目的在于构建开放、公平、有质量的全纳教育体系,教育外部变革的目的在于创建教育发展与国家战略需求间的良性互动关系。[①] 就教育系统内部变革而言,主要依托技术创新,优化教学过程和驱动教育供给侧改革。例如:依托网络学习空间集成在线教学、资源推送、学籍管理、学习生涯记录等功能,诱发个性化学习、差异化教学、证据型管理和智能化服务;依托互联网平台和智能终端,使互联网企业和社会教育培训机构成为教育服务的重要供给方,打破学校实体围墙的限制,创建低成本的、灵活的、与社会融合的终身教育服务体系。就教育系统外部变革而言,当前我国教育信息化已进入由点到面发展的关键期,教育信息化不仅要着眼于课堂教学的微观层面和学校教育的中观层面,更要从世界政治经济格局及国家的经济、科技、社会诸方面发展等宏观背景进行全面认识。教育信息化在发挥教育内部变革优势的基础上,配合国家整体战略部署,担负起构建教育强国和社会主义现代化强国,助力精准扶贫、乡村振兴和"一带一路"倡议,实现中华民族伟大

---

① 胡钦太,张晓梅.教育信息化2.0的内涵解读、思维模式和系统性变革[J].现代远程教育研究,2018(6):14-22.

复兴的历史使命。

（3）信息技术的拟人化发展。信息技术在教育中的应用已有近半个世纪，但由于最初的技术并不成熟，且社交网络尚未建立，信息技术只能作为准确表征和单向传递教学信息的实体工具。信息技术"工具论"造成教育过程中重教轻学、重物轻人的异化现象，人的主体地位被遮蔽。事实上，任何信息技术都是由去情境性的代码和算法构成的，而教育是个体在活动和互动过程中内化而成的。要在教育领域发挥作用，信息技术就要从单纯的"工具"变成"学习伙伴"。信息技术拟人化将人类独有的特质赋予技术实体[①]，刺激人与技术之间的良性互动，有可能改变技术与人的原有关系，走向技术服务于个体生命成长，这是与教育现代化本质追求相一致的方面。近年来，物联网、大数据、云计算、机器学习、机器语言等一系列核心技术的发展使人机交互成为拟人化研究的重点领域，并开始赋予机器以人工智能，具备一定人工智能特征的机器可以为人类提供更加个性化、灵活、真实的学习体验。2018年4月，我国教育部印发了《高等学校人工智能创新行动计划》。2019年3月，联合国教科文组织发布《教育中的人工智能：可持续发展的机遇和挑战》，教育与人工智能融合成为教育变革的强大动力。目前人工智能及相关技术在教育领域的应用主要在自适应/个性化学习、虚拟导师、教育机器人、基于编程和机器人的科技教育、基于虚拟现实/增强现实的场景式教育五大方面。[②] 随着技术拟人化的蓬勃发展，人工智能将渗入教学内容、教学方法、教学模式、教育评价、教育治理乃至整个教育体系，教育将在技术的助推下更加接近其本质。

---

① Gray H M, Gray K, Wegner D M. Dimensions of mind perception[J]. Science,2007(24):315-619.

② 杨宗凯.教育信息化2.0:颠覆与创新[J].中国教育网络,2018(1):18-19.

(三) 全民走向终身学习

教育走向终身化需要我们每个人的努力,这既是时代要求,也是个人积极向上的要求。服务全民终身学习体系的构建不只是国家和相关机构与社会的责任,而且与我们人人相关。服务全民不仅是全民享受,而且以外界力量助推,促进个人的终身学习,在教育终身化时代更是如此,个人始终是学习的核心。终身学习需要在个体、团队、组织和区域等不同层面持续推进。

(1) 树立终身学习理念。理念是行动的先行者,先进的理念能帮助我们确定正确的方向,指导我们的实践活动。时代的浪潮奔流不息,现如今,科技迅猛发展,知识更新速度加快。习近平总书记曾说过:面对我们的知识、能力、素质与时代要求还不相符合的严峻现实,我们一定要强化活到老、学到老的思想,主动来一场"学习的革命"。[1] 要想跟上时代的步伐,适应这变化万千的世界,我们要树立终身学习的理念,提高学习的主动性和积极性。

(2) 增加终身学习内容。我们要增强马克思主义理论及其他理论学习,理论学习可以武装头脑,尤其是马克思主义理论及其相关成果。同时也要学习政治、经济、文化等方面的知识,把各种知识的学习当作一个整体,相互融合,才能帮助我们拓宽思维与视野,以追赶时代发展的脚步。更重要的是我们自身的专业学习,现代不是以前的学一时用一生的时候了,而是要终身学习,在自己的业务方面要精,在外在发展方面要知,要博览晓通。

(3) 践行终身学习思想。终身学习就是要勤学,并且要学以致用。终身学习并不是一句口号,而是需要在实践中发展与提高。勤学是终身学习的手段,勤学方可求得真学问,扩大学习范畴,拓宽学

---

[1] 习近平.之江新语[M].杭州:浙江人民出版社,2007.

习视野,终身学习是唯一路径。学会把学到的知识运用到实践中去,即终身学习依附于终身实践。这是教育终身化的大时代要求。

总之,在新时代我们强调终身教育、终身学习。时代在进步,在社会快速发展的时代背景下,知识更新速度越来越快,人类不能停下学习的步伐。随着网络化时代的到来,知识更新的速度前所未有,一个人要保持创新力,就必须不断更新自己的知识体系,不断接受新知识。

在新工业革命的跑道上,我国为促进教育终身化的发展发布了一些政策文件,在实践上也不断进步。于国家而言,要办好终身教育,总体统筹教育发展,进行教育改革,以适应新时代、智能时代的特点。于个人而言,我们要做好终身学习,掌握新技术、新知识。

未来的教育必将是开放的、系统的、整体的、终身的。

第六章
迎接第三次教育革命：教育转型如何完成

第一节 新时代与中国方案

一、中国教育改革新时代

（一）中国站在新的历史方位

改革开放以来，中国教育取得了显著成就。在此基础上，党的十八大以来，中国教育进入全面深化改革新阶段。教育是全面深化改革的重要领域，破解发展中面临的难题，实现人民对更好教育的期盼，除了深化改革，别无他途。近些年，在以习近平同志为核心的党中央的坚强领导下，从上到下，教育战线焕发出空前的改革激情、激荡起蓬勃的改革动力，推动中国教育事业达到了一个新高度。

一方面，在国家政策措施带动下，传统学校教育领域改革在各个方面取得了重大突破。2017年，由教育部、财政部、国家发展改革委员会联合印发《统筹推进世界一流大学和一流学科建设实施办法（暂行）》，拉开了高等教育"双一流"建设的序幕。资源分配面向

第六章 迎接第三次教育革命：如何完成教育转型

国家重大战略需求，面向经济社会主战场，面向世界科技发展前沿，突出建设的质量效益、社会贡献度和国际影响力。2018年，中共中央、国务院颁布《关于全面深化新时代教师队伍建设改革的意见》，对努力建设一支高素质、专业化、创新型教师队伍做出决策部署，包括高考制度改革、新课程改革等，一系列重大改革措施，直击传统教育体系弊端。2019年，中共中央、国务院印发《关于深化教育教学改革 全面提高义务教育质量的意见》，学校教育领域进入全面质量提升新阶段。教育部还制定了《教育信息化2.0行动计划》，人工智能、编程课程将被纳入初、高中学业水平考试。

另一方面，构建终身化新型教育体系改革探索不断取得新进展。进入21世纪第一个十年，中国首次将终身教育发展提升到国家战略高度。2002年，党的十六大强调要构建终身教育体系，形成全民学习、终身学习的学习型社会，促进人的全面发展。此后，党的十七大、十八大提出要建设全民学习、终身学习的学习型社会，完善终身教育体系，建设学习型社会。再一次突出强调了构建终身教育体系是中国全面建成小康社会、实现中华民族伟大复兴的根本保障。2010年，我国颁布《国家中长期教育改革和发展规划纲要（2010—2020年）》，首次把学习型社会建设作为一个"有时限"的战略目标提出来，到2020年基本建成终身教育体系的目标确立，并开始了大规模的试点运动。党的十九大以来，我国终身教育体系构建和学习型社会建设进入快车道。习近平总书记在党的十九大报告中提出要加快建设学习型社会目标要求，并在各种场合对各类人群提出了终身学习的要求，中国进入构建服务全民终身学习的现代教育体系新时代。

时代大潮奔腾不息，不以任何人的意志为转移。一直以来，科学和技术始终是影响人类命运和大国关系的重要变量。如今，整个世界正经历前所未有的历史巨变,新一轮科技革命和产业变革正在引发人类社会的整体变迁,新旧动能加速转换。处于这样的人类历史拐点,中国站在了发展的新历史方位上。

中国发展进入新时代,从一定意义上说是抓住了新一轮工业革命的历史机遇。此前的三次工业革命,均发源于西方国家并由西方创新和主导,在新工业革命中,中国跟上时代,第一次成为世界重要工业力量,站在了新的历史起点上。这意味着我国将搭乘这场新巨变的列车,向实现中华民族伟大复兴的中国梦迈进,亟须培育现代化新体系、新引擎。为新时代奠基,中国面临新的竞争和挑战。

与此同时,中国要实现现代化,教育现代化是必须要考虑的,教育在国家竞争中的作用越发凸显教育改革势在必行。北京师范大学副校长陈丽指出,当前我国教育改革与发展已经进入一个全新阶段。一方面我们处在新的历史方位,科技革命正在引发人类社会的变革,我们应该去思考如何使学习者能够更好地适应未来充满变化的世界;另一方面,在国际坐标中崛起的中国面临着新的竞争与挑战,从跟跑到领跑,我们需要提升原始的创新能力,培养自主创新人才。在新的阶段,中国教育改革的客观要求非常高,从中长期看也必将是一场历史性、全方位的教育变革。应该从关注形式创新转变为关注内涵创新,用新理论、新技术、新方法为教育内涵发展赋能。

(二)中国教育改革新进展

党的十九大明确提出,实现教育现代化,建设人力资源强国,标志着进入新时代,我国教育改革发展进入了新征程。事实上,自党的十八大以来,以习近平同志为核心的党中央高度重视教育事业,把教育摆在优先发展的战略位置,颁布了一项项改革措施,提出了一些非常重要的观点,如"五位一体""四个全面""立德树人"等,中国教育事业取得新进展。

第六章 迎接第三次教育革命：如何完成教育转型

总体而言，我们不再盲目学习西方，而是一步步探索建立自己的教育话语体系，从根本上转向。1957年以前，我们学习苏联。大约从1958年起，我们开始探索中国教育自身的发展道路。经过几十年的努力，特别是改革开放以后，我们吸收了一些西方的教育思想，引进了先进教育理念和先进教育技术来改造我们的教育，特别是改造我们的大学，同时注意继承中国优秀教育传统，总结自己的办学经验，逐渐建立了中国特色社会主义教育体系——从学前教育、义务教育到研究生教育，我们已经建立起了一个自己的教育体系。

顾明远先生将改革开放以来取得的成就概括为教育观念的转变、教育事业的发展、教育制度的创新、教育科研的繁荣、教育从"请进来"到"走出去"五个方面。①

华东师范大学教育治理研究院院长范国睿从宏观层面指出改革开放40年来我国教育的变化。教育系统各领域、各层次、各要素之间的结构关系从无序走向有序、从集中走向分权、从规制走向赋能、从管理走向治理，教育对外开放制度从借鉴国外先进经验逐步走向为全球教育治理、建设人类命运共同体贡献中国智慧，教育开放质量水平不断提升，正形成充满活力、富有效率、更加开放、有利于科学发展的教育基础性制度体系。②

改革开放以来，中国教育改革努力探索出一条中国特色社会主义教育发展之路，且取得了辉煌的成就。学者朱永新提到，自改革开放以来，中国教育的改革是全面而深刻的，中国教育的发展也是

---

① 顾明远,蔡宗模,张海生.中国教育改革发展的昨天、今天和明天——顾明远先生专访[J].重庆高教研究,2019(2):5-11.
② 郭晓霞.教育改革开放40年[J].内蒙古教育,2018(23):25-28.

跨越式和超常规的。①

二、推进面向2035的可持续发展中国战略

在全球新一轮工业革命浪潮中,联合国教科文组织以其更高远的站位对全球教育做出了回应,未来十几年,教育不仅成为全球实现可持续发展的核心和关键,教育本身也面临从人到教育整体的全面系统的可持续化问题。

2015年,联合国通过了"2030年可持续发展议程",规划了人类未来15年可持续发展的总目标。在此基础上,联合国教科文组织通过了"教育2030行动框架",并发布了具有里程碑意义的报告——《反思教育:向"全球共同利益"的理念转变?》,使得2030年全球教育的未来蓝图得以清晰勾勒。当今,我们迎来了百年未有的历史大变局,在这样的历史转折处,"教育2030行动框架"及报告《反思教育:向"全球共同利益"的理念转变?》具有重大的现实意义。

"教育2030行动框架",一个更加进取、关乎世界未来十几年教育发展的新的教育议程,"确保全纳、公平的优质教育、使人人可以获得终身学习的机会",动员所有国家和合作伙伴响应教育的可持续发展目标,提出了实施协调、筹措资金及监测教育2030的方法。②

《反思教育:向"全球共同利益"的理念转变?》是在恐怖主义依然猖獗、环境污染日益严重等全球性问题不断的情况下问世的,目的是应对当前及未来新的教育挑战。该报告充满了人道主义精神——教育要尊重生命,尊重人格,尊重和平,尊重平等,尊重人的权益,而且要为可持续发展承担责任;教育是人类的共同利益,知识

---

① 朱永新.中国教育改革40年的成就与经验[J].中国德育,2018(20):5.
② 徐莉,王默,程换弟.全球教育向终身学习迈进的新里程——"教育2030行动框架"目标译解[J].开放教育研究,2015(6):16-25.

是全人类的财富,要全人类共享。教育虽不是万能的,但是至少教育要有理想,我们要对培养什么样的人有清晰的认识。①

"教育2030行动框架"及报告《反思教育:向"全球共同利益"的理念转变?》提出重新审视学习、知识和教育,其应被界定为需要全世界集体努力的"共同利益"的核心,其核心的突破点在于"共同利益"对原有教育的"公益性"和"公共产品"性质的超越,其所引发的全球教育治理格局的变化将是颠覆性的。"共同利益"是联合国教科文组织推进教育新阶段的新理念,追求全纳、公平、有质量的教育和全民终身学习,进入终身教育的实质发展阶段。② 该报告被认为是继《富尔报告》后的又一里程碑式的报告。

此外,欧盟和OECD(经济合作与发展组织)等国际组织在教育上紧跟时代的步伐,做出了一系列重大部署和安排。欧盟将教育和培训视为未来发展的核心。进入信息技术时代,随着信息技术革命的迅速发展,促进数字技术在教育领域的应用已成为欧洲教育政策的优先事项。2018年1月17日,欧盟委员会颁布了《数字教育行动计划》,该计划阐述了欧洲教育和培训体系如何更好地利用数字技术,以及在数字化变革时代如何提升学习和工作所需的能力。欧盟及其成员国采取了一系列措施支持教育信息化的发展。该计划是欧盟对教育信息化进行的重大干预,进一步呼吁和反思在技术变革和全球化时代教育应如何利用信息技术增强其竞争力。③ 同一年,

---

① 翁绮睿.国际视野下的教育变革——《反思教育:向"全球共同利益"的理念转变?》中文版出版研讨会综述[J].教育研究,2017(11):158-159.

② 郭伟,张力玮.借镜《教育2030行动框架》打造"中国教育现代化2035"——访中国教育学会副会长、中国教育发展战略学会副会长、长江教育研究院院长周洪宇教授[J].世界教育信息,2018(4):3-7.

③ 赵森.欧洲教育信息化新进展——基于欧盟《数字教育行动计划》的分析[J].世界教育信息,2018(20):6-9.

欧盟发布的《关于终身学习的核心素养提案(2018)》构建了全新的核心素养框架,新的核心素养框架折射出信息化时代对人的能力发展所提出的新要求,而且强调立足核心素养,严格训练教师。①

同样,随着数字化背景下终身学习时代的到来,为应对知识经济、信息总量的增长,经济合作与发展组织教育研究与创新中心发布了题为《教育创新:数字技术和技能的力量》的报告。该报告主要探讨了数字技术对教育教学所形成的影响,不仅丰富了已有的教学手段和评价手段,也带来了学习者学习方式的根本变革。② 除了颁布一些顺应时代潮流的报告或文件外,在实践中,欧盟和OECD等国际组织也在不断采取措施推动教育变革和发展。

事实上,数字技术、人工智能等新技术的产生和发展不仅对社会和经济产生了深远影响,也推动了教育系统内教育理念、教育体系、人才观等深层次的变化。为了应对第三次教育革命带来的挑战,抓住机遇,除了欧盟和OECD外,世界各国都陆续推出了相关政策或战略加以应对。

教育是实现可持续发展的动力和建设更美好世界的关键。由联合国教科文组织会同其他一些国际组织编制完成的"教育2030行动框架",既是对过去教育发展状况的阶段总结,又是立足于当下的教育发展境况,切合实际对未来教育发展的指向做出的合理的愿景规划。主旨就是"取向全纳与公平的优质教育,为所有的人提供终身学习的机会"。从这一主旨可以看出,教育的可持续发展呈现出全纳、公平、终身教育等发展趋势。终身教育作为教育可持续发

---

① 李保强,陈晓雨.欧盟培育公民新核心素养的举措及其启示[J].教师教育论坛,2019(2):75-78.

② 田铁杰.数字技术引领下的教育创新——基于对OECD《教育创新:数字技术和技能的力量》报告的分析[J].教育科学,2018(4):24-29.

展的重要因素,其理念始终指引着教育的可持续发展,并贯穿于教育发展的实践当中,使之朝着理想的状态不断前行。以公益性、可持续发展、终身性、公平性等视角作为终身教育理念内涵的切入点,这对教育实现人的可持续且更好地发展这一目标具有很大的积极效用。①

"教育2030行动框架"一经发布,就引起了国内学者的深入研究,其中有对其目标的诠释,也有将其放入各级各类教育中来进行详细的阐述,进行本土化的深入学习。中国更是紧跟时代潮流。

以前中国学习西方,现在中国正逐渐走向世界教育中心,建立属于自己的教育话语体系。围绕服务全民终身学习的现代教育体系,人人、处处、时时,建立中国特色的教育体系,这套体系的新的哲学基础是东方的传统文化,世界是统一的、整体的、不可分割的。这是与以往教育体系的根本不同,东方文明逐渐走向世界舞台中央,中国不断探索构建具有自身特色的教育体系。

首先,2019年,中共中央、国务院印发了《中国教育现代化2035》。《中国教育现代化2035》是我国积极参与全球教育治理、履行我国对联合国可持续发展议程的承诺,为世界教育发展贡献中国智慧、中国经验、中国方案的实际行动。中国教育进入了新旧动能转换的新阶段。其中提出加快推进教育现代化要更加注重终身学习,还强调了到2035年建成服务全民终身学习的现代教育体系。

其次,中共十九届四中全会提出构建服务全民终身学习的教育体系。满足人民多层次、多样化需求,使改革发展成果更多、更公平惠及全体人民。要健全有利于更充分、更高质量就业的促进机制,

---

① 孙刚成,张丹.基于"教育2030行动框架"的终身教育理念及其价值取向[J].成人教育,2018(1):1-5.

构建服务全民终身学习的教育体系,完善覆盖全民的社会保障体系,强化提高人民健康水平的制度保障。①

教育部关于加强新时代教育科学研究工作的意见指出,要推动解决教育实践问题,其中明确提到深入开展服务全民的终身学习体系和学习型社会建设研究。

2019年5月,中国政府与联合国教科文组织合作在北京举办国际人工智能与教育大会,并形成成果文件《北京共识——人工智能与教育》,形成了国际社会对人工智能时代教育发展的共同愿景。其中强调要采用人工智能平台和基于数据的学习分析等关键技术,构建可支持人人皆学、处处能学、时时可学的综合型终身学习体系,还多次提到"终身学习"一词。联合国教科文组织指出,终身学习是实现可持续发展目标的指导原则,它包括学前教育、基础教育、中等教育、高等教育、职业教育及成人的正式学习和非正式学习。建立终身学习体系,可以使所有人,包括不同性别、不同性格禀赋、不同兴趣特长、不同素质潜能的学生,都能接受符合自己成长需要的教育,让学习成为每个人的生活习惯和生活方式,实现人人皆学、处处能学、时时可学。② 人工智能提供了这样的机会,从多个方面规划了人工智能时代的教育。

2019年5月,联合国教科文组织发布《北京共识——人工智能与教育》,这也是首个为利用人工智能技术实现2030年教育议程提供指导和建议的重要文件。该文件从智能时代的教育政策规划、教育管理与供给、教学教师、学习评价、价值观和技能、全民终身学习

---

① 十九届四中全会9个提法值得注意[J].理论导报,2019(11):53.
② 张慧,黄荣怀,李冀红,等.规划人工智能时代的教育:引领与跨越——解读国际人工智能与教育大会成果文件《北京共识》[J].现代远程教育研究,2019(3):3-11.

等方面,分别对不同群体提出建议,希望通过人工智能与教育的系统融合,全面创新教育、教学和学习方式,并利用人工智能加快建设开放灵活的教育体系,确保全民享有公平、适合每个人且优质的终身学习机会,从而推动可持续发展目标和人类命运共同体的实现。

同时值得关注的是,《北京共识——人工智能与教育》强调,要采用人工智能平台和基于数据的学习分析等关键技术,构建可支持人人皆学、处处能学、时时可学的综合型终身学习体系。要确保人工智能促进全民优质教育和学习机会,无论性别、残疾状况、社会和经济条件、民族或文化背景以及地理位置如何。① 中国倡导的"人人皆学、处处能学、时时可学"思想,首度被作为"综合型终身学习体系"而写入世界文本。这标志着为下一个时代教育奠基的中国思想走向了世界,也预示着中国在第三次教育革命中担负着越来越多的世界责任。

(一)教育现代化对标2035年基本实现国家现代化

2019年2月,发生在中国教育领域的一件里程碑式的大事是,中共中央、国务院印发了《中国教育现代化2035》,并发出通知,要求各地区各部门结合实际认真贯彻落实。中共中央办公厅、国务院办公厅印发了《加快推进教育现代化实施方案(2018—2022年)》(以下简称《实施方案》)。提出到2035年总体实现教育现代化的宏伟目标,推动我国成为学习大国、人力资源强国和人才强国,这是新时代与中国走向现代化强国同步推进的教育强国宏伟蓝图。

教育部负责人就两个文件有关情况回答记者提问,进一步提到:党的十九大明确提出建设教育强国是中华民族伟大复兴的基础

---

① 联合国教科文组织正式发布国际人工智能与教育大会成果文件《北京共识——人工智能与教育》[EB/OL].[2019-08-28]. http://www.eol.cn/news/yaowen/201908/t20190828_1680527.shtml.

工程,必须把教育事业放在优先位置,深化教育改革,加快教育现代化,办好人民满意的教育。习近平总书记多次对教育工作做出指示、批示,强调要发展具有中国特色、世界水平的现代教育,为建设教育强国指明了方向。2018年9月10日,党中央召开全国教育大会,习近平总书记在大会上发表重要讲话,系统回答了关系教育现代化的重大理论和实践问题,对加快教育现代化、建设教育强国、办好人民满意的教育做出了全面部署,向全党、全国、全社会发出了加快教育现代化的动员令,为新时代教育提供了根本遵循。李克强总理在讲话中强调,要准确把握教育事业发展面临的新形势、新任务,全面落实教育优先发展战略,以教育现代化支撑国家现代化。[1]

《中国教育现代化2035》是我国第一个以教育现代化为主题的中长期战略规划,是新时代推进教育现代化、建设教育强国的纲领性文件,定位于全局性、战略性、指导性。与以往的教育中长期规划相比,其时间跨度更长,重在目标导向,对标新时代中国特色社会主义建设总体战略安排,从"两个一百年"奋斗目标和国家现代化全局出发,在总结改革开放以来特别是党的十八大以来教育改革发展成就和经验基础上,面向未来描绘教育发展图景,系统勾画了我国教育现代化的战略愿景,明确了教育现代化的战略目标、战略任务和实施路径。具体提出了八个方面的主要发展目标和十大战略任务,从这些具体内容可以发现,中国特色社会主义进入新时代,我国追求更高质量、更有效率、更加公平、更可持续的教育目标。《实施方案》定位于行动计划和施工图,聚焦未来五年教育发展的战略性问题、当前教育发展面临的紧迫性问题和人民群众关心的问题,按照

---

[1] 绘制新时代 加快推进教育现代化建设教育强国的宏伟蓝图——教育部负责人就《中国教育现代化2035》和《加快推进教育现代化实施方案(2018—2022年)》答记者问[J].人民教育,2019(5):14-18.

可实施、可量化、可落地的原则,将教育现代化远景目标和战略任务细化为未来五年的具体目标任务和工作抓手,指导推进今后五年教育改革发展,确保新时代教育现代化建设开好局、起好步。①

社会主义现代化,归根结底是人的现代化,这又需要借助教育的途径来实现,因而我们迫切需要以教育现代化推进社会主义现代化的实现。

我国教育处在什么样的平台和起点上呢?从总体上看,目前我国各级教育入学(园)率已经达到中上收入国家门槛。联合国教科文组织的全民教育指数监测表明,我国居于前1/3,在联合国开发计划署的"人类发展指数(包括各级入学率)"中,我国高于世界平均水平。从人力资源开发存量看,我国新增劳动力平均受教育年限和主要劳动年龄人口接受高等教育比例,均处于发展中国家较好水平。② 基础教育发展向前迈进一大步,终身教育发展也逐渐转入实质发展阶段。

教育现代化对国家实现现代化来讲至关重要。21世纪的中国教育,是融普通教育、职业教育、继续教育为一体的终身学习体系框架,势必逐渐淡化各个教育层次类型之间的"筛子效应"。正如习近平总书记所要求的,"构建衔接沟通各级各类教育、认可多种学习成果的终身学习立交桥",推动21世纪中国人的教育与学习,正在朝着更有质量、更加公平、更为有用、更可持续的方向发展,将让亿万

---

① 绘制新时代 加快推进教育现代化建设教育强国的宏伟蓝图——教育部负责人就《中国教育现代化2035》和《加快推进教育现代化实施方案(2018—2022年)》答记者问[J].人民教育,2019(5):14-18.

② 国家督学张力:面向2035,中国教育现代化开启新征程[EB/OL].[2018-12-06].https://www.csdp.edu.cn/article/4975.html.

人民群众感到更加满意。①

(二)中国教育现代化走向新时代、新目标、新征程

当前新一轮科技革命和产业革命正在孕育兴起,重大科技创新正在引领社会生产新变革,互联网、人工智能、区块链等新技术的发展正在不断重塑教育形态,知识获取方式与传授方式、教与学关系正在发生深刻变革。人民群众对教育的需求更为多样,对更高质量、更加公平、更具个性的教育需求更为迫切。中国抓住机遇,以更高远的历史站位、更宽广的国际视野、更深邃的战略眼光,对加快推进教育现代化、建设教育强国做出战略部署和总体设计。"这将是中国人民实现教育强国百年梦想的里程碑,是中国实现教育整体赶超的里程碑,是中国实现人力资源高质量开发的里程碑,同时也是发展中国家实现教育现代化的里程碑。"②

在这样的时刻,中共中央、国务院印发了《中国教育现代化2035》,正如教育部负责人所说,《中国教育现代化2035》是"我国第一个以教育现代化为主题的中长期战略规划"。其中提出要构建服务全民终身学习的现代教育体系。更加值得注意的是"服务全民终身学习"成为"2035现代教育体系"的界定语,这是我国第一个以"服务全民终身学习"界定教育现代化主题的中长期战略规划。这一界定首次将服务全民终身学习的终身教育建设目标统一到中国现代化进程,并实际明确了2035年我国要建成的现代教育体系,就是服务全民终身学习的终身教育体系,是扎根于本土现代化伟大进程中的中国终身教育体系。这对我们抓住机遇,应对挑战具有重大

---

① 国家督学张力:面向2035,中国教育现代化开启新征程[EB/OL].[2018-12-06]. https://www.csdp.edu.cn/article/4975.html.
② 高书国.中国特色世界先进水平优质教育的时代内涵[J].人民教育,2019(6):35-38.

意义。①

同时,该文件强调了终身学习这一重要理念,终身学习满足了时代发展的需要。当今时代,世界飞速发展,各种新情况、新问题层出不穷,知识更新的速度大大加快,人们要适应不断发展变化的客观世界,就必须把学习从单纯的求知变为生活的方式,努力做到活到老、学到老。②

综述可以看出,从中国实际出发,在学习国际优秀成果基础上,中国积极采取措施来扎根中国大地办教育。同时,中国颁布了一系列的重要的政策文件中都或多或少渗透着构建服务全民终身学习的教育体系的理念,时时、处处、人人,这些我们之前就提到的词,又重新出现在政策文件中,拥有着优秀传统文化的中国一步步构建着有中国特色的教育体系,一个属于新时代,展现中国智慧的教育体系。

三、跨入教育强国总方略

党的十九大明确提出建设教育强国是中华民族伟大复兴的基础工程,必须把教育事业放在优先位置,加快教育现代化,办好人民满意的教育。

(一)办好人民满意的教育

党的十九大报告确立了以人民为中心的发展思想和办好人民满意的教育的基本原则,这为新时代中国教育事业的发展指明了前进方向。

---

① 盛雪云.河北师范大学教授、博士生导师徐莉:办好人民满意的教育,呼唤新的教育体系[EB/OL].在线学习,2019-09-24.

② 刘昌亚.加快推进教育现代化 开启建设教育强国新征程——《中国教育现代化2035》解读[J].教育研究,2019(11):4-16.

办好人民满意的教育深深扎根于我国教育发展的现实与基本国情,是我们美好的教育诉求。站在今天新的历史方位回首发展教育的那些年,"办人民满意的教育"很早就是我们的教育目标。从2006年胡锦涛同志首次提出"办人民满意的教育"的改革理念到党的十九大与全国教育大会进一步强调"办好人民满意的教育"。可以说,办好人民满意的教育作为新时代我国教育发展与改革的基本方向与总要求,体现了构建新时代中国特色社会主义教育的理论思想体系与坚持教育事业科学发展的内在要求,具有重要的时代价值与社会意义。①

办好人民满意的教育,就是让人民在教育发展改革中享有更多的获得感,让人民获得实在的利益,其核心追求是全面提高教育质量、实现教育公平、走内涵式发展道路,全面落实教育优先发展战略。办好人民满意的教育,倾听的是人民大众的声音,能够准确抓住制约我国教育发展的瓶颈与重点,进而破解教育发展的难题。在此基础上去理解办好人民满意的教育的内涵,大概包括三个方面:第一,满足人民对基本教育的需求;第二,满足人民对优质教育的需求;第三,不断满足人民群众对差异性与多元化教育的需求。②

(二)构建服务全民终身学习的现代教育体系

2019年2月,中共中央、国务院印发《中国教育现代化2035》,这是我国第一个以教育现代化为主题的中长期战略规划,是我国加快推进教育现代化的行动纲领和贯彻落实党的十九大和全国教育大会精神的重要举措,为我国实现教育现代化架构了顶层设计,明

---

① 吴佳莉,郑程月,吴霓."办人民满意的教育"的内涵、演进与实践路径[J].清华大学教育研究,2018(6):74-79.
② 吴佳莉,郑程月,吴霓."办人民满意的教育"的内涵、演进与实践路径[J].清华大学教育研究,2018(6):74-79.

确了实施路径。

改革开放以来,党中央、国务院先后颁布《中国教育改革和发展纲要》《国家中长期教育改革和发展规划纲要(2010—2020年)》等纲领性文件,在不同历史时期有力指导、推动了教育改革发展。2035年是我国基本实现社会主义现代化的重要时间节点,面向2035年目标,描绘好教育发展的远景蓝图,确立到2035年的中长期发展目标。

2035年,总体实现教育现代化,迈入教育强国行列,推动我国成为学习大国、人力资源强国和人才强国,为到21世纪中叶建成富强民主文明和谐美丽的社会主义现代化强国奠定坚实基础。2035年主要发展目标是建成服务全民终身学习的现代教育体系、普及有质量的学前教育、实现优质均衡的义务教育、全面普及高中阶段教育、职业教育服务能力显著提升、高等教育竞争力明显提升、残疾儿童少年享有适合的教育、形成全社会共同参与的教育治理新格局。

中共十九届四中全会是我们党站在"两个一百年"奋斗目标历史交汇点上召开的一次十分重要的会议,是在新中国成立70周年之际、我国处于中华民族伟大复兴关键时期召开的一次具有开创性、里程碑意义的会议。在这样重要的会议上,提出构建服务全民终身学习的教育体系,首次将构建服务全民终身学习的教育体系目标上升至国家制度建设层面,要求发挥网络教育和人工智能优势,创新教育和学习方式,加快发展面向每个人、适合每个人、更加开放灵活的教育体系,建设学习型社会,真正办好人民满意的教育。

(三)新一代人工智能和教育信息化2.0

新中国成立后,党和政府高度重视教育,把发展教育上升到国家战略层面,从而促进了教育的大发展、大繁荣。中国在参与全球化的进程中实现了弯道超越,实现了工业化和全球化,甚至成为工业文明和信息文明的世界引领者。在以人工智能为代表的新一轮工业革命中,中国不断加快教育现代化的步伐,正大踏步向着美好的未来进发。

1. 新一代人工智能

人工智能在中国已上升为国家战略。近年来,我国在人工智能领域制定了一系列举措和规划,可以简单统称为"中国脑计划"。"中国制造2025""互联网+"等方面的规划构成了我国与数字经济、智慧经济相关的一系列重大举措集成。

2017年7月,国务院出台了《新一代人工智能发展规划》,将人工智能的发展列入国家战略发展规划中,这将大大推动我国人工智能产业的发展。同时把人工智能一级学科建设列为重点工作之一,通过人工智能技术来辅助日常教学,实现日常教育和终身教育的定制化,推动新型教育体系的构建。

2. 教育信息化2.0

2018年4月13日,教育部印发了《教育信息化2.0行动计划》。探索一条有中国特色的教育信息化发展道路是"十三五"时期我国教育信息化工作的任务之一。回顾这些年来的实践探索,我们已经完成了不少积累。例如:我们的基础设施在很多方面已经接近国际先进水平,甚至有些地区和学校已经超过了国际先进水平;"人人通"的整个战略部署具有鲜明的中国特色。我国的体制使得我们以最快的速度动员各方力量,实现了教育信息化超预期发展,初步形成了政府引导、社会参与、学校自主选择的机制。[①]

我们正处在这样的新时代:将技术与教育深度融合的时代。在

---

① 王珠珠.教育信息化2.0:核心要义与实施建议[J].中国远程教育,2018(7):5-8.

这个新时代,教育必将呈现出三个特点:第一,线上线下结合的教与学成为主流;第二,建立在数字化、网络化基础上的个性化、终身化学习将变得更加重要;第三,智能化将引发教与学更加深刻的变革。① 未来,我们获取知识的途径多样化,学习方式不再局限于课堂这种正式学习,教师的教也同样发生着变化,教师教什么、如何教都是我们需要思考的问题。

国家出台了《教育信息化2.0行动计划》,希望通过这项计划实现"三全两高一大"的发展目标。"三全"是指教学应用覆盖全体教师,学习应用覆盖全体适龄学生,数字校园建设覆盖全体学校。"两高"是指着力提高教育信息化应用水平,着力提高广大师生信息素养。"一大"是指建成"互联网+教育"大平台。由此实现三个转变,即从教育专用资源向教育大资源转变,从提升师生信息技术应用能力向全面提升其信息素养转变,从融合应用向创新发展转变。

第二节 打造面向新时代的教育奠基工程

一、从公共性到共同利益:知识与教育的人文性重塑

"教育具有公共性,属于公益事业",这是以往人们对于教育的普遍认识。但这一认识在新时代是否适合,是值得深入讨论的问题。《反思教育:向"全球共同利益"的理念转变?》是联合国教科文组织在2015年发布的报告,对人们普遍认为的教育的公共性提出了质疑,主张应"重新思考指导教育治理的规范性原则,特别是受教

---

① 王珠珠.教育信息化2.0:核心要义与实施建议[J].中国远程教育,2018(7):5-8.

育权利和以教育为公益的概念"①。

进入新时代,教育的公共性特征越来越多地显现出它的局限性,其局限性主要表现在以下几个方面:作为教育内容的确定性的"知识"概念与内涵不能满足时代发展的需要,"知识"正在被重新定义;"互联网+教育"正突破学校的围墙,使得教育不再是学校教育的代名词,教育的所有制关系正在面临挑战;人们对终身学习的诉求也越来越高,呼唤终身教育,而公共性的教育已经不能满足人们的教育需求。

与此同时,人们对"共同利益"的理解也越来越丰富和深刻。石中英教授2017年在一次演讲中曾说,"共同利益"概念反映了当代社群主义的自我理论、政治主张和价值取向。它既反对极端的个人主义,也反对狭隘的国家主义,强调人类的共同人性、相互依存、社会团结与信任的重要性,并因此与"人类命运共同体"概念有共通之处。一种能被新时代所理解与接受的"共同利益",必定与"人文性"有关,其底蕴是知识与教育的人文主义的发展观。人文主义的发展观的伦理原则反对暴力、不宽容、歧视和排斥。在教育与学习方面,这就意味着要超越狭隘的功利主义和经济主义,将人类生存的多个方面融合起来。

正如《反思教育:向"全球共同利益"的理念转变?》中所讲的那样:"应将以下人文主义价值观作为教育的基础和宗旨:尊重生命和人格尊严、权利平等和社会正义、文化和社会多样性,以及为建设我们共同的未来而实现团结和共担责任的意识。""维护和增强个人在其他人和自然面前的尊严、能力和福祉,应是21世纪教育的根本

---

① 联合国教科文组织.反思教育:向"全球共同利益"的理念转变?[M].联合国教科文组织总部中文科,译.北京:教育科学出版社,2017.

第六章　迎接第三次教育革命：如何完成教育转型

宗旨。"

公共性走向"共同利益"成为全球共同的价值选择，我国作为教育大国，这些年也在努力将知识与教育进行重塑，坚持"以人为本"，办好人民满意的教育，凸显其人文价值，以实现公共性向"共同利益"的转变。

我们生活在一个复杂多变和矛盾的世界中，原来那种割裂的、固化的知识体系不能解决现实中的许多问题。知识的内涵和外延发生了巨大变化。除了知识涉及的范围越来越广、内容越来越深、跨学科知识被人使用得越来越频繁外，知识在当前最明显的变化就是它本身的"人文性"越来越突出。

《反思教育：向"全球共同利益"的理念转变？》将知识定义为"通过学习获得的信息、理解、技能、价值观和态度"。很明显，人们已经将"信息""理解""技能""价值观""态度"等要素都纳入知识范畴。此外，知识也不再是孤零零存在于人类现实世界之外的"客体"，被认识被发现，实际上知识正成为人类生产生活最密不可分的集体智慧的结晶。知识正在超越人类社会工业文明的洗礼，不再孤单，不再支离破碎。它同样在打破政治上的国家范畴，一步步成为人类共有的价值理念，即"共同利益"。

工业文明的车轮滚滚向前，曾经由工业文明带来的不平等、压迫、剥削、暴力、侵略、贫穷等恶果，无不在新时代让人们警醒。人们意识到，再也不能将知识仅仅作为生产力的工具，而要讲知识熔炼成人类集体的智慧。教育也不能仅仅局限于作为社会经济发展的个人福利的工具，在新时代，我们要在教育中更加关注生命和人格尊严，保障多元文化，增强教育的包容性。在以人文主义为主要途径去重塑教育时，必须探索除了主流知识模式外的更加广阔的、未知的知识海洋，而绝不能再像从前一样将教育和知识寓于狭小的生存空间。

为此,基于人文主义的知识观和教育观,为落实这样一套人类共同的伦理和价值原则,我们可以在以下方面采取一些必要的行动。

首先,重新审视当下基于国情做出的教育改革措施,用更加宏大的视角去解读时代变革,做出更合理的安排。我们知道,人文主义的教育观强调社会和经济的公平正义和环境责任的原则,这些都是维护可持续发展的必要保证。对于以往教育内容里不合时宜的细枝末节一定不能放过,反对一切形式的文化霸权、程式概念及偏见,在增强文化自信的同时,也要避免走向另一种极端,真正做到文化的传承与时代精神相结合。与此同时,人文主义强调更加多元立体的教育方法,让学习成为人们最基本的价值追求,为个人应对各种复杂变化提供必要的能力支撑,也能让个人将自身的利益融入国家、民族甚至是全人类的共同利益。

其次,持续关注教育的不平衡态势,保证教育发展过程中的公平。教育发展过程中时常伴有不平衡的情况,经济发展水平的差异,再加上教育资源配置的差异,性别、语言、种族、身体及地区等都会让人们在接受教育的程度上产生很大的差异。在人文主义的指导下,我们要努力从思想上超越这种功利性为主导的教育模式,除了在教育内容中增加社会平等、社会均衡及社会流动的相关事实素材,在教育的评价机制上做出更加公平的决策外,我们还要将教育均衡发展落实到人们生产生活的不同领域、各个方面。

再次,借助"互联网+教育",构建更加灵活和开放的全方位的终身学习体系。以前很长一段时间内终身教育一直作为学校教育的一种补充、一种接续,甚至是一种可有可无的口号。而随着时代的变迁,人们发现,单纯的学校教育已经远远不能满足人们的需要。

为此,越来越多的人结合时代背景,对终身教育进行了重新审视,提出终身教育独立性的主张。徐莉教授认为,终身教育已经从原来的形式阶段走向实质性阶段。不论是研究者们从理论上给终身教育"正名",还是在诸多教育实践中的更多创新举措,这一切的背后都体现的是新时代的脉搏和人民群众的心声。而"互联网+教育"为构建覆盖全民的终身学习体系提供了现实可能。2020年一开始,新冠肺炎疫情暴发,在举国居家抗击疫情中,学校不得已推迟开学。这个时候我们看到每个家庭都利用手机、电脑、电视,通过互联网,足不出户,享受全国各地乃至全球的优质教育资源。高等教育借用超星、中国大学MOOC、钉钉等多种在线课堂的形式,真正做到了停课不停学,这让我国每个家庭都感受到了一种"互联网+"带来的教育福利。同时,也让我们更加充满信心去构建灵活开放的终身学习体系。

最后,人机协同走进人工智能新时代。如果说"互联网+教育"为人们提供了更多教育的便利,也为教育的平衡贡献了一份力量,那么人工智能让人们产生了更多人之所以为人的关于人的本质的思考。规模化的学校教育产生于工业革命诞生初期,目的是适应经济社会发展,为社会培养大规模的劳动生产力。如今,人们的很多劳动形式,都逐渐被一种叫作"人工智能"的新技术所取代,人工智能在解放人们的双手的同时也在解放人们的大脑。原有的学校教育系统显然需要做出调整,教师要回归"育人"本质,学生要学会自主学习、创新学习,家长的教育角色也越来越重要。人工智能在给人们带来更多便利的同时,也让我们知道我们真正需要的是更多的人文关怀及其所产生的专属于人类的独有价值。

二、人工智能+教育4.0战略:智慧型教育模式创建

如今,以物联网、大数据、区块链、5G通信等为代表的新兴科技

迅猛发展,这极大助推了人工智能技术在教育领域中的应用,也为提升整个教育系统的智慧提供了重要机遇期。智慧教育在教育技术学领域可以理解为依托新一代信息技术所打造的物联化、智能化、感知化、泛在化的新型教育形态和教育模式。① 以教育信息化促进教育现代化,用信息技术改变传统模式。

随着教育现代化建设的稳步推进,我国发展智慧教育具有强烈的现实需求,这有助于破解我国教育发展难题,引领教育信息化创新发展,推动教育领域全面改革。当前,国内智慧城市的建设,为智慧教育事业与产业的发展提供了条件。

整体而言,我国智慧教育的发展仍然处于起步和探索期,对于智慧教育的内涵和外延,还有诸多值得商榷的地方。但这并未妨碍各地推进智慧教育建设与发展的进程。其中产生了很多困惑,也面临诸多挑战。构建人工智能时代的智慧教育模式需要不断对教育信息化进行升级改造,并从根本上消弭科技与教育之间的裂痕,以实现融合推进。

(一)坚持德行为本,培养全面发展的人

人工智能技术的发展带来了更多的就业岗位,对人们的生产生活方式都产生了较大的影响。人工智能促进教育发展的核心价值在于改善学习评价、赋能教学、改善教育管理。② 技术的发展进步最终要立足于人这个主体,而立德树人是教育的核心要义。人工智能时代不是要求简单掌握人工智能技术的主体,而是能够在德行的

---

① 钟晓流,等.第四次教育革命视域中的智慧教育生态构建[J].远程教育杂志,2015(4):34-40.
② 张慧,黄荣怀,李冀红,等.规划人工智能时代的教育:引领与跨越——解读国际人工智能与教育大会成果文件《北京共识》[J].现代远程教育研究,2019(3):3-11.

基础上具备人工智能思维的全面发展的人。任友群、张慧等学者认为:第一,在基础教育阶段,要落实好中小学信息技术课程,不断加强数字化胜任力的培养,特别是人工智能思维、计算思维等的培养,以掌握解决复杂问题的能力,据此应对技术发展带来的变革;第二,要保证学校作为人工智能教育的主渠道,将人工智能教育纳入义务教育、普通高中和大学的课程体系,明确人工智能教育目标、课程内容和学业质量标准①;第三,有必要将立德树人融入每一门课的教学中,培养人工智能时代具有良好德行的现代人。

(二) 消除数字鸿沟,警惕马太效应

科技在时代发展中总是体现着它"双刃剑"的一面,在教育领域也是如此。信息技术革命带来生产力的发展,但也会造就网络化的个人主义,甚至会加剧数字鸿沟。② 因此,我们需要趋利避害,警惕人工智能给教育带来的马太效应。正如有学者认为的那样,在教育信息化2.0时代,存在着三层鸿沟:数字鸿沟、新数字鸿沟、智能鸿沟。其中,就人工智能时代而言,智能鸿沟主要表现在能不能理解和充分适应以互联网技术和人工智能技术为核心驱动的信息科技,实现个人和社会的协调发展。③ 联合国早就提醒要防止出现数字鸿沟,也要防止人工智能技术带来的技术鸿沟。为消除数字鸿沟,实现可持续发展,第一,新兴技术应用之初就要关注教育资源的均衡配置,以最优的资源供给模式实现优质教育资源的共享。第二,

---

① 熊璋,王静远.人工智能教育中不可忽视伦理教育[EB/OL].[2019-06-15]. http://www.jyb.cn/rmtzgjyb/201906/t20190615_241830.html.

② 李·雷尼,巴里·威尔曼.超越孤独:移动互联时代的生存之道[M].杨柏淑,高崇,译.北京:中国传媒大学出版社,2015.

③ 冯仰存,任友群.教育信息化2.0时代的教育扶智:消除三层鸿沟,阻断贫困传递——《教育信息化2.0行动计划》解读之三[J].远程教育杂志,2018(4):20-26.

继续落实教师信息技术应用能力提升工程2.0,着重培养教师的信息化素养,以适应教师专业成长,推动智慧教育的发展。第三,重点建设终身化学习体系,以此应对人工智能时代带给人们的工作、学习与生活变化。随着人工智能技术的发展,知识更新和知识生产的速度加快,劳动力市场变化日益加剧,唯有通过终身学习、自主学习来提升自我,方能应对这些不确定性。①

(三)坚持数据驱动,加强顶层设计和管理

充分运用人工智能以外的新兴技术带来的便利优势,站在整个教育现代化发展的高度进行统一规划,将所有的资源与"人工智能+教育"进行无缝对接。尤其要对大数据进行深度挖掘,科学决策,以教育数据驱动教育治理。第一,逐步摆脱以往小规模数据的经验判断,而要通过大数据的深度挖掘和分析技术,为推进过程提供更科学高效的决策建议。第二,教育数据的管理应当具有扁平化特征,突破以往的部门和环节内的陈旧壁垒,让数据真正流动起来,进一步实现管办评的分离。第三,通过教育数据辅助教育管理和教学活动的决策。一方面,既要让各个层面的教育管理决策有据可依,也要让教育管理项目的实施在每一阶段都有迹可循;另一方面,既要让教师根据班级学生的学习数据,对教学活动的开展方式进行选择与调整,也要能够为学生的个性化学习和相关教育资源服务的选择提供建议②。

(四)跨学科融合,转变高校知识生产模式

人工智能时代,是知识极度膨胀的时代,也是充满不确定性的

---

① 冯仰存,任友群.教育信息化2.0时代的教育扶智:消除三层鸿沟,阻断贫困传递——《教育信息化2.0行动计划》解读之三[J].远程教育杂志,2018(4):20-26.

② 郑旭东.智慧教育2.0:教育信息化2.0视域下的教育新生态——《教育信息化2.0行动计划》解读之二[J].远程教育杂志,2018(4):11-19.

时代。高等院校(包括科研院所)是知识生产的主要根据地。人工智能时代的知识生产模式面临新一轮革新。其基本特征表现为以下几个方面。第一,知识生产以实践为导向,直接面向问题的解决。例如,人工智能技术在学生的学习过程中,通过对其学习行为和过程进行数据收集与分析,经由反馈机制为学生自适应学习提供帮助。第二,体现跨学科和学科融合。人工智能技术在高校知识生产模式中的应用是一个跨学科合作与发展的过程,知识不再受学科的限制,体现出多学科的融合特征。人工智能教育应用是通过计算机科学、学习科学、心理学、教育学、教育神经科学、生物学等学科优势的融合[1],从多个角度阐述知识发生的过程及学习的本质,为学习者的个性化学习提供理论指导。第三,知识生产者的联系增强,可以超越时空形成大规模的合作网络。当前高校的知识生产正式基于开放、共享的互联网平台,在人机结合的同时,人-人之间的联系也比以前更加紧密。这样由不同参与者带来的多样性和一致性在同一时空内可以产生更大程度的碰撞,这个过程也就意味着会涌现出更多的知识火花。

(五)重视伦理问题,在法律框架内运行

人工智能发展迅速,但是人工智能教育领域的伦理机制始终没有建立起来,这为未来发展埋下了巨大的隐患。如何实现教育视角下的可信赖人工智能,是需要高度重视并持续关注的问题。[2] 人工智能的发展离不开大数据的支撑,而大数据是基于用户的行为数据

---

[1] 刘德建,杜静,姜男,等.人工智能融入学校教育的发展趋势[J].开放教育研究,2018(4):33-42.
[2] 张慧,黄荣怀,李冀红,等.规划人工智能时代的教育:引领与跨越——解读国际人工智能与教育大会成果文件《北京共识》[J].现代远程教育研究,2019(3):3-11.

进行存储的,对于个人行为数据的保护意味着对伦理价值的坚守。人工智能可以根据大数据做出更加精准的判断和决策,与此同时,大数据的泄露或不当使用,将给个体带来意想不到的伤害。因此,我们认为,第一,需要加强教育大数据的安全立法,通过建立教育大数据的安全法律,保护好教育大数据以免被非法滥用和网络侵犯。第二,我们可以借鉴《欧盟人工智能伦理准则概要》,尽快出台我国人工智能教育伦理规范,以保障师生的人身健康和数据安全不受侵犯。第三,要树立人工智能教育的正确价值导向,培养人工智能时代具有社会责任感的中国公民,并高度重视人工智能教育发展可能带来的伦理问题,为构建一个和平、包容、稳定的社会做出贡献。[①]

当前,人工智能与教育的融合趋势已经形成,并正在成为教育现代化建设中的必由之路。面对日益复杂的人类社会,教育承担了巨大的使命和责任去应对各种不确定的问题。在实现我国现代化的历史进程中,通过加快发展智慧教育,构建更加开放包容、充满生机与活力的教育,为教育现代化贡献力量,是今后我国智慧教育发展的重要目标。

三、构建服务全民终身学习的教育体系[②]

中共十九届四中全会以"坚持和完善中国特色社会主义制度、推进国家治理体系和治理能力现代化"为主题,聚焦新时代对人才

---

① 任友群,万昆,冯仰存.促进人工智能教育的可持续发展——联合国《教育中的人工智能:可持续发展的挑战和机遇》解读与启示[J].现代远程教育研究,2019(5):3-10.

② 本部分内容系根据钟秉林 2020 年 5 月 14 日发表在《中国教育报》上的《构建服务全民终身学习的教育体系》,2019 年 11 月 25 日陈松友、王楠发表在《光明日报》上的《构建服务全民终身学习的教育体系》,2019 年 11 月 13 日《中国教育报》评论员文章《构建服务全民终身学习的教育体系——五论深入学习贯彻党的十九届四中全会精神》,并结合自己的理解整理而成。

培养的新需求,把教育摆在更加突出的位置,提出"构建服务全民终身学习的教育体系"重要举措,具有重要的理论和现实意义。《中共中央关于坚持和完善中国特色社会主义制度、推进国家治理体系和治理能力现代化若干重大问题的决定》指出,坚持和完善统筹城乡的民生保障制度,满足人民日益增长的美好生活需要。在此制度框架下提出构建服务全民终身学习的教育体系,明确了教育治理体系与治理能力现代化的核心价值取向,即以发展为导向,以人民为中心,让经济社会发展与改革的成果惠及全民。《中国教育现代化2035》所列出的2035年主要发展目标,其中构建服务全民终身学习的现代教育体系排在首位,同样意味深长。构建服务全民终身学习的教育体系的基础是要实现教育公平而有质量的发展,以教育信息化推动教育现代化,以教育现代化实现中国现代化的宏伟蓝图。

(一)凝聚力量,打赢脱贫攻坚战

贫困严重制约着现代化进程,威胁个人的生存与发展,没有脱贫攻坚,终身学习体系的建立也是不健全的。而在打赢脱贫攻坚战中,教育的作用始终不可替代。于各级政府而言,要坚持财政支持力度,充分发挥教育系统人才优势,构建多方参与、协同推进的教育脱贫大格局。于整个教育系统而言,要系统地发展学前教育,巩固提高九年义务教育水平,加强乡村教师队伍建设,加大特殊群体支持力度,夯实教育脱贫根基;加快发展中等职业教育、广泛开展公益性职业技能培训,提升教育脱贫能力;积极发展普通高中教育,继续实施高校招生倾斜政策,完善就学就业资助服务体系,拓宽教育脱贫通道。

(二)整体规划,提升各级教育质量

教育是一项系统工程,需要对各阶段教育进行统筹规划。始终坚持普惠性学前教育,提高学前教育管理水平,大力发展公办幼儿园。城乡义务教育一体化发展,深入落实改薄工程。完善特殊教育的保障机制,推动中职和普高协调发展,鼓励多样化特色化办学。高等教育重视"双一流"建设,尤其要保障研究生高端人才的培养质量和水平,提升综合实力和国际竞争力。支持民办教育,规范国际教育等。打破传统的学校教育单一格局,建立"学校-社会-家庭"教育治理新格局,尤其要构建覆盖城乡的家庭教育指导服务体系,注重家庭教育的基础性作用。同时,要扩大社区教育资源供给,加快发展城乡社区教育,推动各类学习型组织建设。通过全社会共同参与,实现各级各类教育纵向衔接、横向沟通,学校教育与社会教育、家庭教育密切配合、良性互动。

(三)技术落地,推进教育信息化建设

以教育信息化全面推动教育现代化建设,全面推动教育理念更新、模式变革、体系重构,开启加快教育现代化、建设教育强国的新征程。用新技术建设数字校园,创新学习方式,推动人才培养变革,进一步实现育人与教育治理的系统性变革。利用网络灵活开放的特征,实现规模化教育与个性化培养的有机结合。构建智慧教育体系,建设人人皆学、处处能学、时时可学的学习型社会,实现更加开放、更加适合、更加人本、更加平等、更加可持续的教育,加快发展面向每个人、适合每个人、更加开放灵活的教育体系。

(四)强化师资,确保终身教育质量

师资是终身教育的专业基础保障,没有各级各类教师的高质量供给,服务全民终身学习的教育体系的建立就是一句空话。要通过学历教育与非学历教育相结合、学校教育与网络教育相结合等多种形式培训、培育各级各类教师,确保师资队伍的规模和水平。要通

过实实在在的措施激励教师爱岗敬业,在全社会形成尊师重教的风尚。更为重要的是,要切实加强师德师风建设,让各级各类教师成为先进思想文化的传播者,确保全民终身学习的教育质量。

(五)健全机制,因地制宜统筹推进

服务全民终身学习教育体系,不仅包括学校教育、家庭教育、社会教育等不同教育内容,还包括人生各个阶段的教育,其复杂程度可想而知,在落地过程中涉及部门众多。因此,不仅需要顶层设计的支撑,明确目标要求,完善组织、考核、监督等相关政策,还需要地方相关部门根据各地发展实际,因地因势把握进程,加强各类资源的统筹,构建党委领导、政府统筹、教育部门主管、相关部门配合、相关团体支持、社区主动融入、市场有效介入、群众广泛参与的终身学习教育协同发展机制。

第三节 从工作社会走向学习社会

一、构筑学习型社会价值系统

(一)社会价值与个人价值的联通

学习型社会是"成功地实现了价值转换"的社会,学习价值理念的转换是学习型社会构建的内容、条件和核心。① 一般认为,教育的价值包括社会价值和个体价值两方面,而学习型社会体现为两者的统一。

教育与社会有着千丝万缕的联系,社会是教育的载体,教育是社会的功能。学习型社会的教育可以在一定程度上消解现代社会

---

① 李厚芝,樊文强.学习型社会构建与学习价值转换[J].继续教育研究,2014(5):4-6.

的危机与困境,现代社会的发展又为学习型社会的建设提供了充足的经济和科技条件。学习型社会体现的是可持续发展理念,同时也重视人与人之间、人与自然之间的和谐关系。这与整个现代社会发展的价值趋向不谋而合。在学习型社会中,社会的发展不再是孤立的物质财富的增长,而是立足于整个人类共同利益的人的最为本质的发展。人的发展是学习型社会发展的手段和驱动力。社会的发展只是人作为个体发展的结果。

学习型社会的内涵包括人人发展以及全面发展,体现的是全民教育和终身学习的理念——将人的发展作为根本目标的理念。在传统的工业社会,职业技能和岗位知识的获得取代了人性的发展、心灵的陶冶、精神的升华,成为教育的目的,教育沦为服务于经济增长和市场满足的工具,人的真正价值被蒙蔽、泯灭、无视。赫钦斯正是基于教育中过分注重职业训练和人才培养的问题,提出构建以人的发展为根本目的的学习型社会。赫钦斯认为,教育必须从单纯的职业获得及人才养成中解脱出来,也就是将具有功利主义和实用主义的人才培养和教育转变为以人的自我实现、人性自由、人格完善为目标的人才培养和教育。在学习型社会中,教育和学习伴随人的一生,而且人在整个社会环境中学习、成长;教育不再局限于传统的学校教育,而是扩展到其他机构的非正规教育以及发生在各种场合的非正式学习。①

(二)正式化与非正式化教育的贯通

习近平总书记在十八届中央全面深化改革领导小组第四次会议上强调,要构建衔接沟通各级各类教育、认可多种学习成果的终

---

① 李厚芝,樊文强.学习型社会构建与学习价值转换[J].继续教育研究,2014(5):4-6.

身学习立交桥,①为教育改革指明了方向。从某种意义上说,构建学习型社会意味着教育的整体性改革,以及现代教育体系的重建过程。具体来说,就是要增强学习者在各级各类教育之间的流动性,在正式教育与非正式教育之间建立有利于学习者自由选择的机制,形成上下贯通、左右联通、内外互动的教育新格局。②

正式化教育的过程,意味着主客体的分离,以及教育与外界的隔离,整个教育过程被包装进一个个"纸箱"之中,形成了自我封闭的等级体系。接受某一级的教育,尤其是中学以后分出了普通教育和职业教育的三六九等,这让一个人选择了一种专业或行业后就基本与其他专业或行业绝缘了,这对一个人的发展来说是个巨大的藩篱。

而在学习型社会中,伴随着知识爆炸,谁也不能说"学好数理化,走遍天下都不怕"了,因为如今人们需要的不仅是专业性知识的积累,更需要具备问题解决和突破创新的能力,而这些能力的掌握贯穿整个教育过程。如果在某一时刻出现断裂,那么很有可能丧失个体发展前景及浪费整个社会的教育资源。学习型社会意图打破正式教育与非正式教育的藩篱和对立,利用区块链等新兴技术,通过各级各类教育中的学分互换,将学习真正融入个体发展的各个方面及整个过程。

二、打造智慧型学习系统

大数据、区块链等新兴技术的发展极大地促进了人工智能技术

---

① 习近平.共同为改革想招一起为改革发力 群策群力把各项改革工作抓到位[N].人民日报,2014-08-09(01).

② 戴成林,杨旭,杨春芳.论学习化社会与教育图景[J].天津市教科院学报,2019(5):5-13.

在教育领域的应用。智慧型学习系统狭义上可理解为利用人工智能实现人类智慧学习的系统,是由智慧课堂、智慧社会和智慧网络构成的有机整体。

(一)打造学为中心的智慧课堂

人工智能正在颠覆传统教育形态、教学模式和学习方式。人工智能时代的智慧课堂将实现由教为中心向学为中心的颠覆性转变。从课堂教学的现实出发,学为中心理念的落地实施需要做到以下几点。一是以学定教和为学而教。学是教的起点、过程和目的。学为中心的理念及方法将深深扎根在未来教师的职业生涯之中,根据学生学习需要组织、实施和评价教学活动将成为教师专业基本功。二是教会学生自主学习。学为中心的智慧课堂,要求学生既是学习者,又是发现者。未来教师需要掌握学习分析技术,自身就成为一个优秀的学习者,把自身的信息化素养融入学生学习过程,引导和培养学习者自动、自主和独立学习能力,教学生学会自主学习,做学习的主人。三是教为学服务。未来课堂教学除了满足学生智育的需要,更要集中精力于"立德树人"等核心素养的形成,关注学生身心灵的健康成长和人格养成,引导和培养学生的生活志趣,使其成为全面发展和个性化发展相结合的终身学习者。自主学习、终身学习和创新思维三大能力将成为课堂教学的核心目标。

(二)构建尽其所能的智慧社会

尽其所能包含了人尽其能和物尽其用两方面的内容。人尽其能是指通过智慧课堂环境下的个性化学习形成社会所需要的智慧人才;物尽其用意味着要综合利用5G互联网、大数据、云计算、物联网、数字化校园等先进的技术手段构建智慧型社会。个性化学习是学生有个性地全面和谐发展的必然追求,是学生创新能力培养的前提条件。① 个性化学习是智慧社会的基础,也是人尽其用的实现路径,智慧社会正是由一个个智慧学习个体所形成的。智慧课堂是个性化学习的主阵地,智慧社会则是个性化学习的试验场。学习者根据智慧系统的反馈自主安排学习进度、内容和方法策略,基于大数据的精准学习指导完成深度学习。个性化学习的结果是孕育了更多的智慧人才,而智慧人才反过来又推动着科技的进步,进而形成了智慧社会的基本逻辑框架。

(三)形成开放灵活的智慧学习网络

对学习者而言,越来越多的学习途径让传统的学校教育变得更加开放,课堂也变得个性化,学校的围墙显得越来越薄,非正式教育对一个人的影响越来越大,这就使学习扩展到人生的全过程,新的无边界的学习空间网络正在形成。比如,大规模在线学习已经开始改变高等教育格局,让知识更加流动,让学习更加便捷。智慧网络体现为学习时空和关系的根本变化,沟通着学校、家庭与社会以及正式教育与非正式教育。不仅如此,它还在为弱势群体提供更多的学习机会,消弭着长久以来的教育鸿沟。

三、培育智慧型终身化教育系统

智慧型终身化教育系统的内核式终身学习,人工智能融入终身学习,为终身学习提供了不竭动力,也为形成智慧型终身教育系统提供了现实可能。《教育——财富蕴藏其中》提出了四种贯穿人一生的支柱性学习:学会认知,即获取理解的手段;学会做事,以便对自己所处的环境产生影响;学会共同生活,以便与他人一同参加所

---

① 蔡宝来.教育信息化2.0时代的智慧教学:理念、特质及模式[J].中国教育学刊,2019(11):56-61.

有活动并在这些活动中合作;学会生存,这是前三种学习成果的主要表现形式。① 王竹立对智能时代软知识、软技能的学习提出四条建议:善于联通,学会选择,不断重构,主动构建。② 黎加厚提出面向科技与未来社会发展的四大支柱:学会做人,即学会作为人的生存和发展的能力;学会共处,学会与成长环境中的人合作共处、生存与发展的能力;学会做事,重视社会实践,学会在不同的环境中做事的能力;学会求知,即学会学习。③ 虽然对"四个支柱"的表述不尽相同,但是可以发现其具有共同内涵:重视学习能力,重视实践,重视合作能力,重视人之所以为人的独有特性。因此,在人工智能时代终身学习理念持续深入的情况下,结合新趋势、新时代的终身学习,需要保持终身与持续,以学习者为主体,助力人的生存与发展,适应时代变革,并能保持人之独有特性。④

(一)学会智慧生活

智能化的21世纪,智慧生活意味着在技术与生活的融合中求生存、谋发展。持续学习,还需要知行合一。人不仅应该会学习,而且应该善于学习。⑤ 尤其是在人工智能深度融合于人们日常生活的方方面面的时候,更加要求人通过学习以适应急剧变化的世界。可以说,如今人们的学习乃是生命的源泉。此外,人们除了要重视

---

① 联合国教科文组织.教育——财富蕴藏其中[M].联合国教科文组织总部中文科,译.北京:教育科学出版社,1996:51.

② 王竹立.面向智能时代的知识观与学习观新论[J].远程教育杂志,2017,35(3):3-10.

③ 黎加厚.人工智能时代的教育四大支柱——写给下一代的信[J].人民教育,2018(1):25-28.

④ 崔铭香,张德彭.论人工智能时代的终身学习意蕴[J].现代远距离教育,2019(5):26-33.

⑤ 穆肃,杨帆.国际视野下终身学习能力的比较研究[J].现代远距离教育,2011(6):3-8.

学习之外,智慧生活更重要的是实践的部分,也就是用智慧学习的知识指导自己的智慧生活实践。智慧生活的实践除了以往的体力劳动的生产,更加强调脑力劳动的生产。在实践技能上,社会情绪能力、创造能力和解决问题能力被反复提及。学会智慧生活,需要在生活中做到知行合一,这是面对越来越复杂的社会的基本要求。一是基于整体的人的要求,受限于人的认识能力,人们不可能在认识完所有的事物后再去行动,而是在实践中学习,在学习中实践。二是基于整体的智慧的本质和内涵,认识和实践是统一于智慧之中的,不存在脱离知识的实践,也不存在脱离实践的知识。

(二)学会智慧共处

人类如何与共存在这个世界上的其他主体相处,至今依然是一个很重要的问题,没有绝对的答案,也没有完美的方案。而在人工智能新技术变革世界的过程中,人与人之间的相处也要跟上潮流。即使机器和技术的出现已经替代甚至改变了一部分人与人之间的关系,但是机器作为一种新的智能存在,人类也要学会与机器共存。同时,技术的发展带来的生产进步等次生的自然环境问题,也需要人类对自然环境有一种新的认识。首先,要学会人与人的共同发展。这是常谈常新的话题,而在智能社会更加强调团队合作能力。与机器比较,人与人的合作充满温度和创意。其次,要学会人与机器的协同。当人工智能新技术走进人们的生活,机器已经作为一种新的"生命体"存在于人的身边,机器和人各司其职,各自发挥着不可替代的作用,需要强调合作。最后,不论是技术的发展还是人类改造自然的实践活动,其都是在自然环境中发生的,与自然环境紧密相连、不可分割。特别是进入智能时代,我们不能再以工业社会那种造物者的姿态屹立在自然面前,而是要调整姿态,与自然平等对话、和谐相处。

(三)学会做智慧人

"人何以为人"这个问题随着时代发展,已被讨论过多次。人之所以能够不断地成为自己,不断地超越和提升自己,靠的就是惊人的持续不断的学习。① 通过终身学习来成为人,这一结论是不变的。但是在好奇心的驱使下,勇于探索、敢于创新,将是人工智能时代让人更独特地成为人的佳径。首先,始终保持好奇。好奇心是学习动力之源,是人类心理适应社会变化的良药。好奇心并不是学生和科学家的专属词汇,在人工智能时代,它应当属于终身学习的每一个人。其次,勇于探索,敢于创新。对未知的事物进行探知与研究,即是探索;创造未有的事物或者变革已有事物,即是创新。最后,好奇是人持续探索世界的能量,是人类创新的钥匙。探索是创新的前提,创新是探索的最终目标。保持对世界的好奇,勇于探索世界,敢于在探索世界中创新,人才能拥有机器所不及的功能,才能成为独特的人。②

---

① 李润洲,石中英.人·学习·学习能力——构建学习型社会的哲学思考[J].教育学报,2006(1):62-67.
② 崔铭香,张德彭.论人工智能时代的终身学习意蕴[J].现代远距离教育,2019(5):26-33.

第七章
迎接第三次教育革命：新教育革命的全球探索

第一节 新技术与教育变革的深度融合

互联网、大数据、云计算、人工智能、区块链等新兴技术正在全球蔓延，它们正深刻改变着人们的生产和生活方式。教育领域新技术的研究和使用层出不穷，新技术对教育变革的影响已经深入人心。

一、区块链技术与教育变革①

区块链作为一项颠覆性技术，有望成为全球技术创新和模式创新的"策源地"。② 随着教育信息化2.0的不断深入，区块链将与教育大数据、人工智能、云计算等技术进一步融合。大数据是总的推动力，云计算是中心化的架构，教育区块链是对等网络架构，实现集

---

① 本节涉及区块链教育应用的案例主要来源于曲一帆等学者发表在《中国电化教育》2020年第7期上的《区块链技术对教育变革探究》。

② 于佳宁. 中国区块链产业发展报告[M]. 北京：经济日报出版社，2018.

中维护和集体维护互相补充。① 2019年，中共中央政治局第十八次集体学习时，习近平总书记强调，要把区块链作为核心技术自主创新的重要突破口，推动区块链技术在教育、就业等民生领域的应用。从区块链技术在我国的发展看，已由零星试点逐渐扩展至相关产业及政府治理领域，在信用体系建设、商品溯源、版权保护、司法领域等开始应用。② 如果说，过去人们的"上网"实现的是信息交换，"上云"是为了计算和数据的智能化，而"上链"更多是为了形成链接，为了真正实现价值的交换。

2018年教育部发布的《教育信息化2.0行动计划》指出：要积极探索基于区块链、大数据等新技术的智能学习效果记录、转移、交换、认证等有效方式，形成泛在化、智能化学习体系。可见，无论从技术应用层面，还是教育需求层面，区块链在教育中的应用已成为教育信息化的应有之义。

区块链通过对共识机制、密码学原理、分布式存储、时间戳、智能合约等技术的集成应用，具有透明可信、安全防篡改、多中心、可追溯、自动执行等优势，能够更好地解决教育变革中开放与安全、自治与信任的冲突，为构筑"人人皆学、时时能学、处处可学"的学习型社会提供更可信赖的记录载体。总体而言，区块链技术的应用在以下八个领域与教育改革存在耦合。

（一）真实可信的教育记录

以往学生不同阶段的教育记录都被放进档案袋里，由学校或者人事部门进行管理。在档案管理中存在诸如被篡改、遗失或损毁等

---

① 金义富.区块链＋教育的需求分析与技术框架[J].中国电化教育,2017(9):62-68.

② 曲一帆,秦冠英,孔坤,等.区块链技术对教育变革探究[J].中国电化教育,2020(7):51-57.

许多人为的漏洞,而区块链可以提供不可更改的分布式数据记录,通过非对称数字加密技术及共识机制实现数据信息的防篡改,通过时间戳实现数据的可追溯和永久存储,从而为实现教育记录的安全性、永久性、可信性提供了最佳路径。

一些教育机构已经着手此方面的探索。美国麻省理工学院媒体实验室和学习机器软件公司合作开发了基于比特币区块链的数字证书系统 Blockcerts,并于 2017 年向麻省理工学院的部分毕业生颁发了记录在区块链上的数字证书。马耳他政府与软件开发商 Learning Machine 开展合作,试点将国内所有的教育记录存储在区块链之上。新加坡政府已开始使用 Open Certs 平台,在以太坊上为 18 家不同教育机构的毕业生提供数字证书。我国首个校园区块链项目由中央财经大学与互联网公司开发,主要利用区块链技术记录学生获奖及资质情况。

(二)智能开放的教育生态

互联网、大数据、人工智能等新技术对教育的影响并不是独立单一的,而是综合系统的,如今的教育已经在思考如何应对新兴技术产生的链式反应,实现从"自适应"向"智适应"的突破。区块链由多中心化的节点构成,基于安全可靠的开放共享,围绕学习者,打破学校围墙,跨越学科界限,构建智能开放的教育生态。

目前国内外在这领域均有一些探索。2018 年世界第一所基于区块链技术的大学——伍尔夫大学在牛津大学多名学者的推动下成立。这所大学没有实体校园,任何学者都可以发布自己的认证学位并在此任教,学校的课程教授、协议管理、学费支付、学习成绩、学位证书等信息都被记录在区块链中。2019 年,富士通的 Fisdom 在线平台学习课程,由索尼的 Global Education 区块链云服务负责记录学生考试结果与课程数据。2017 年,美国波士顿大学、瑞士联邦理工学院、澳大利亚国立大学、加拿大英属哥伦比亚大学、荷兰代尔夫特理工大学跨国高校联盟,签署基于区块链技术的资源共享协议,在联盟内对搭载区块链技术的教学资源予以认可和共享。我国Z网校推出的广西高等教育自学考试网络助学平台,利用区块链技术实现对高等教育自学考试过程性考核成绩的记录与认证,实现继续教育全学程链上管理、成绩电子证书认证。

(三)互认互转的终身学习体系

《中国教育现代化2035》目标提出,构建服务全民的终身学习体系。建设终身学习社会需要打破不同教育机构之间横向阻断与纵向割裂的信息壁垒,打破教育机构之间各行其是的封闭困境,打破教育提供者囿于传统学校的单一化局面,改革目前单一且排他的教育评价机制和人才评价机制。① 区块链技术通过多种稳定安全的技术手段构建互认互转的终身学习体系。

从实践看,英国开放大学的知识媒体研究所利用分布式账本技术开发出"微认证"技术,这一技术主要用于记录学生慕课学习的过程并进行动态评估。美国亚利桑那州立大学与Salesforce及EdPlus合作,开发了一个基于区块链的学生数据网络,通过学分追溯,确认从社区大学转学过来的学生是否可以获得学位。我国获得首批区块链信息服务备案的教育公司H公司,已将其"未来学迹链"应用于企业内部职工培训中,将职工终身学习与生涯发展相结合,构建企业内部职工的终身学习体系。

(四)版权保护的教育创新

互联网和大数据为科技创新活动提供了更多的参考,同样,区

---

① 黄庆平.国家学分银行的未来:基于区块链技术视角[J].中国成人教育,2019(1):28-31.

块链通过保护知识产权方面产生的优势,可以参与更高效的协同创新。

在音乐、数字艺术等领域,已经出现了应用区块链技术的版权保护平台。众多互联网公司也推出区块链版权保护平台,提供集原创登记、版权监测、电子数据采集与公证、司法维权诉讼为一体的一站式线上版权保护解决方案。2018年,清华 x-lab 联合清华大学多个院系发起筹建,全国院校等机构合作共建"青藤链",提出通过区块链技术实现教育创新,保护知识产权,构筑高校间在线科研合作平台、实验空间与应用中心共建共享,建立科研矿池,充分促进高端科技资源融通。

(五) 安全共建的教育治理

教育治理的现代化意味着整个教育系统都要从科层制、官僚主义的管理体制,向扁平化、多中心的治理体系转变,进而实现教育资源的供给侧结构改革,提高教育服务的质量和科学有效性。当下,我国教育治理工具面临着需求-技术-政策综合转型驱动,数据治理成为重要途径。① 在数据治理工具中,区块链的技术特点在促进教育治理结构扁平化、治理及服务过程透明化、治理数据可信性与安全性、教育执法智能化等方面具有天然优势。

从国外实践看,已有一些国家或地区教育部门引入区块链协助教育治理。哈萨克斯坦引入区块链管理幼儿园入园问题,解决了原有信息系统存在的信息存储错误、入园流程不透明等问题,家长可以通过区块链公开的数据,了解幼儿园评级和服务特色,选择适合

---

① 刘金松.数据治理:高等教育治理工具转型研究[J].中国电化教育,2018(12):39-45.

的幼儿园。通过这一社会监督,提升幼儿园质量。① 从国内看,廊坊市和广州市教育局在区块链应用方面进行了有益尝试。2019年2月,廊坊市教育局教育数据监测平台建立,其将区块链技术应用于教育数据采集、监测、分析,实现了各应用系统区级数据采集与分析及对各种教育动态随时处理。2019年12月,广州市白云区教育局为2万余名师生发放了教育卡,实现了法定身份、教育身份、网络身份的统一认证,构建"可信教育身份链",是当前区块链技术、云计算、大数据等互联网技术在教育领域融合运用的新样态。

(六)动态精准的教育评价

当前我国教育评价体系比较陈旧落后,表现为评价指标单一、因果关系不清晰,以及人才供给侧与需求侧的结构性矛盾。依托区块链,辅之以其他新兴科技手段,教育评价可以实现时间的连续性、空间的全域性、价值的多元性、内容的复杂性、主体的多样性等,有助于实现精准的科学评价。

廊坊市教育局利用区块链技术,借鉴国际学生评估项目测试经验开发了教育质量监测系统。该系统自学生开始接受基础教育时便为其建立成长档案。当学生完成某一阶段的学习后,该系统可以为学生的成长过程进行"精准画像";相关方也可以使用该系统对学生的表现进行综合评价。评价的内容包含学生学习成绩以及德智体美劳全面考核的相关指标等。

(七)公开、公平、公正的教育决策

信息不对称带来的教育决策失效现象屡见不鲜。区块链的"智能合约"功能,可依托信息记录的真实性和永久性,将合同条款写成

---

① 吴永和,程歌星,等.国内外"区块链+教育"之研究现状、热点分析与发展思考[J].远程教育杂志,2020(1):38-47.

第七章 迎接第三次教育革命：新教育革命已经到来

代码并存放到区块链中；当匹配条款的情况发生时，可以在没有人工干预的情况下完成交易。区块链技术的这一应用，大大提升了信息资源的透明化和利用效率，为公开、公平、公正的教育决策提供了可靠的依据。

例如，在升学过程中，借助区块链技术对学生学习的记录可以自动生成较为匹配的升学选择，供学生决策参考。在各类等级资质考试中，可以根据对学生的学习过程和学习结果的记录，自动升级，自动颁发相应资质证书。在招聘过程中，可以根据求职者求职方向，自动生成简历；用人单位可以依据用人需求，自动接受适合的毕业生推送。在教育执法中，可以实现处处监督、实时监督和全天候监督，自动甄别违法行为，并自动对教育违法行为执行罚款、吊销资质等相应的法定惩戒措施。同时还可以构建一个匹配虚拟经济的教育合约系统，处理教育服务的购买、使用、结算、验收等业务，而无须中间人干预。①

（八）职业化个性化的教师发展

虽然国内早就针对各级各类教师群体建立了一整套专业发展体制和机制，但是在城乡区域、民族之间等出现巨大的数字鸿沟，区块链技术通过安全、分布、透明的管理系统可以赋能现有的教师管理系统，为教师管理信息化建设提供更加可信可溯、透明公开、智能动态、互联互通的数据，打破不同教育层级、不同地区之间教师管理的信息孤岛，促进教师职业发展的专业化。

区块链技术以及大数据、云计算和人工智能等技术的支持，可以为每一位教师建立"成长档案"。"成长档案"通过记录教师的各

---

① 李青,张鑫.区块链:以技术推动教育的开放和公信[J].远程教育杂志,2017(1):36-43.

种专业发展行为,追踪专业发展结果,提供专业发展评估反馈,实现教师发展的良性循环。区块链可以提升现有教师管理的效率。对各级各类教师信息进行分布式、伴随式的收集,实现教师信息"一次生成、多方复用",使教师职业流动信息能够无缝对接,无须重复核验。此外,在教师评优评先、职称评聘、定期注册、考核评价和项目申报过程中,借助区块链技术,可以自动生成相关信息,自动推荐、自动注册,促进教师管理工作的公开、公平、公正。

二、计算教育学的悄然兴起[①]

伴随着计算机技术已被广泛而成熟地运用,特别是近些年越来越多的教育研究也都用到了这项技术,基于数据计算分析的研究范式越来越得到学界认可,由此也渐渐引发了教育研究视角和价值的转变。计算教育学是以大数据为基础,以复杂计算为核心,以算力为支持,以构建教育理论、解决教育问题、揭示教学规律为目标的研究领域,目前主要体现为以下发展特点。

(一)从关注学的过程到关注教学过程

计算机可以通过数据挖掘分析,进行建模,模拟人的认知学习过程,从而实现对学习行为的研究,这促进了线上学习活动的品质提升。与此同时,线下教育大多是师生双向互动的教育过程。因此,计算教育学除了研究学习过程,更加注重师生互动数据的挖掘与分析,最终让教育效果真正落实到个体身上。

(二)从单一认知过程到双向互动机制

单一认知过程意味着静态的知识学习过程,以往人们过度重视

---

① 本部分参考了《华东师范大学学报(教育科学版)》2020年第6期由郑永和等人撰写的《计算教育学论纲:立场、范式与体系》一文。

静态的认知,却忽略了教学互动关系的研究,自然背离了教学的本质。计算教育学通过基于社会和文化的立场,就人际交互中的社会知觉、情意感染、行为适应与调节乃至价值涵化与认同等方面进行探究。① 当然,由于涉及教与学深层次的互动机制建构,所以这也是计算教育学研究中难啃的硬骨头之一。

(三) 从勤于技术突破到回归教育本质

计算教育学自西方出现以来,大多是被当作"技术"或"工具"对教育理论进行检验。最大的贡献并没有聚焦教育实践中的重大困难,也因此没有对教育改革创新产生实质性的影响。国内计算教育学发展至今,不断总结经验,立足实践,吸取国外的教训,将计算教育学定位于"人"的立场,通过技术改变教育内在、根本的属性,实现教育重大变革。

(四) 从借鉴国际经验到融合本土特色

国内外计算教育学研究存在不同范式的根本差异,其作为新兴交叉领域的生长,也是在不同的环境下逐步实现的。西方教育研究具有深厚的实证研究根基,因此对数据和量化尤其充满热情。国内研究重视整体性和思辨性的研究,所以在研究中也带着很重的"中国味道"。目前我国的计算教育学研究通过跨学科合作,从整体上系统把握其中要害,正探索一条中国本土的教育研究之路。

第二节　知识大融通浪潮一夜来袭

刚刚还在探讨知识融通和知识整体性问题,各种跨学科知识融通的实践探索浪潮便在不知不觉中席卷而至。知识融通和知识整体性包含知识内部结构的完整性,以及其与认识主体的融合特性,

---

① 裴娣娜.教学论[M].北京:教育科学出版社,2007:131.

亦即知识整体并不是一种简单化的各个要素的拼凑组合,而是不同元素之间组合、调节、转换的整体。①

一、席卷全球的 STEM 教育风暴

跨学科指的是为超越两个或多个学科的融合,通过人、实践和来自多个学科的构建之间的对话实现的协作性和反思性关系。学科之间的对话表现为整体大于部分之和。当多个学科交叉并整合于实践活动,对学科的新的认识也将由此产生,这契合于人们认识世界和改造世界的规律。

(一)什么是 STEAM 教育

根据《2019 年中国 STEAM 教育行业报告》等资料,STEM 教育理念首次出现于 2006 年,美国第 43 任总统布什在国情咨文中提出《美国竞争力计划》,鼓励学生主修科学、技术、工程和数学,培养其科技理工素养。STEAM 教育是在 STEM 教育的基础上与艺术等学科的整合,即科学(Science)、技术(Technology)、工程(Engineering)、艺术(Art)和数学(Math)五门学科相结合后的简称,是强调多个学科交叉融合的综合教育。该理念的提出不光要考虑科学技术工程和数学,还应该用美学、社会学等角度看待这些学科。

STEAM 教育是跨学科综合教育,着力培养以"解决问题、逻辑思考、批判性思考和创造力"为核心的科学素养。STEAM 真正要做的不是多学科,更多的是在多学科的基础上将知识融合起来。它更强调主题之下的概念及一些基本技能,也即我们常说的知识技

---

① 陈理宣.论知识的整体性及其教育策略——基于实践教育哲学的视角[J].中国教育学刊,2015(12):26-31,48.

能。整合是知识技能的精髓。

通过STEAM教育,增强融合多学科知识的能力,并在创客教育中将创造力表达出来,形成一个素质教育与创新实践融合的闭环。随着理念的完善,创客教育已经渐渐融入STEAM教育理念中,成为其中的一种分支和实践方法。①

WSC世界融合创新教育大会首度对STEAM教育进行了定义,认为STEAM教育即融合创新教育,是一种基于现行教育与未来社会发展相匹配的需求,以解决未来世界性的问题为目的,将科学、技术、工程、艺术、数学等多学科充分融合,以激发学生好奇心为出发点,培养学生的持续学习兴趣,运用情景式、任务型的教学方法,采取探究式的学习方式,提升直观发散思维和融合创新思维能力的教育理念。

(二)普及STEAM教育的意义

《2019年中国STEAM教育行业报告》指出:STEAM教育对于知识密集型经济的重要影响不断凸显,科学、技术、工程和数学等领域的技能人才缺口日益扩大。STEAM专业人才对各国抢占第四次工业革命先机、促进制造业的智能升级具有关键作用。发展STEAM教育有助于各发达国家应对老龄化带来的劳动力人口减少、填补技能劳动力缺口,促进经济良性发展;更能够助力新兴经济体抓住信息技术和互联网革命带来的发展契机,在新兴产业领域抢占先机,实现经济上的飞跃和赶超。对于所有国家而言,STEAM教育的发展涉及基本的公民科学素养的培养,也关乎劳动者就业能力的提升,对于促进就业、维护社会稳定、提升公民素质均具有重要

---

① 2019年中国STEAM教育行业报告[EB/OL].(2017-12-13)[2020-08-07]. https://xw.qq.com/cmsid/20190403A0QUD7/20190403A0QUD700.

意义。①

STEAM教育近年来引入我国,成为教育的一大热点,大多是在基础教育K-12范围进行研究。不像西方国家,我国的高等教育被认为已经有了各种跨学科的影子,比如说新文科、新工科、新理科的产生,意味着人们更加重视学科之间的交叉连接。在基础教育阶段的STEAM跨学科实际上也能在新课程改革进程中找到中国的范本。

二、项目式学习在我国

人类生活的世界正面临越来越多的复杂问题和不确定性,教育作为培养人的社会性活动,承担着更多的责任去培养具有解决问题能力的实践者。项目式学习就是基于这样的时代背景产生的,它本质上是一种指向解决问题的新兴学习方式。其通过对核心概念的掌握,引发学习者对复杂问题的思考和解决,将解决问题的过程进行可视化呈现,并在集体反思后对项目整个过程进行调试,进一步完善学习过程。

项目式学习理念已经在我国逐渐推广,当然在现实教学中仍然面临诸多难题。例如教育者在实施学习项目时只是简单将涉及项目的各个学科机械叠加,具体到核心概念的逻辑梳理上明显不足。此外,学生在项目式学习中缺少明显的合作和沟通愿望,这与我国过度重视"三门课"的教育评价体系不无关系。一些实践中的困难要求教育工作者首先要打破传统思维,创造性地进行思考,通力合作,促进跨学科项目式学习本土化的发展。

---

① 2019年中国STEAM教育行业报告[EB/OL].(2017-12-13)[2020-08-07]. https://xw.qq.com/cmsid/20190403A0QUD7/20190403A0QUD700.

三、综合实践活动

长期以来,学校里的教学活动局限于"智育",受到认知决定论和功能主义的影响,认为教育的过程也是以"灌输"为主。教师将各种分科知识在拥挤的教室中讲授给学生们听,学生主体和认识客体存在严重的割裂和分离。

国内近年来所倡导的综合实践活动课程,是从学生日常生活中感兴趣的问题出发,通过学与教的互动,综合运用探究、服务和合作等多种方式进行学习。注重学习者的思考、参与和沟通。综合实践活动对实践育人具有独特的教育价值,其与学科课程并列设置,有助于实现两者教育功能的互补。有学者以"一心开二门"来概括我国基础教育课程结构,认为综合实践活动是我国课程体系中相对于学科课程的"另一半",通过设置超越学科界限的跨学科综合实践活动课程,可以真正实现"分科与综合并举"的课程结构。

第三节 未来教育形态的多元呈现

未来教育形态不再是一幅支离破碎的教育生态景象,就像一座新城建设那样,从整体的框架规划到实践的落实都别开生面,系统化地进行统筹推进,多元化地进行全面呈现,有利于我们既能抓住未来教育的细枝末节,也能对未来教育蓝图有一个更加全面的认识和了解。

一、教育4.0全球教育框架[①]

新教育系统需要新框架作为支撑,教育4.0框架应运而生,这

---

① 本节内容是对2020年1月14日世界经济论坛发布的《未来学校:为第四次工业革命定义新的教育模式》成果的总结概括。

一框架要求学习内容的改变,包括为了建设不断增长的包容性经济和社会所需的以技术力和人为中心的技能,以及更密切地反映未来工作的学习经验的转变。而要实现系统变革,就需要教育部门,甚至是跨部门的更加密切的合作。为了强化这些连接,需要不断提升教育治理体系和治理能力的现代化水平。同样,教育4.0框架的激活需要各方在一些方面最大限度地保持共识:定义和评估未来所需的技能、配备;培养可以实现这一教育转变的师资队伍;加强学校和学习系统间的联系。

为此,世界经济论坛塑造未来新经济和新社会平台邀请教育部长、倡导教育的首席执行官和其他利益相关方加入,制定和实施教育4.0的全面行动议程。该计划旨在动员主要利益相关方向教育4.0过渡,具体做法是制定新的国家教育政策,将这些内容和经验的转变纳入整个公共教育系统的主流;通过再培训和提高技能培训支持教师落实这一新愿景;参与学校和教育系统之间持续的全球最佳实践交流以及建立评估这些目标进展情况的机制。塑造新经济和社会的未来平台,希望在2023年能够改善10亿人的教育和就业机会,而教育4.0计划能够促成该愿景的实现。

在传统就业机会逐步消失、新劳动技能需求日益增强及社会经济分化加剧的时代,中小学教育在培养未来社会劳动力和世界公民方面有着重要作用。教育应帮助儿童具备相应能力,使其创造一个更加包容、和谐、高效的社会。

为此,世界经济论坛塑造未来新经济和新社会平台发布《未来学校:为第四次工业革命定义新的教育模式》白皮书。它是由世界经济论坛塑造未来新经济和新社会平台所发起的一项全球协商进程的成果,旨在探求适应第四次工业革命的优质教育模式。这是世界经济论坛关于教育4.0计划的第一份报告,该教育计划的目标是通过动员利益相关者组成广泛的、具有创造性的联盟,关注这些联盟在改变未来教育行动中的新模式、新标准及新势头,以推动教育系统的改变。该白皮书明确定义了第四次工业革命优质学习——教育4.0的学习内容与学习经验的八大特征:

(1)世界公民力:不仅包括培养学习者更广阔的世界观和可持续发展观,而且强调学习者在全球社群中发挥积极作用。

(2)创新创造力:包括培养解决复杂问题能力、分析思考能力、创造力及系统分析能力等所需的技能。

(3)技术力:内容基于数字技能的发展,包括编程、数字责任和技术运用。

(4)人际交往力:包括强调人际情商的内容,如同理心、合作、协商、领导力及社交意识。

(5)个性化与自主化学习:学习模式由传统的标准化学习,转变为足够灵活的、基于学习者需要的、使学习者能按照自己节奏学习的学习模式。

(6)无障碍与全纳学习:学习模式由先前局限于进入学校学习转变为向所有人开放的、全纳性的学习模式。

(7)基于问题与协作学习:学习内容的输出方式由先前的过程导向转变为项目导向和问题导向,这需要同伴合作及更密切反映未来工作的动向。

(8)终身学习与学生驱动型学习:学习模式由传统的随着年龄增长而逐渐减少学习的技能,转变为每个人持续提升已有技能并基于个人需要获取新技能。

通过全球众包活动,世界经济论坛遴选出16个教育项目,这些项目的独特性、呈现出的影响力及所处地理位置的多样性,为我们迈向教育4.0提供了示范,对全球教育系统的整体转变给予了启发。

当全球化与飞速发展的技术持续改变着城市空间及工作环境时,教育体系却同全球经济与社会需求愈加脱节。在贫富分化加剧、传统就业机会逐步消失的背景下,中小学教育在培养世界公民和未来社会劳动力方面发挥着重要作用。

教育、商业领域和公共部门的领导者应当摒弃陈旧的学习模式,把所有的教育体系变革成为第四次工业革命而生的教育模式——"教育4.0"。它将在帮助儿童适应未来工作、恢复社会流动途径、提高生产力及增强社会凝聚力等方面发挥重要作用。

(一) 教育4.0:定义和发展新经济下的优质学习

有充分证据表明,教育是相对社会流动性发生的关键因素。此处的相对社会流动性是指相较于自己的父母,个体在社会和经济中的地位。虽然小学入学人数在过去数十年中有了大规模增长——全球范围内,超过90%的适龄儿童得以就读小学——但是研究表明,入学人数的增加并未尽然转化为相对社会流动性的提高。

其中一个关键原因是教育质量。教育质量,尤其是儿童期的教育质量,对一个人之后的生活和收入有着重要影响。到目前为止,对于教育质量的界定仍存在很大争议,而科技的新发展加剧了上述争议。虽然科技已成为解决全球教育不平等的可能手段,但是科技的使用本身并不是目的,而是一种工作,这使得新的教育方式与方法成为可能。不从根本上重新构建学习内容,任何科技都不能发挥其可能的作用。如果不能就新经济与新社会中的教育规范达成共识,中小学教育内容及教育方式的创新将非常有限。

因此,为了确定教育创新方向,使教育重新成为促进社会流动和包容的有效途径,应首先基于第四次工业革命,明确界定优质教育的内容。教育4.0框架提供了一个愿景,可以实现跨越式发展,

（二）教育 4.0：一项面向未来的改变学习内容和经验的全球教育框架

1. 改变学习内容

儿童既要成为未来经济的有力贡献者，又要成为未来社会积极负责的公民。上述愿景的实现，需要儿童具备四项重要能力：一是世界公民力；二是创新创造力；三是技术力；四是人际交往力。能力的提升需要新的学习内容与其相适应。

1）世界公民力

过去几十年，高收入国家和新兴经济体的收入差距进一步拉大。随着重要的社会发展驱动力——市场集中、机会不均衡、全球化和技术性变革——似乎超出了公民个体的控制，这些趋势很可能带来普遍的不公平感，并加剧社会两极分化。与此同时，人类活动毫无底线地不断挑战地球环境的安全界限，进一步威胁到社会发展和公平。儿童必须具备相应能力，以驾驭新环境，保持社会凝聚力，促进可持续发展，成为积极改变的实践者。

2）创新创造力

在第四次工业革命中，创新性、灵活性和适应力已经成为社会发展和价值创造的关键驱动力。在不断变化的经济环境中，能够迅速产生并采用新思想、新工艺和新产品的国家更具竞争优势。然而，一个经济体能否形成有效的创新生态系统，在很大程度上取决于其人力资本。为了对未来经济做出有效的贡献，儿童必须发展必要的能力，以产生新的想法，并践行这些想法形成可行和可被采用的解决方案、产品和系统。

3）技术力

随着技术应用继续影响经济增长，技术设计和编程将在今后几年有着巨大的需求量。尽管富有技能的人力资本是技术进步和采纳的关键因素,今天许多经济体远未达到数字技能需求的基准线。为了充分发挥第四次工业革命的潜力,企业和经济体必须培养未来劳动力的技术力。

4) 人际交往力

随着技术可以将日常工作自动化,以人为中心的技能在工作场所具有比机器更明显的优势。事实上,雇主们认为,领导力、社会影响力和情商是未来需求量很大的人际交往技能。培养这些技能有助于儿童建立与他人的健康关系,并能够站在多个角度考虑问题,从而补充和增强未来的其他技能。

2. 个性化与自主化学习

今天的儿童生活在一个由科技带来的充满选择和个性化体验的世界中。他们可以按需观看自己喜欢的视频和节目,好友间只是一条消息的距离,他们可以定制个性化的移动设备,选择自己认为最有用的应用程序,并按照对他们来说使用最高效的顺序进行排列。虽然关于儿童使用技术这一伦理问题争论颇多,但毫无疑问,个性化和自主化作为一个众所周知的概念正迅速成为一种期望和现实。

3. 无障碍与全纳学习

近几十年来,尽管公共教育大规模增长,世界各地仍有许多儿童不能获得学习机会。事实上,当今世界依然有 2.58 亿中小学适龄儿童失学,一些人源于现实条件的限制,比如冲突和匮乏的基础设施。在世界的其他地区,在公立教育表现不佳的情况下,私立教育提供了另外的选择,同时也对高质量教育带来了新的财务压力。由于教育依旧是社会流动性和社会福利的关键驱动力,学习系统必须向无障碍的系统转变,从而实现全纳性,确保每个人都有机会接受教育。如果这种转变实现不了,当前趋势可能会进一步加剧社会不平等。此外,提高教育可及性是构建未来多样化人才库的路径。在日益由创新驱动的经济体中,多样化人才有利于未来的发展和创新。

4. 基于问题与协作学习

在传统的标准化学习模式中,教师通过演示得出一个答案的过程和公式,向学生传授直接的知识。学生记住这些公式,并模仿这些过程来解决其他类似问题。这种方法的问题在于,当今的创新驱动型经济依赖于创造全新的理念、服务、产品和解决方案,而这方面没有流程或公式。创造和创新是无法模仿的。这要求每个人都要尝试找到解决方案,然后基于他们处理现有挑战的解决方法,更新解决方案。在许多情况下,可能有多种解决方案和设计来解决同一个问题。此类创新很少会通过个体的、孤立的思考来实现,而是需要儿童协作构建实体的、数字化的或两者混合的解决方案。

5. 终身学习与学生驱动型学习

根据一项研究预计,到2022年,每个人平均将额外多花101天的时间学习,来跟上不断变化的工作世界的步伐。传统教育系统的设计是随年龄增长而减少学习时间,现在必须出现一种新的系统,使人们可以终身学习以应对未来传统就业机会减少的挑战。为了实现这一愿景,必须在儿童很小的时候就向他们灌输对学习的热爱。

二、未来学校①

传统学校不再是唯一的学习场所。朱永新认为,未来的学习中

---

① 世界经济论坛发布《未来学校:为第四次工业革命定义新的教育模式》,由国内学者周洪宇、周娜等人翻译,在教育4.0框架的基础上按照标准列举出了全球一些标志性的未来学校,以期体现未来就在眼前的现实可能性及发展无限性。本节内容中列举的案例主要出自该文献。

心,没有固定的教室,每个房间都需要预约;没有以"校长室""行政楼"为中心的领导机构,表面上看,可能有点像今天北上广的创业孵化器;它可以在社区,也可以在大学校园,甚至在培训机构。①

(一) 全球教育4.0框架下的未来学校

未来学校在教育4.0框架的基础上,通过其创办经验,为人们提供了鼓舞人心的榜样,以指导全球更好地向教育4.0进行过渡。以下列出的未来学校是经过各个学校申请,并最终筛选得出。入选的标准如下:

(1) 符合教育4.0框架;

(2) 具有推广的可能;

(3) 采用多方参与的方式进行设计和运行;

(4) 学生表现、学习机会或学习经验有显著改善。

1. 世界公民力

注重形成对更广阔的世界、可持续发展和在全球社会中发挥积极作用的认识。代表性学校如下。

(1) 印度尼西亚绿色学校:培养一代未来的绿色领袖。通过世界公民意识和可持续发展的视角将学习应用于现实世界,并真正利用自然世界来激发他们的好奇心、同情心和创造性思维。学习在自然中,创造也在自然中,学校的环境使学生与自然建立天然的联系,在这个过程中启发学生主动建立与自然的直接联系,并思考全球问题的治本之策。

(2) 肯尼亚卡库马项目——创新实验学校:通过全球跨文化交流推动可持续发展目标的行动。创新实验学校通过开发自己的课程,进行STEAM跨学科教学实践活动。该学校尤其重视校内外老

---

① 朱永新.未来学校:重新定义教育[M].北京:中信出版社,2019.

师的全球视野,除了引进外教,还能"走出去",去跟别人取经,培养本地新青年教师。

2. 创新创造力

专注于创新所需的技能,包括解决复杂问题、分析思考、创造力和系统。代表性项目或学校如下。

(1) 加拿大知识社会项目:强调软硬技能结合,培养下一代创新者。该项目学校让学习者沉浸在高科技公司的工作与学习环境之中,通过接触较尖端的创新流程,帮助他们了解如何运用新技术推动世界新变化。

(2) 马里 Kabakoo 学院:将创新力直接应用于本地环境。该学校重点放在小规模制造业上,通过帮助非洲年轻人掌握在当地环境中就业所需的创新技能,帮助非洲年轻人解决就业问题,帮助学生开发面向市场的原型系统,通过可持续发展的视角来解决相关的本地问题。学生可以自由选择最能引起他们共鸣的本地问题,然后参加相关的课程和小组项目,设计解决这些问题的创新方案。

3. 技术力

重点发展数字技能,包括编程、数字责任和技术使用。代表性项目如下。

(1) 越南 TEKY STEAM:开创培养技术力的新模式。通过设计技术型课程,比如编程训练营,让学生在任何时候、任何地方都可以接触到新技术。通过网上学习平台,还能为偏远地区的学生提供他们需要的课程。通过诸如编程、机器人、网站设计、多媒体通信和动画等模块,培养学生的技术力。

(2) 印度尼西亚提高工作成就和就业准备项目:培养数字经济的劳动者,项目旨在培养具有在数字经济中获得成功所需技能的未来劳动力队伍。在整个项目中,通过与行业伙伴合作,学生建立了一个由网站、设计和其他数字工作产品组成的数字组合。

4. 人际交往力

专注于人际情商,如移情、合作、谈判、领导和社交意识。代表性学校如下。

(1) 西班牙 iEARN:通过虚拟文化交流,创建了一个全球学习者社区,通过在线网络,参与跨文化交流和各类服务学习项目的合作。来自世界各地学校的学生进行交流,在同一个项目上进行合作。通过每年举办两次的 iEARN 虚拟项目展览来展示他们的发现和成果。在整个过程中,学生进行跨文化交流,并发现世界各地学生之间的共同点。

(2) 芬兰南塔皮奥拉高中:通过整合全球视角,培养人际交往能力。采用一种以视角为导向的学习方法。利用每一个机会让学生体验不同的观点。学生和家庭也有机会参与协作性的世界公民活动。

5. 个性化和自主化学习

一种基于每个学习者不同需求的系统,其足够灵活,使每个学习者能够按照自己的节奏前进。代表性项目或学校如下。

(1) 印度布拉罕的混合学习项目:授权当地社区支持以学生为中心的学习。这个项目中没有教师参与。该项目利用儿童天生的学习好奇心,使学生们完全参与到由学生主导的活动中来,由志愿者充当监督者和促进者。

(2) 中国安吉游戏:可以简单被理解为一种特殊的幼儿课程,该课程专注于经由游戏进行学习,通过任何环境的游戏活动,形成一种学习环境,从而能让儿童选择任何形式来表达自己的想法。在这种表达过程中形成自主安排和主导学习的良好成长状态,从而引导一场真正由儿童主导的学习和发现的革命。

第七章　迎接第三次教育革命：新教育革命已经到来

6. 无障碍和全纳学习

一个每个人都有机会学习的系统,也就是全纳的。代表性学校如下。

(1) 美国前景特许学校:设计了一种全纳的和公平的学习方式——"多元化设计"模式,创造真正多元化及综合的学习环境,让学生深入了解从不同的视角如何推动创新及创意。除了促进全纳性和多样性之外,该项目还利用世界公民力,将学习融入现实世界的应用。例如,学生可能会被要求设计一种一次性塑料用品的替代品。

(2) 美国塔拉哈西社区学院:通过真正的移动学习实现教育可及性和全纳性。学习者可以在网上自搜索学习资料,独立学习,使其能够按照自己的节奏学习。

7. 基于问题和协作学习

基于项目和问题的内容,需要互相协作并更紧密地反映未来工作。代表性学校如下。

(1) 秘鲁Innova学校:采用多利益相关方的方法来建立协作混合学习模型,以学生为中心进行混合学习,利用技术进行独立学习,以及教师推动的基于项目的小组学习。学生们通过合作来完成设计思维的各个阶段——探索、设计、实验和分享——紧密地反映了他们将来在工作场所可能经历的合作过程。

(2) 阿曼英式马斯喀特学校:开发了一个专注于发现学习的课程——一种以学生为中心的教学方法,将多个学科整合到协作项目中,专注于体验,而不是最终产品或答案。这种跨学科的方法使学生能够在不同的内容领域之间建立联系,并专注于将这些内容应用于现实世界的特定技能。

8. 终身学习和学生驱动型学习

在这样的系统中,每个人都在不断改进现有的技能,并根据自己的需要获得新的技能。代表性实例如下。

(1) 英国技能构建者伙伴关系:推广发展终身技能的共享框架。技能构建者伙伴关系是一种全球伙伴关系,它与学校、教师、雇主和其他组织合作,为儿童和年轻人培养基本技能。技能构建者伙伴关系通过将学校和雇主联系起来,从而将学习与实际应用联系起来。为了确保参与者之间的一致性,并确保学生拥有跟踪自身技能发展的终身机制,该伙伴关系开发了一个用于技能共享语言的框架。它着重培养儿童和青少年的基本技能,包括倾听、陈述、解决问题、创造力、适应力、协作和领导能力等。

(2) 厄瓜多尔可持续发展旅游业技能培训:利用丹迪旅游资源加快终身学习,打造可持续发展的旅游业。该项目旨在提高旅游课程的质量,从而为学生在旅游业中的就业提供途径。该课程的独特之处在于,将重点放在促进该国旅游业的可持续发展上,以促进该行业未来的创新。

(二) 芬兰未来学校实践的未来特征[①]

作为在基础教育领域备受瞩目的国家,芬兰在探索学校教育变革方向与路径过程中,有不少做法和经验体现着面向未来的特征。

1. 学习空间:绿色自然、灵活多元、开放联通

芬兰的校园和课堂与大自然完美融合。芬兰国家课程标准规定,学习环境不仅包括学校建筑和设施设备,还包括学校周边的大

---

① 康建朝.芬兰如何践行未来学校理念?这4个方面都体现了未来特征[EB/OL]. (2021-04-06) [2021-04-07]. https://mp.weixin.qq.com/s/bNHLG7IfzmgLkMyRhXsoAg.

自然。得天独厚的森林与湖泊资源让芬兰的学习空间更为开阔。一些幼儿园开在森林中,几乎没有任何室内活动。很多中小学建在湖泊或森林旁,课程以森林或湖泊为教室,以天地为教科书。

芬兰中小学充分利用校外公共机构补充教育资源。由于拥有广泛的公共图书馆和博物馆网络,芬兰中小学习惯于将这些公共文化机构作为教育的一部分,并且已经坚持了几十年。芬兰国家课程标准鼓励教师使用校外机构作为学校正式教育的补充,中小学与这些公共机构已经探索出成功的合作模式。根据调查统计,芬兰中小学生是各种各样博物馆和艺术展览最经常的访问者。

芬兰学校注重发挥空间设施的多功能性和创设非正式学习空间。学校很多空间设施的功能并不是单一的,而是多样的。同一个场所可以承载表演、集会、庆典、进餐等多种功能。校园中除了开展常规教学活动的教室外,还有很多非正式的学习空间,如楼道桌椅、沙发和圆桌等,是教师与学生谈心、学生间探讨问题的理想场所。

芬兰中小学教室内部空间具备灵活性与连通性。教室桌椅往往带有轮子,方便师生根据需要灵活移动和组合。很多学校教室与教室之间有活页墙作为隔断,通过教室的连通性设计,可以打破班级及年级的界限与神秘感。有些学校的教室白天是师生的活动场,晚上成为附近居民的操作间和健身房。学校空间和家庭社区形成紧密关联,利于家校社合作共育。

2. 学校课程:着眼素养、融合学科、重视编程

未来很多社会问题的解决,依靠单一学科已不足以应对,需要多个学科领域的综合知识与能力。

芬兰学校的课程目标着眼于学生跨界能力和综合素养的培养。2016年,芬兰对中小学全面实施新一轮课程改革,提出跨界能力和综合素养的育人目标定位。跨界能力和综合素养是在特定情境中灵活运用知识和技能的一种综合能力,是学生成为未来社会合格公民的必备条件。为此,芬兰国家课程标准提出七大方面综合素养:思考和学习素养,文化理解、交往和自我表达素养,自我照顾和日常生活管理素养,多元识读素养,信息技术素养,就业和创业素养,以及社会参与和构建可持续未来素养。

芬兰学校的课程内容和结构跨越学科界限,基于主题实现学科融合与课程模块化。芬兰新课改首创"现象教学"概念,即事先确定一些源于学生生活现象的学习或研究主题,然后围绕特定主题,将不同学科的知识融合生成新的课程模块,以此为载体实现跨学科教学,与传统学科教学并行不悖。其实,芬兰中小学跨学科教学在新课改前就已长期存在。如小学一至四年级开设的"环境与自然课",融合了生物、地理、物理、化学和健康教育等不同学科的知识。到小学五六年级,该课程开始分化为"物理与化学""生物和地理"两门课,随后到初中再具体分化为"物理""化学""生物""地理"四门课。

芬兰学校重视编程教育,让学生掌握人工智能时代的通行语言。芬兰经济与就业部2017年发布了国家人工智能战略,新一轮国家课程标准也将编程教育写入必修课,助力国家人工智能战略长远发展。芬兰对编程教育要求较高,早在一年级就开展相关教育,将其融入数学、手工等不同学科的具体教学。如一至二年级的数学要求学生初步了解编程,三至六年级的数学要求学生在可视化的编程环境中策划与开展编程,七至九年级的数学要求学生使用自己编写或教师提供的程序作为学习数学的工具。

3. 学习方式:手脑并用、探究体验、技术赋能

芬兰学校教育坚持"做中学"的根本理念。"做中学"主张通过动手操作更好地理解与学习知识,芬兰学校坚持了一个半世纪的手工教育就是最为典型的案例。1866年,芬兰将手工教育作为学校

第七章 迎接第三次教育革命：新教育革命已经到来

必修课写入国家法案，与芬兰语、数学等常规学科具有同等重要的地位。中小学手工教育并不是为了直接培养职业技能，最重要的是让学生获得一种综合能力，如情绪调控能力、形象思维和艺术能力及身体灵巧度和动手能力。

芬兰学校普遍开展并广泛应用项目式学习与探究式学习。项目式学习是学生通过亲身体验、深刻理解来获得素养与能力发展的一种学习方式，具有综合性、实践性、体验性等典型特征。中小学利用网络资源和校外学习场所，让学生走进自然、走进超市等，将不同的学科知识融合在一起，以实现学生综合能力的培养。

芬兰学校注重体验式与浸入式学习。教育戏剧是中小学普遍开展和应用的学习方式。在芬兰考察期间，某小学六年级的一堂课让笔者印象深刻。该堂课将学校旁边的一片沙土地和一个半山坡作为活动场地，学生穿上毛茸茸的各色衣服，手持木棍、追逐呐喊，体验原始人的狩猎生活和交流方式。通过这样的情境式和浸入式学习，学生不仅能够更容易喜欢上历史，而且可以获得精神情感的浸润，同时也很好地锻炼了身体。

芬兰学校积极探索基于新技术的学习方式。多年来在国家层面开展有关项目，科技部、多地政府、数十家科技企业以及基金会、大学等合作参与，旨在以信息通信技术为依托，构建学校、家庭与社会互联互通的无边界学习村，以更好地满足学生的个性化学习需要，形成创新型学习生态系统。如探索研发新型游戏工具，寻找既能在课堂中适当加入身体运动元素，又不干扰和破坏课堂所承载的知识和智力目标的游戏解决方案。另外，伴随新课改的实施，笔记本电脑和平板电脑等移动教学设备更多地走进芬兰课堂，数字化教学资源和网络教学平台将扮演更重要的角色。

4. 学校管理：自主放权、民主参与、信任支撑

芬兰地方、学校和教师拥有较多自主权。二十世纪六七十年代，芬兰基础教育高度集权，地方教育行政部门和学校的自主权较小，不利于学校教育创新发展。从二十世纪八九十年代开始，芬兰教育不断放权，地方政府和学校拥有越来越多的自主权，国家层面只提供宏观的课程框架，地方政府和学校依据框架自主灵活编排课程、安排教学。教师拥有较为广泛的专业自主权，可以自主选择教材、设计课程方案、开展教学、对学生进行评价。由于教师无职称评审机制，也较少受其他外部评价限制，收入待遇主要与教龄长短挂钩。高度的专业自主地位是芬兰教师职业受欢迎的重要原因之一。

芬兰家长和学生等人员民主参与学校课程教学等重大管理事务。芬兰1998年颁布的《基础教育法》要求公立和私立学校都要密切与家庭的合作，国家教育委员会要求家长必须有机会参与学校教育重大改革，对学校课程设置及孩子权利义务等具有知情权。芬兰各地分布有广泛的家长协会网络，地方教育行政部门在教育发展事宜方面积极听取家长协会意见并合理采纳。学校设有管理委员会作为校内最高决策机构，管理委员会成员包括校长、教师、家长、学生及其他员工代表，可以直接对学校课程教学、财务预算、硬件建设等重大事务民主建言。

芬兰的信任文化使学校管理更加顺畅。相对单一的民族及历史上曾经历的战争动乱，使芬兰社会孕育形成了深厚的信任文化。深厚的信任文化在教育领域表现为国家教育委员会信任地方教育行政部门，地方教育行政部门信任学校和教师，家长和社区对教育行政部门和学校也十分信任。多方相互信任有助于消除疑虑和猜忌、大幅降低沟通成本、减少矛盾摩擦，使原本复杂的事情变得简单化，为学校问题解决和管理顺畅提供了柔性而又富有力量的文化支撑。

（三）中国教育改革进程中的未来学校①

随着教育理念的不断更新，近年来中国涌现出了一批突破传统教育模式的创新型学校，它们有的借鉴了国外的经验，有的抢先落实了教育改革的方向，它们或许会勾勒中国未来学校的雏形。

1. 探月学院：抛开分数，建立核心素养评价体系

"想象一所高中，校区如联合办公空间一般散落于城市的核心地带，并与周边资源形成友好互补；空间设计如同 Google 的办公室，学生在其中研究、学习、探讨、创造；课程不再只聚焦于学科知识，而是从知识、能力、态度等全方位辅助一个人的成长……"这是探月学院创始人 Jason 对于探月学院的构想。

探月学院是一个高中段全日制创新教育项目，于 2017 年在北京师范大学附属中学落地并招收首批学生。目前，探月学院主要将国外大学作为出口目标，并支持学生毕业后选择创业或就业。

在重组师生关系、教学模式、教学方式的基础上，探月学院的变革在于完全打破了中国现阶段以分数为中心的评价体系，率先建立起以学习者为中心的核心素养评价体系。探月学院使用的是美国高中联盟 MTC（Mastery Transcript Consortium）创立的"A New Model"评估体系。与传统的 GPA（平均学分绩点）成绩单不同，A New Model 仅设定评估的框架，但并不限制考核内容，学校可自行定制考核标准，纳入批判性思维、沟通能力等"软实力"考核。

按照以培养学生核心素养为目标的评价体系，探月学院建立了相应的课程与教学模式。探月学院实行线上线下混合式学习，建立独立的 IT 系统，连接、整合全球的优质教育内容。项目式学习让学

---

① 此部分是笔者对国内未来学校最新发展长期关注，经过搜索整理网络相关资料，特别是根据各个未来学校的官网上的介绍进行的总结。

生跳出传统学习场景,以做项目的方式解决真实问题,跨学科整合、应用知识。深度学习是通过培养学生的元认知与系统观,帮助学生形成自己的价值观与世界观。学生的技能与素养,例如学科兴趣、领导力、创造力等,将由指定的导师进行培养。

2. 一土学校:中国版的 Altschool 开到了硅谷

"一土就是一个很土的学校。"一土学校创办者李一诺曾经这样解释。2016 年,第一所一土学校建成。仅仅经过两年时间,一土学校就在国内开设了 3 座,并在硅谷开设了一座分校。

一土学校被称为美国 Altschool 的"学徒",沿袭了 Altschool 以技术见长的特色。一土建立了一支专业的技术团队,学校借助科技的力量,通过自主研发的 IT 体系,可以使人员、资源、流程都在 IT 体系上实现综合管理。系统内整理、上传了大量的教学案例和学生行为记录。家长可以看到教师、学生分享的所有和自己孩子有关的内容,这有效地解决了家校沟通的问题,将学校、教师、家长联系得更为紧密,同时教师的课堂教学可以成为其他教师的案例。

与大多数创新学校完全颠覆体制内教学不同,一土学校的核心课程严格遵照了九年义务教育的课程纲领。除了核心课程之外,一土学校还设置了实践课程、自我认知课程和科学艺术课程。在一土学校的教学理念中,核心课程与这三者搭建了一个骨骼、肌肉和灵魂的教学体系:国家标准课程体系为骨骼,创新的教学方法和浸入式双语课程为肌肉,激发和保护内心驱动力的个性化教育为灵魂。

三、数字化学习创新趋势[①]

美国"在线学习联盟"发布《数字化学习创新趋势》报告,对全球

---

① 此部分内容根据国际与比较教育研究所周林莉 2020 年 4 月 10 日发表的《美 2020 研究报告:数字化学习创新的 10 个趋势》总结归纳而成。

数字化学习的趋势进行了解释,这些趋势包括以下方面。

(1)自适应学习。目前,自适应性学习技术可以根据学生的成绩水平,为他们提供符合自身优劣势的个性化学习路径,在评测中,这些优劣势会得到展示。值得注意的是,自适应性学习这个概念涵盖了多种非常不同的教育产品,如 RealizeIt、ALEKS、BioBeyond、Smart Sparrow。亚利桑那州立大学、佐治亚州立大学、常春藤科技社区学院等是自适应学习应用的代表。

(2)开放教育资源。开放教育资源是指开放的(容易被老师和学生获取的)课程内容、资料和活动。此类资源可能是免费的或费用比较低廉的,通常由共同体成员而不是出版商或供应商制作,且容易访问。具体类型有资源库(如 Merlot、OER Commons、OpenStax)、网络课件(如 Equella、Pressbooks)、其他技术(如 Adobe DC、Dropbox、Github、Google Docs、Google Drive、Wordpress)、学习管理系统。盐湖城社区学院、贝佩丝大学等在开放教育资源的利用方面已有一些探索。开放教育资源被认为是教科书的替代品,能够帮助学生减轻高等教育的支出负担。许多教授和学校不再使用昂贵的纸质教科书而转向开放教育资源,特别是在某些特定的课程(如入门课程、基础课程、瓶颈课程)和 STEAM 课程中。

(3)游戏化学习和基于游戏的学习。游戏化学习是指将游戏元素融入学习活动(内容和互动)、评估或课程中的一种学习方式。常见的例子包括积分制和徽章奖励。基于游戏的学习是指用游戏来促进学习,通常与增强认知知识的概念学习或与通过模拟活动来提高学生认知、行为和情感能力的学习有关。

(4)慕课。目前慕课在高等教育中仍然盛行,但它们在为高中后阶段的学生提供优质高等教育学习机会方面并没有起到什么作用。慕课被认为是高等教育数字学习的一种趋势,很大程度上是因为慕课的广泛性和数据充足。慕课提供了许多重要的数据集,让研究者们能够探索使用数据来提升对学习的理解。

(5)学习管理系统与互通性。学习管理系统与互通性是数字化学习创新中的另一趋势。最早的学习管理系统建立于20世纪90年代,所以目前尚不能确切地说学习管理系统属于数字学习创新趋势。然而,学习管理系统在媒体中成为一种很受追捧的教育创新产品。此外,大学教授们也认为学习管理系统对于他们的课程规划很重要,但目前主要障碍是互通性问题没有得到很好解决。此外,许多研究期刊陆续发表文章,研究学习管理系统的不同技术功能(例如异步讨论),或如何用学习管理系统帮助后进生取得成功。诺福克州立大学、贝佩丝大学、佛罗里达大学开展了这方面的探索。

(6)移动性和移动设备。移动设备是指提供数据交流的可移动设备。目前正在从占主导地位的4G向5G和下一代无线网络(WiFi 6)发展。随着移动设备的广泛应用,其快速的数据传输速度和大量的应用程序,使其成为学习的重要工具。通过移动设备获取学习资源,学生和移动设备的无缝交互成为影响数字化学习的重要考量。另外,学生对课件和核心技术的使用受到移动设备的影响,因此确保移动设备的可用性和可访问性,才能提升学生的学习体验和满意度。利用移动设备应用程序的学习活动很难设计和广泛推行。这些移动的学习活动包含游戏化学习和其他互动性学习,比如要求学生回答一些问题和寻宝游戏。这些学习活动充分利用移动设备的移动性和其相关的特质。诺福克州立大学等是这方面探索的代表。

(7)设计。设计是指构建学习环境和互动,使学生能够学习。

它通常包括课程设计和/或教学设计,涵盖学生与内容的互动,与其他学生的互动,与老师的互动,以保证学习目标、评估和活动三者一致。设计常常也包括对一门课程、课程技术与材料的组织,对内容与互动的精简与丰富,以及在在线环境中为学生提供支持或为学生创建明朗而轻松的学习环境。

(8)混合学习。混合学习是指为了满足学生跨环境学习需求,将面对面学习和在线环境进行战略性的融合,在传统教室的上课时间被在线教学活动所取代或补充。混合学习有时在概念上被称为翻转学习,这两个术语是可以互换的。然而,翻转有时指的是一种不同的教学模式,它并不一定会减少学生的上课时间,而且在线活动主要涉及内容传播。

(9)数据管理界面。数据管理界面呈现给学习者一系列聚合的数据。通常情况下,这些数据用一种量化和可视化相结合的方式呈现,充分帮助学习者理解和运用这些数据。数据管理界面在许多美国高校流行起来,并与学习管理系统融合,用于提高学生的学习成绩。学生能够在数据管理界面中看到他们和其他学生的数据对比,能够让他们测量和改进自己的表现。同时,学生数据的分享也能够让学生获取自主学习和激励他们自我控制及管理他们的学术成就。

(10)虚拟现实与人工智能。虚拟现实是指通过各种刺激(例如视觉、听觉)使用数字化数据和编程来模拟不同的现实。人工智能通常与机器学习归为一类,是指用数字化数据和编程创建应用程序来执行人类的认知任务。虚拟现实和人工智能尽管很受欢迎,但是在提升学生教育机会和成功上的努力并不多。

四、雇主证书：平行教育体系萌芽①

20世纪90年代，随着微软、思科、诺威等公司在互联网繁荣时期创造了非学位途径，IT认证出现了一个"平行的后中学世界"。

但目前雇主颁发证书的热潮有所不同，可能会带来变革。与过去几十年的传统IT认证不同，这些新认证不太关注与特定技术供应商相关的专有技术，而是更关注广泛适用的技术技能，如IT支持、云计算和数字营销。

实际上，许多新公司颁发的证书（无论是证书、认证、徽章或其他名称）反映了专业领域的能力或内容掌握程度，与传统的教育证书和学位一样。尽管这些由雇主颁发的证书被视为大学学位的替代品，但它们正越来越多地通过与大专院校的合作关系被纳入大学课程，被纳入学位，并被纳入传统学生和成人学习者就业的新途径。

对一些雇主来说，"通过认证培养人才"是一项业务。对其他人来说，这些公开面对的证书是一种品牌建设者。这些动机和商业模式问题很重要。也许最重要的是，这一趋势代表着雇主介入，填补技能缺口，建立学习选择，创造未来的数字化劳动力。很明显，这些雇主颁发的证书正在成为更广泛、更重要的趋势的一个主要组成部分，这一趋势是以技能为基础的招聘及进入职业和职业发展的替代性、非学位途径。

随着人们对新型证书的接受程度不断提高，一些雇主已经成为自己的学习提供者，这种方式可能会改变更广泛的高等教育格局。越来越多的公司已经超越了培训自己的员工或提供学费补助计划，

---

① 张铁光.更多的雇主正在颁发证书。平行于高等教育的体系正在形成吗？[EB/OL]．（2021-03-25）[2020-04-07]. https://mp.weixin.qq.com/s/34rT2zzs1PvVD3rrSMaW3Q.

将员工送到高等教育机构。其中许多雇主也在开发自己的课程,并迅速扩大面向公众的证书课程。

五、摆脱学校科目的国家行动

分科教学系统是19世纪确立下来的,已经有近200年的历史,我们不否认其在当时做出了巨大贡献,但这套生硬又割裂的学科系统早就不适应当下世界各国人民的需求。芬兰的教育体系在全球一直备受好评,而这次,它又成为第一个"吃螃蟹"的国家。

2013年,芬兰从赫尔辛基开启"现象教学法"教育试验。这种教学方法把学生个体认知发展作为核心,而非独立的教学内容,彻底颠覆了传统的分科教学。学校教育不再是学习具体科目,而是帮助学生发展认知,并形成自己的主见。

目前芬兰赫尔辛基市教育局正式下发通知,正式废除了中小学的分科教学,而采取基于实际场景的主题式教学。传统课堂上的师生沟通形式将被彻底改变,学生不再只是课桌后面那个嗷嗷待哺的孩子,而是充分发挥个人潜力、踮起脚尖够得着苹果的那个完整的个体。他们在课堂上通过小组合作共同学习,教师提供咨询服务和帮助,而不再是课堂的掌控者。

尾声
疫情期间中国大规模在线教育实践探索

2020年注定是不平凡的一年,对全球来说,经历了一场前所未有的挑战。后疫情时代的教育将走向何方?中国在新冠肺炎疫情期间发起了涉及高等教育、中等教育(包含职业教育)以及基础教育的"停课不停学"活动,其中,通过中国MOOC、学习强国等在线学习平台,教育部门、教育工作者和私营部门领导者齐心协力,为全中国的青少年及其家庭的在线教育提供了系统的学习方案。这是前所未有的大规模的在线教育尝试,极大促进了教育信息化的发展,为全球教育治理提供了中国"互联网+教育"方案。

在疫情期间,中国大学积极应对,进行了一场史无前例的大规模在线教学实践。据统计,截至2020年4月3日,全国在线开学的普通高校共计1454所,95万余名教师开设713.3万门次在线课程,参加在线课程学习的学生达11.8亿人次。2020年第一季度,我国在线课程平台上线慕课增加了5000门,其他在线课程增加了1.8万门。

高等教育"学习革命"深入推进,本次在线教学实践,规模之大、范围之广、程度之深,前所未有,不仅是世界高等教育史上的首次探索,也是全球范围内的一次重要实验。"互联网＋教育""智能＋教育"优势凸显,现代信息技术全面进入教与学过程,改变了教师的"教",改变了学生的"学",改变了学校的"管",改变了教育的"形态"。

专注于商业思维的互联网创新大学混沌学园、专注复杂性科学研究的没有围墙的研究院集智学园等一些中国高端智能人才创办的在线教育平台,都是在新工业革命时代,中国创新型国家建设过程中出现的极具创新特色的全民终身学习案例。

教育应急手段的迅速落实得益于我国制度和组织的优势,同时也由于我国对新冠肺炎疫情在教育领域影响程度和范围的把握。

新冠肺炎疫情的暴发几乎扰乱了国内每一位教育者、家长和学生的日常生活。它使教育系统瘫痪,给教育机会带来挑战,阻碍学生的学业进步,给教师和学生的身心健康带来压力。而人文思考和社会情感学习有助于我们在悲痛之中找到一种希望,从而为我们面对这突如其来的挑战提供了最有力的支撑。

疫情带来的另一个重大挑战是我们不能照顾到社会中的弱势群体,比如一些身体障碍、学习障碍、偏远地区、民族地区等的群体并没有受益于在线学习。当我们的线下教育处于停滞的时候,虽然教育系统提供了大规模的在线教育,但是,对大多数师生来说存在着较大的障碍。

首先,教育工作者必须重新考虑信息化基础设施。硬件、互联网可用性和联通性,以及支持教学的学习材料,从适龄的书籍到纸张、铅笔、胶水和剪刀,每家每户都有很大的不同,正如同提供和响应这些需求的能力因地区而异。

同时,教育工作者需要确定学生需要什么内容,如何组织,以及如何帮助学生获取它们。对于学生来说,在互联网上访问浏览资料是最好的,如果是这样的话,应该放在一个平台上,还是分散在几个平台上？如果按主题或项目组织，是否更容易获取？最关键的是，对于学习和思考方式不同的学生来说，这些材料是否有适当的区别？是否在设计时考虑到了学习者的多样性？

还有一个生理和心理上的问题是，学生是否能根据自己的日常生活安排抽出时间来参加活动，并能够主动参加网上学习。日常工作被打乱了，我们都面临着日程安排上的障碍和执行职能上的挑战，这削弱了我们自我管理和组织的能力。

在家庭一级，许多家庭继续在人身安全、健康和食品安全方面应对挑战。家长和其他照料者有不同程度的机会来支持学生，这取决于他们是否被视为"必要"劳动力，或者他们的健康、收入或就业是否受到疫情的直接影响。接触流行病的涟漪和对挑战性环境的意识，可能会以不同的方式在学习者中显现出来。

建立在线学习的结构并不是最终的目标。提供数字教学也面临着挑战：我们的学生能否有意义地参与远程直播教学？我们的学生、老师和监护人员，尤其是那些第一次体验到网络浏览器和技术的人，是否可以浏览网页？

与此同时，在我们所有人的视频直播课上，注意力更加脆弱。在过去的几个月里，我们了解到网课疲劳是真实存在的，而且在新冠肺炎疫情暴发之前，我们就知道屏幕时间应该有限制。

在这些不同的挑战中有一个共同点，那就是远程学习已经引起了所有学生和教师的访问问题，无论是在什么情况下。与挑战并存的是我们在困境之下能坚持做的工作。

尽管这些不寻常的情况，使得整个教育系统都能感受到入学的挑战。教育者、学生、家长、课程和技术开发人员已经一次又一次地证明，当全社会共同努力寻求解决方案时，很多想象不到的挑战也是可以克服的。特别是当如此多的教育工作者感到筋疲力尽、沮丧，并对教学和学习的前进道路感到困惑时，整个社会给予的包容和理解，以及技术给予的大力支持，都是一股合力——让我们的未来充满希望。

疫情期间，我们具体是怎样重塑自己的经历，让自己感到更有希望和坚韧，从而解决学生和我们自己面临的教育问题的？

作为第一步，在这个充满不确定性的时期，我们充分发挥我们的凝聚力和主观能动性，在实践中不断完善我们的线上教学。虽然我们确实无法彻底控制这一流行病，但我们可以通过教育各方的通力合作，对我们周围人的生活产生积极影响。第二步就是保持同理心。同理心是一种同情他人的能力，它是亲社会行为的基础，也就是说人们为造福他人而采取行动。作为教育者，我们将同理心作为一种工具，来支持为学生及其家庭设计在线学习体验的决策。这个过程开始于采取一种探究的姿态，抱着好奇心，考虑你、你的学生和他们的家人的感受。

疫情期间，对教育各方来说，最感兴趣的永远是这些：将线下教育与学生和家庭联系起来的工具；在线教学与管理信息系统；无障碍和公平的在线教育保障；数据隐私和安全等。特殊时期，整个社会对在线教育辅导、数字应用和教育娱乐方面投入了比正常时期更多的资源，教育技术在新冠病毒流行的同时，也比往常更加"流行"了，而这种流行才刚刚开始。虽然国内针对此次疫情采取了最为成功的抗疫行动，但全球疫情眼下似乎掉进了失控的陷阱，这对世界和国内社会的影响充满很多不确定因素，线下教育也很难再一如往常。种种新兴技术对教育变革的影响也将是人们未来需要持续关注的话题之一。

参考文献

一、著作类

[1] 埃德加·莫兰.复杂性理论与教育问题[M].陈一壮,译.北京:北京大学出版社,2004.

[2] 爱德华·威尔逊.知识大融通:21世纪的科学与人文[M].梁锦鋆,译.北京:中信出版社,2016.

[3] 安东尼·塞尔登,奥拉迪梅吉·阿比多耶.第四次教育革命:人工智能如何改变教育[M].吕晓志,译.北京:机械工业出版社,2019.

[4] 底特利希·本纳.普通教育学——教育思想和行动基本结构的系统的和问题史的引论[M].彭正梅,徐小青,张可创,译.上海:华东师范大学出版社,2006.

[5] 杰里米·里夫金.第三次工业革命:新经济模式如何改变世界[M].张体伟,孙豫宁,译.北京:中信出版社,2012.

[6] 郝克明.让学习伴随终身[M].北京:高等教育出版社,2017.

[7] 克劳斯·施瓦布.第四次工业革命:转型的力量[M].李菁,译.北京:中信出版社,2016.

[8] 保罗·朗格朗.终身教育引论[M].周南照,陈树清,译.北京:中国对外翻译出版公司,1985.

[9] 李·雷尼,巴里·威尔曼.超越孤独:移动互联时代的生存之道[M].杨柏溆,高崇,译.北京:中国传媒大学出版社,2015.

[10] 联合国教科文组织.教育——财富蕴藏其中[M].联合国教科文组织总部中文科,译.北京:教育科学出版社,1996.

[11] 联合国教科文组织.学会生存——教育世界的今天和明天[M].华东师范大学比较教育研究所,译.北京:教育科学出版,2006.

[12] 联合国教科文组织.反思教育:向"全球共同利益"的理念转变?[M].联合国教科文组织总部中文科,译.北京:教育科学出版社,2017.

[13] 刘长江.重新定义商业模式:"互联网+"时代的新商业模式[M].北京:中国经济出版社,2016.

[14] 陆有铨.躁动的百年——20世纪的教育历程[M].北京:北京大学出版社,2012.

[15] 马少平,朱小燕.人工智能[M].北京:清华大学出版社,2004.

[16] 诺曼·朗沃斯.终身学习在行动——21世纪的教育变革[M].沈若慧,等译.北京:中国人民大学出版社,2006.

[17] 裴娣娜.教学论[M].北京:教育科学出版,2007.

[18] 乔冰,张德祥.终身教育论[M].沈阳:辽宁教育出版社,1992.

[19] 全国十二所重点师范大学.教育学基础[M].北京:教育科学出版社,2014.

[20] 史蒂芬·霍金.时间简史[M].徐明贤,吴忠超,译.长沙:湖南科学技术出版社,2002.

[21] 孙平华.《世界人权宣言》研究[M].北京:北京大学出版社,2012.

[22] 世界环境与发展委员会.我们共同的未来[M].北京:世界知

识出版社,1989.

[23] 吴军.智能时代:大数据与智能革命重新定义未来[M].北京:中信出版社,2016.

[24] 王大勇.产业互联网时代下的商业模式变革[M].北京:电子工业出版社,2015.

[25] 吴遵民.现代中国终身教育论[M].上海:上海教育出版社,2003.

[26] 习近平.之江新语[M].杭州:浙江人民出版社,2007.

[27] 伊曼纽尔·沃勒斯坦.知识的不确定性[M].王昌,等译.济南:山东大学出版社,2006.

[28] 叶澜.终身教育视界:当代中国社会教育力的聚通与提升[M].上海:上海教育出版社,2017.

[29] 周洪宇,徐莉.第三次工业革命与当代中国[M].武汉:湖北教育出版社,2013.

[30] 周运煌."互联网+"落地下的新商业模式[M].北京:中国言实出版社,2016.

[31] 中国地质学会.生命探索 人类起源[M].北京:地质出版社,2018.

[32] 祝捷.成人教育概论[M].长春:东北师范大学出版社,2015.

[33] 朱永新.未来学校:重新定义教育[M].北京:中信出版社,2019.

二、论文类

[1] 蔡宝来.教育信息化2.0时代的智慧教学:理念、特质及模式[J].中国教育学刊,2019(11):56-61.

[2] 畅肇沁,陈小丽.基于人工智能对教育影响的反思[J].教育理

论与实践,2019(1):9-12.

[3] 陈理宣.论知识的整体性及其教育策略——基于实践教育哲学的视角[J].中国教育学刊,2015(12):26-31,48.

[4] 陈丽,郭玉娟,高欣峰,等.人机协同的新时代:我国人工智能教育应用的现状与趋势[J].开放学习研究,2019(5):1-8.

[5] 陈彩虹.在无知中迎来第四次工业革命[J].读书,2016(11):14-24.

[6] 陈先昌.基于卷积神经网络的深度学习算法与应用研究[D].杭州:浙江工商大学,2014.

[7] 陈连山.宇宙起源[J].前线,2017(1):98-100.

[8] 崔铭香,张德彭.论人工智能时代的终身学习意蕴[J].现代远距离教育,2019(5):26-33.

[9] 戴成林,杨旭,杨春芳.论学习化社会与教育图景[J].天津市教科院学报,2019(5):5-13.

[10] 冯仰存,任友群.教育信息化2.0时代的教育扶智:消除三层鸿沟,阻断贫困传递——《教育信息化2.0行动计划》解读之三[J].远程教育杂志,2018(4):20-26.

[11] 高阳,陈世福,陆鑫.强化学习研究综述[J].自动化学报,2004(1):86-100.

[12] Gagan Mehra,杨卓懿.类大脑计算机:从经验中学习[J].中国外资,2014(5):50-51.

[13] 高斌斌.深度学习下标记受限的视觉识别研究[D].南京:南京大学,2018.

[14] 高书国.中国特色世界先进水平优质教育的时代内涵[J].人民教育,2019(6):35-38.

[15] 龚勤.朱世强:数字经济与人工智能的思考[J].杭州科技,

2018(5):16-21.

[16] 顾明远,蔡宗模,张海生.中国教育改革发展的昨天、今天和明天——顾明远先生专访[J].重庆高教研究,2019(2):5-11.

[17] 郭伟,张力玮.借鉴《教育2030行动框架》打造"中国教育现代化2035"——访中国教育学会副会长、中国教育发展战略学会副会长、长江教育研究院院长周洪宇教授[J].世界教育信息,2018,31(4):3-7.

[18] 郝景芳.人工智能时代,我们如何与机器人共处?[J].中外管理,2018(2):86-88.

[19] 何静.人类学习与深度学习:当人脑遇上人工智能[J].西南民族大学学报(人文社科版),2017(12):84-88.

[20] 李厚芝,樊文强.学习型社会构建与学习价值转换[J].继续教育研究,2014(5):4-6.

[21] 胡钦太,张晓梅.教育信息化2.0的内涵解读、思维模式和系统性变革[J].现代远程教育研究,2018(6):14-22.

[22] 胡昌昊.浅析人工智能的发展历程与未来趋势[J].经济研究导刊,2018(31):33-35,196.

[23] 黄楚新,王丹."互联网+"意味着什么——对"互联网+"的深层认识[J].新闻与写作,2015(5):5-9.

[24] 黄庆平.国家学分银行的未来:基于区块链技术视角[J].中国成人教育,2019(1):28-31.

[25] 绘制新时代,加快推进教育现代化建设教育强国的宏伟蓝图——教育部负责人就《中国教育现代化2035》和《加快推进教育现代化实施方案(2018—2022年)》答记者问[J].人民教育,2019(5):14-18.

[26] 汪建基,马永强,陈仕涛,等.碎片化知识处理与网络化人工

智能[J].中国科学(信息科学),2017(2):171-192.

[27] 金义富.区块链+教育的需求分析与技术框架[J].中国电化教育,2017(9):62-68.

[28] 黎加厚.人工智能时代的教育四大支柱——写给下一代的信[J].人民教育,2018(1):25-28.

[29] 李保强,陈晓雨.欧盟培育公民新核心素养的举措及其启示[J].教师教育论坛,2019(2):75-78.

[30] 李海峰,王炜.国际领域"人工智能+教育"的研究进展与前沿热点——兼论我国"人工智能+教育"的发展策略[J].远程教育杂志,2019(2):63-73.

[31] 李青,张鑫.区块链:以技术推动教育的开放和公信[J].远程教育杂志,2017(1):36-43.

[32] 李敏.人工智能:技术、资本与人的发展[D].武汉:中南财经政法大学,2018.

[33] 李佩宁.什么是真正的跨学科整合——从几个案例说起[J].人民教育,2017(11):76-80.

[34] 李润洲,石中英.人·学习·学习能力——构建学习型社会的哲学思考[J].教育学报,2006(1):62-67.

[35] 李晓光.组织知识创造的理论与方法[J].中国质量,2004(2):12-14.

[36] 李尧远.正在进行的"工业革命":次第与主题之辨[J].读书,2018(3):3.

[37] 李泽林.分科教学的历史演进与现实反思[D].兰州:西北师范大学,2005.

[38] 梁迎丽,刘陈.人工智能教育应用的现状分析、典型特征与发展趋势[J].中国电化教育,2018(3):24-30.

[39] 林懿伦,戴星原,李力,等.人工智能研究的新前线:生成式对抗网络[J].自动化学报,2018(5):775-792.

[40] 林命彬.智能机器的哲学思考[D].长春:吉林大学,2017.

[41] 刘建伟,高峰,罗雄麟.基于值函数和策略梯度的深度强化学习综述[J].计算机学报,2019(6):1406-1438.

[42] 刘德建,杜静,姜男,等.人工智能融入学校教育的发展趋势[J].开放教育研究,2018(4):33-42.

[43] 刘金松.数据治理:高等教育治理工具转型研究[J].中国电化教育,2018(12):39-45.

[44] 卢晓中,王胜兰.我国教育信息化发展的历史审思与未来路向——从教育信息化与教育现代化关系的角度[J].江苏高教.2019(12).

[45] 联合国环境与发展会议.关于环境与发展的里约宣言[J].世界环境,1992(4):4-5.

[46] 马化腾."互联网＋"激活更多信息能源[J].中国中小企业,2015(6):17.

[47] 玛雅·比亚利克,查尔斯·菲德尔,金琦钦,等.人工智能时代的知识:核心概念与基本内容[J].开放教育研究,2018(3):27-37.

[48] 莫宏伟.强人工智能与弱人工智能的伦理问题思考[J].科学与社会,2018(1):14-24.

[49] 穆肃,杨帆.国际视野下终身学习能力的比较研究[J].现代远距离教育,2011(6):3-8.

[50] 钱颖一.人工智能让现有教育优势荡然无存[J].内蒙古教育,2019(7):31-33.

[51] 钱乘旦.以现代化为主题构建世界近现代史新的学科体系

[J].世界历史,2003(3):2-11,127.

[52] 钱力,谢靖,常志军,等.基于科技大数据的智能知识服务体系研究设计[J].数据分析与知识发现,2019(1):4-14.

[53] 田倩飞,张志强.人工智能2.0时代的知识分析变革研究[J].图书与情报,2018(2):33-42.

[54] 刘庆昌.寻找教育学的历史逻辑——兼及"教育学史"的研究[J].西北师大学报(社会科学版),2018(1):66-81.

[55] 邱玉臣.论可持续发展及其实现途径[J].内蒙古科技与经济,2005(16):8-10.

[56] 曲一帆,秦冠英,孔坤,等.区块链技术对教育变革探究[J].中国电化教育,2020(7):51-57.

[57] 任友群,吴旻瑜,刘欢,等.追寻常态:从生态视角看信息技术与教育教学的融合[J].中国电化教育,2015(1):97-103.

[58] 任友群,万昆,冯仰存.促进人工智能教育的可持续发展——联合国《教育中的人工智能:可持续发展的挑战和机遇》解读与启示[J].现代远程教育研究,2019(5):3-10.

[59] 邵仲庆.试论埃德加·莫兰复杂性思想在教育领域内的体现[J].学理论,2011(21):195-196.

[60] 十九届四中全会9个提法值得注意[J].理论导报,2019(11):53.

[61] 石中英.从《反思教育》中的四个关键概念看教育变革新走向[J].人民教育,2017(18):59-66.

[62] 孙刚成,张丹.基于"教育2030行动框架"的终身教育理念及其价值取向[J].成人教育,2018(1):1-5.

[63] 谭铁牛,孙哲南,张兆翔.人工智能:天使还是魔鬼?[J].中国科学:信息科学,2018(9):1257-1263.

[64] 谭铁牛.人工智能的历史、现状和未来[J].智慧中国,2019(Z1):87-91.

[65] 田铁杰.数字技术引领下的教育创新——基于对OECD《教育创新:数字技术和技能的力量》报告的分析[J].教育科学,2018(4):24-29.

[66] 王阁.人工智能与人的解放[J].中共福建省委党校学报,2019(1):146-151.

[67] 王燕.人工智能时代的知识转化——以STEAM教育为例[J].大学图书情报学刊,2019(1):72-76.

[68] 王渝生.科技革命改变世界发展格局[J].领导科学论坛,2018(18):79-96.

[69] 王志康.复杂性科学理论对辩证唯物主义十个方面的丰富和发展[J].河北学刊,2004(6):24-30,34.

[70] 王珠珠.教育信息化2.0:核心要义与实施建议[J].中国远程教育,2018(7):5-8.

[71] 王竹立.面向智能时代的知识观与学习观新论[J].远程教育杂志,2017(3):3-10.

[72] 翁绮睿.国际视野下的教育变革——《反思教育:向"全球共同利益"的理念转变?》中文版出版研讨会综述[J].教育研究,2017(11):158-159.

[73] 吴佳莉,郑程月,吴霓."办人民满意的教育"的内涵、演进与实践路径[J].清华大学教育研究,2018(6):74-79.

[74] 吴永和,程歌星,等.国内外"区块链+教育"之研究现状、热点分析与发展思考[J].远程教育杂志,2020(1):38-47.

[75] 伍红林.技术时代的教育学发展——兼议人工智能背景下教育学的两种可能[J].华东师范大学学报(教育科学版),2019

(5):26-37.

[76] 伍红林.人工智能进步与教育学的发展——交互关系的视角[J].现代大学教育,2019(5):1-7,112.

[77] 许亚锋,高红英.面向人工智能时代的学习空间变革研究[J].远程教育杂志,2018(1):48-60.

[78] 徐莉,宋俊骥.教育必须实现全方位的转变——访华中师范大学教授、长江教育研究院院长周洪宇[J].教育科学研究,2013(6):20-24.

[79] 徐莉,王默,程换弟.全球教育向终身学习迈进的新里程——"教育2030行动框架"目标译解[J].开放教育研究,2015(6):16-25.

[80] 徐莉.对第三次工业革命本质内涵的教育审视[J].教育研究与实验,2013(2):21-24.

[81] 徐晔,黄尧.智慧教育:人工智能教育的新生态[J].宁夏社会科学,2019(3):139-145.

[82] 杨银付.深化教育领域综合改革的若干思考[J].教育研究,2014(1):4-19.

[83] 杨旭浩,何佳敏,石子鹏,等.服务全民终身学习的教育体系构建呼唤新方法——对话河北师范大学博士生导师徐莉[J].高等继续教育学报,2020(1):1-10.

[84] 杨宗凯.教育信息化2.0:颠覆与创新[J].中国教育网络,2018(1):18-19.

[85] 叶桐.我国现代终身教育体系的构建研究[J].中国成人教育,2009(21):8-9.

[86] 余胜泉,胡翔.STEM教育理念与跨学科整合模式[J].开放教育研究,2015(4):13-22.

[87] 余胜泉.推进技术与教育的双向融合[J].中国电化教育,2012(5):5-14.

[88] 张慧,黄荣怀,李冀红,等.规划人工智能时代的教育:引领与跨越——解读国际人工智能与教育大会成果文件《北京共识》[J].现代远程教育研究,2019(3):3-11.

[89] 张进宝,姬凌岩.是"智能化教育"还是"促进智能发展的教育"——AI时代智能教育的内涵分析与目标定位[J].现代远程教育研究,2018(2):14-23.

[90] 张力玮,刘来兵.新一轮工业革命下的教育变革——访湖北省人大常委会副主任、长江教育研究院院长周洪宇[J].世界教育信息,2016(3):12-17.

[91] 张奎,陈见辉,崔海花.教育对工业革命的影响[J].现代企业教育,2014(20):284.

[92] 张岂之,谢阳举.哲学与跨学科研究[J].西安交通大学学报(社会科学版),2004(3):11-20.

[93] 赵冬斌,邵坤,朱圆恒,等.深度强化学习综述:兼论计算机围棋的发展[J].控制理论与应用,2016(6):701-717.

[94] 赵森.欧洲教育信息化新进展——基于欧盟《数字教育行动计划》的分析[J].世界教育信息,2018(20):6-9.

[95] 赵炬明.论新三中心:概念与历史——美国SC本科教学改革研究之一[J].高等工程教育研究,2016(3):35-56.

[96] 郑勤华,马东明,陈丽.成人"终身学习素养"理论模型和评价维度的建构[J].现代远距离教育,2013(2):3-12.

[97] 郑旭东.智慧教育2.0:教育信息化2.0视域下的教育新生态——《教育信息化2.0行动计划》解读之二[J].远程教育杂志,2018(4):11-19.

[98] 郑永和,严晓梅,王晶莹,等.计算教育学论纲:立场、范式与体系[J].华东师范大学学报(教育科学版),2020(6):1-19.

[99] 周详.智能机器人"权利主体论"之提倡[J].法学,2019(10):3-17.

[100] 周洪宇,鲍成中.论第三次教育革命的基本特征及其影响[J].中国教育学刊,2017(3):27.

[101] 周洪宇,鲍成中.扑面而来的第三次教育革命[J].辽宁教育,2014(16):10-12.

[102] 周洪宇,徐莉.联合国教科文组织教育2030框架对中国教育现代化2030的启示[J].河北师范大学学报(教育科学版),2017(5):5-13.

[103] 周洪宇,徐莉.站在人类历史拐点处探求教育变革之路[J].国家教育行政学院学报,2014(7):3-8.

[104] 朱永新:中国教育改革40年的成就与经验[J].中国德育,2018(20):5.

[105] 朱振林,丛冠然.人工智能对人和社会未来的影响[J].知与行,2018(6):92-96.

[106] 张莉.专业共同体中的教师知识学习研究[D].长春:东北师范大学,2017.

[107] 张蕾,崔勇,刘静,等.机器学习在网络空间安全研究中的应用[J].计算机学报,2018(9):1943-1975.

[108] 张耀铭,张路曦.人工智能:人类命运的天使抑或魔鬼——兼论新技术与青年发展[J].中国青年社会科学,2019(1):1-23.

[109] 钟晓流,等.第四次教育革命视域中的智慧教育生态构建[J].远程教育杂志,2015(4):34-40.

[110] 王如松,欧阳志云.社会-经济-自然复合生态系统与可持续发展[J].中国科学院院刊,2012(3):337-345.

三、外文类

[1] GRAY H M,GRAY K,WEGNER D M. Dimensions of mind perception[J]. Science,2007,315(5812):619.

[2] SAKAKI M, YAGI A, MURAYAMA K. Curiosity in old age: A possible key to achieving adaptive aging[J]. Neuroscience and Biobehavioral Reviews,2018,88:106-116.

[3] ROEHRIG G H,MOORE T J,WANG H H,et al. Is adding the E enough? Investigating the impact of K-12 engineering standards on the implementation of STEM integration[J]. School Science and Mathematics,2012,112(1):31-44.

[4] ROGERS M,PFAFF T,HAMILTON J, et al. Using sustainability themes and multidisciplinary approaches to enhance STEM education[J]. International Journal of Sustainability in Higher Education,2015(4):523-536.

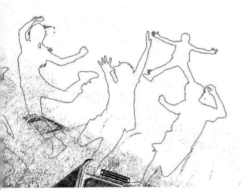

后记

  本书的思考生发于《第三次工业革命与当代中国》一书的出版。2013年,完成《第三次工业革命与当代中国》书稿后,我们就敏锐地意识到,这场新工业革命必将带来人类教育的深刻革命。或许可以这样认为:人类教育史上的第三次教育革命正在到来?

  带着这个问题,我们开始了新的探索:一是对人类教育变革的演进进程进行全时段考察,以图从教育发展的总规律中对这一命题做出探索;二是把中国改革作为世界发展案例,研究中国改革背景下的教育变革趋势。于是,我们策划了《新工业革命与中国第三波改革》和《新工业革命与第三次教育革命》两书,之后又延伸与扩展出其他各本,由此形成此丛书。

  本书写作断断续续历经了数年之久,其间不断从各个方面丰富和拓展对所探讨的问题的了解和认识。汇集数年来的思考和各个方面的研究所得,我们认为:人类从漫长的原始社会有经验的老人向后辈传授简单的生活与生产经验阶段走出,进入了发明和使用文字、产生专门从教人员、创建学校机构并通过它来有组织、有计划的培养人才阶段,由此出现人类社会的第一次教育革命,萌芽于农业文明时期的青少年教育进步专门化和制度化,通过使用教科书、班级授课等形式,开展大规模、批量化的培养各类技能人才,从而形成了垄断至今的现代学校教育体系,进入了人类社会的第二次教育革命。今天,以智能化、数字化、网络化为引领的新工业革命,正在引发第三次教育革命。第三次教育革命的目标是为新文明时代教育奠基,是从根本上改变教育基础框架的零点革命。

书中论及的新工业革命中的"新",蕴涵深远。一方面,整个世界正经历前所未有的历史巨变,新一轮科技革命和产业变革正在引发人类社会的整体变迁,新旧动能加速转换。另一方面,前三次工业革命都发源于西方,并由西方创新和主导。新一轮工业革命的力量,第一次从西方转向了东方。中国虽然失去了前三次工业革命的机会,但赶上和抓住了这次最为重要的新一轮科技革命和产业变革的机会。中国发展进入新时代,在一定意义上说是跟上了新一轮工业革命的历史机遇。在国际坐标中,中国从跟跑到领跑,站在了发展的新历史方位上,第一次成为世界上重要的工业力量,站在了新的历史起点上。新一轮工业革命对中国的意义非比寻常之处,在于其很可能引导出一个继工业文明之后的崭新的文明时代,这也意味着,在这场百年未遇之历史大变局中,东方文明必将助力这场特别意义的新工业革命。

在这个大背景下,第三次教育革命也或具有了与以往不同的零点革命之意义。一定意义上说,现存学校教育体系,是近代西方制度和思想体系的产物,在整个人类教育史上,它占据着最为重要的核心和主体地位。它是一种古老的制度形式,产生于农耕文明时期,形成和繁荣于工业文明时期,横跨了两个文明形态,经历了3个多世纪的工业革命形塑过程。支配学校教育制度的指导思想,是根深蒂固的简单划分性思想系统,在人们头脑中成为根深蒂固的教育代名词。在第三次教育革命的视野下,现存学校教育系统终究是人类教育发展史上的一部分,一个阶段,而不是全部。物壮则老,随着工业文明的夕阳西下和技术的迅猛发展,传统学校也会随之走到历史尽头,人类教育迎来发生质变的历史拐点。

引领世界的经济模式必然催生着引领世界的伟大思想,新工业革命是中国实现中华民族伟大复兴中国梦的重大历史机遇,中国发展将由此走向为人类做出更大贡献的历史新纪元。中国改革开放大踏步前进几十年,当今站在了引领新工业革命的制高点,实现经济与社会全面转型升级是当今发展的主旋律。但是,我们必须认识到,我们的突破与创新还更多处在工程技术层面,亟待推动思维方式的根本性革命,推进原始创新,寻找开启新文明社会大门的钥匙。

在这个关键节点,党的十九大首提"建设教育强国是中华民族伟大复兴的基础工程",十九届五中全会又提出"建设高质量教育体系",还发布了以办好人民满意的教育为引领的2035年教育现代化中长期规划。这意味着我国将搭乘这场新巨变的列车,向中华民族伟大复兴中国梦目标迈进,急需培育现代化新体系、新引擎,为新时代奠基。办好人民满意的教育的新时代地位和使命不言自明,中国教育与中国经济一样,进入新旧功能转换新阶段。因此,新时代办好人民满意的教育,不仅指向当下,更要指向未来,且归根到底是要面向未来。

这种情况下,一方面,我们需要对中国教育存在困境问题的痛点和症结有清醒的认识;另一方面,我们需要对新时代人民对教育的新期待有深入了解。人民的期盼是什么呢?人民最大的期盼是让教育跟上时代,回归教育本真,回归生活实践,回归教育主体,从陈旧的教育模式中走出来,以新的思维培育和构建全新的教育形态。我们知道,引领新时代,不能缺失教育的身影。向下一个文明时代迈进,我们担负着扎根中国大地办教育的重大历史责任。

当今,世界局势复杂多变,2020年突如其来的新冠肺炎疫情,更给人类敲响了警钟,世界正处在历史的十字路口,中国和中国教育也处在历史的十字路口,如何抉择?昨天的抉择决定今天的命运,今天的抉择将决定明天的命运。面对一个变迁和升级了的复杂世界，每个人都要学会面对一个充满不确定性的新世界，人类教育需要回应哪些基本问题？后疫情时代教育应将教育的未来支点放在哪里？这些都迫切需要研究和回答。

第三次教育革命正在发生，这已是不争的事实，无论是国家之间还是组织之间的竞争，谁能够清晰地把握住此次教育革命的脉动，谁就能在新时代的发展中处于有利的位置。不仅如此，教育正与人类面临的灾难赛跑，传统教育一天天过时，教育如果不能重生，人类文明可能会面临灭顶之灾，这或许是我们今天讨论这场新的教育革命的意义之所在。

本书写作过程中，我们的研究团队在不断扩大和培养，除组织研究生参与一系列相关专题讨论外，杨旭浩、梁震两名硕士生同学分别负责，组织团队成员不同程度地参与了相关章节的资料收集和整理撰写等工作，这些同学是硕士生刘珺珺、杨然、梁震、杨丽乐、何佳敏、杨旭浩、石子鹏及博士生李秋霞。本书的撰写还得到了多方面的关怀和帮助，在此，向为此书提供过各种帮助的朋友和机构表示衷心的感谢！

本套丛书在出版过程中，得到华中科技大学出版社的高度重视，人文分社社长、策划编辑周晓方和杨玲日夜兼程，快速抢抓时间、精准细磨，努力打造精品。美术编辑李曼不厌其烦，反复修改设计，杨玲编辑对作者高度尊重、体会入微，使编作间形成了温馨美好的交流，在相互切磋和启发中不断完善了书稿的每一处细节。在此对她们一并表示衷心感谢！

第三次教育革命是一个全新的命题，需要团结更多的人一同继续探索，谨以此抛砖引玉，希望由此以能引起广大读者尤其是学术界、教育界专家们更加广泛的关注、论坛与研究。

作　者

2021年8月6日